福建师范大学省重点学科建设项目

《资本论》与马克思主义经济理论研究专辑
专辑主编 李建平

马克思主义理论与现实研究文库
MARXISM
主编⊙李建平

超越资本主义（第二版）

After Capitalism (Second Edition)

〔美〕大卫·施韦卡特／著

黄瑾／译

社会科学文献出版社
SOCIAL SCIENCES ACADEMIC PRESS (CHINA)

Published by agreement with the Rowman & Littlefield Publishing Group through the Chinese Connection Agency, a division of The Yao Enterprises, LLC.

After Capitalism (Second Edition), David Schweickart.

本书中文版根据 Rowman & Littlefield Publishers, Inc. 2011 年版译出。

马克思主义理论与现实研究文库
总序

神州大地风雷激荡，海峡西岸春潮澎湃。福建师范大学省重点高校建设项目《马克思主义理论与现实研究文库》与大家见面了。

本文库以坚持、发展和弘扬马克思主义为宗旨。这既是神圣的使命，又是历史的责任。马克思主义问世已经一个半世纪了，尽管她遭遇到各种各样的围攻、谩骂、禁锢、歪曲……但仍顽强地成长、广泛地传播、蓬勃地发展；尽管也有成百上千种理论、学说来与之较量，企图取而代之，但都无法得逞。“苏东剧变”虽然使世界社会主义遭受严重挫折，但无损马克思主义真理的光辉。马克思主义者在认真总结“苏东剧变”的教训后，将使马克思主义理论变得更纯洁、更成熟，朝着更健康的方向发展。

当20世纪即将结束的时候，英国广播公司在全球范围内举行过一次“千年风云人物”网上评选。结果，马克思被评为千年思想家，得票高居榜首。中国共产党人80多年来，坚持以马克思主义为指导，取得了革命和建设一个又一个的胜利，开创了中国特色社会主义道路，把一个贫困落后的中国，变成一个初步繁荣昌盛、欣欣向荣的中国。在进入21世纪后，中国共产党人再次庄严宣告，马克思主义是我们立党立国的根本指导思想，是全党全国人民团结奋斗的共同思想基础，并且以极大的决心和气魄，在全国实施马克思主义理论研究和建设的宏大工程，在马克思主义发展史上留下光辉的篇章。

马克思主义之所以具有如此强大的生命力和竞争力，在于她具有以下五个突出的品格。

一是科学性。一种理论、观点能称为科学，它必须满足两个条件：一是合理地解释历史的发展，特别是其中的一些难题、怪象；二是有效地预见未来，并为尔后的实践所证实。列宁在评价马克思一生中的两大发现之一唯物史观时这样写道："马克思的历史唯物主义是科学思想中的最大成果。过去在历史观和政治观方面占支配地位的那种混乱和随意性，被一种极其完整严密的科学理论所代替。这种科学理论说明，由于生产力的发展，从一种社会生活结构中发展出另一种更高级的结构，如何从农奴制度中生长出资本主义。"① 中国改革开放20多年的实践已向世人有力地证明中国所选择的建设中国特色社会主义道路及其指导思想马克思主义是完全正确的，而西方一些别有用心的人士所鼓吹的"中国崩溃论"等论调则是完全错误的。

马克思主义是科学，这就要求我们以科学的态度对待马克思主义。针对林彪、"四人帮"肆意割裂、歪曲毛泽东思想，邓小平提出要完整、准确地理解毛泽东思想，这是十分正确的。同样，我们对马克思主义的主要创始人马克思的学说也要完整、准确地理解。在这方面，由于种种原因，我们还做得不够理想。例如，对马克思主义哲学，我们主要通过恩格斯、列宁，甚至斯大林的著作来了解，而对马克思在《资本论》中所应用的十分丰富的辩证法思想，则研究得不多。《资本论》虽然主要是研究资本主义的这一特殊的市场经济，但同任何特殊事物中都包含着一般一样，透过资本主义市场经济这一"特殊"，马克思也揭示了市场经济的"一般"，这个"一般"对社会主义市场经济也是同样适用的。因此，我认为要从现时代的观点重新解读《资本论》，发掘那些有益于建设社会主义市场经济的东西。学术界有人提出要"回到马克思"、"走近马克思"、"与马克思同行"，但最重要的是要完整、准确地理解马克思。恩格斯在《资本论》第二卷序言中写道："只要列举一下马克思为第二卷留下的亲笔材料，就可以证明，马克思在公布他的经济学方面的伟大发现以前，是以多么无比认真的态度，以多么严格的自我批评精神，力求使这些发现达到最完善的程度。"② 因此，我们对待马克思的著作，对待马克思的一系列"伟大发现"，也要采取"无比认真的态度"和"严格的自我批评精神"。只有以科学的精神和科学的态度才能产生科学的结论。

二是人民性。列宁指出："马克思学说中的主要的一点，就是阐明了无产阶级作为社会主义社会创造者的世界历史作用。"③ 马克思主义从来没有

① 《列宁选集》第2卷，人民出版社，1995，第311页。

② 《马克思恩格斯全集》第24卷，人民出版社，1972，第4页。

③ 《列宁选集》第2卷，人民出版社，1995，第305页。

隐讳，她是为无产阶级服务的，是无产阶级认识世界和改造世界的思想武器。但是，无产阶级又是人民群众的一部分——当然是核心部分。无产阶级的利益和广大人民群众的利益是相一致的，而且，无产阶级只有解放全人类，才能最后解放自己。可以说，马克思主义不仅是反映无产阶级利益的学说，同时也是反映最广大人民群众利益的学说。阶级性和人民性本质上是相一致的，只不过在不同的时期强调的侧重点有所不同罢了。在革命战争年代，强调马克思主义的阶级性，是完全必要的，也是十分正确的；在社会主义建设时期，随着社会主要矛盾的转换，在坚持马克思主义阶级性的同时，应该强调她的人民性，强调马克思主义反映最广大人民群众的根本利益要求。“三个代表”重要思想以及科学发展观、“执政为民”、“以人为本”、构建和谐社会、开展荣辱观教育等理论，一经问世就广为流行，受到了人民群众的热烈拥护，就是因为它们具有鲜明的人民性。过去很长一段时间中，由于受“左”的思潮的影响，我们把人权看成是资产阶级的观点，采取回避、批判的态度，结果在国际政治斗争中经常处于被动境地。这一情况在20世纪90年代发生了根本变化。1991年11月1日中国正式公布了《中国的人权状况》（又称《中国人权白皮书》），高度评价人权是一个“伟大的名词”、“崇高的目标”，是“长期以来人类追求的理想”。以此为开端，中国掀起了研究人权、关心人权、维护人权的热潮，人权理论成了马克思主义理论体系的一个重要组成部分。从人权理论在我国所发生的变化，说明人民性的确应该成为马克思主义的一个重要特征。

三是实践性。“强调理论对于实践的依赖关系，理论的基础是实践，又转过来为实践服务。判定认识或理论之是否真理，不是依主观上觉得如何而定，而是依客观上社会实践的结果而定。真理的标准只能是社会的实践。”① 毛泽东同志在将近70年前讲的这段话，至今仍十分正确。马克思主义是放之四海而皆准的普遍真理，因为她揭示了人类社会发展的客观规律，为人类进步、社会发展，为全人类的最后解放指明了正确方向；但在实际运用马克思主义的理论时，又要同各国的具体实践相结合，不能生搬硬套，不能搞教条主义。实践在发展，马克思主义本身也要随着实践的发展而发展。马克思主义虽然诞生于19世纪，但她没有停留在19世纪。作为一个开放的理论体系，150多年来，她始终与时代同行，与实践同步。党的十六大把“与时俱

① 《毛泽东选集》第1卷，人民出版社，1991，第284页。

进”作为中国共产党新时期思想路线的重要内容，把能否始终做到实践基础上的理论创新当做我们必须长期坚持的治党治国之道，正是对马克思主义实践性的高度重视和深刻体现。

社会实践是检验科学与非科学、真理与谬误的巨大试金石。当苏联解体、东欧剧变时，西方一些人兴高采烈，并且迫不及待地兜售所谓的“华盛顿共识”，把它当成是解决各国社会经济危机、走向繁荣富强的灵丹妙药。但实践表明，推行“华盛顿共识”的国家非但没有摆脱危机，反而陷入了更深重的灾难，“华盛顿共识”不得不宣告失败。与之形成鲜明对照的是，中国坚持和发展马克思主义，走中国特色社会主义道路，取得了令世人瞩目的伟大成绩。中国的成功实践已在国际上逐步形成了“北京共识”，这既是中国20多年来改革开放实践的胜利，也是中国化的马克思主义的胜利。

四是战斗性。马克思在《资本论》第一卷的序言中写道：“在政治经济学领域内，自由的科学研究遇到的敌人，不只是它在一切其他领域内遇到的敌人。政治经济学所研究的材料的特殊性，把人们心中最激烈、最卑鄙、最恶劣的感情，把代表私人利益的复仇女神召唤到战场上来反对自由的科学研究。”[①] 由于马克思主义公然申明是为无产阶级和广大人民群众谋利益的，所以从她一问世，就受到了敌人的百般攻击，在其生命的途程中每走一步都得经过战斗。马克思一生中的主要著作大多是和资产阶级思想家进行论战的记录，就连《资本论》的副标题也是资产阶级“政治经济学批判”。“正因为这样，所以马克思是当代最遭嫉恨和最受诬蔑的人。”[②] 可是，当马克思逝世的时候，在整个欧洲和美洲，从西伯利亚矿井到加利福尼亚，千百万战友无不对他表示尊敬、爱戴和悼念。恩格斯十分公正地说：“他可能有过许多敌人，但未必有一个私敌。”[③]

在我国，马克思主义已经处于意识形态的指导地位，在马克思主义的指引下，全党全国人民正在为实现第三步战略目标、推进现代化建设而努力。但是，也要清醒地看到，在新的历史条件下，巩固马克思主义在意识形态领域的指导地位面临的形势是严峻的。从国际看，西方敌对势力把中国作为意识形态的主要对手，对我国实施西化、分化的图谋不会改变。从国内看，随

① 《马克思恩格斯全集》第23卷，人民出版社，1972，第12页。

② 《马克思恩格斯选集》第3卷，人民出版社，1995，第777页。

③ 《马克思恩格斯选集》第3卷，人民出版社，1995，第778页。

着社会主义市场经济的发展和对外开放的扩大，社会经济成分、组织形式、就业方式、利益关系和分配方式日益多样化，人们思想活动的独立性、选择性、多变性和差异性进一步增强。在这种情况下，出现非马克思主义甚至反马克思主义的思想倾向，也就不可避免了。面对这种挑战，我们不能回避，不能沉默，不能妥协，更不能随声附和、同流合污。苏联、东欧的前车之鉴，我们记忆犹新。我们应该表明态度，应该奋起反击，进行有理有据有说服力的批判，以捍卫马克思主义的科学尊严。例如，有人肆意贬低、歪曲、否定马克思的劳动价值论，企图动摇马克思主义政治经济学大厦的基石，难道我们能听之任之吗？有人千方百计地要把“华盛顿共识”推销到中国来，妄图使中国重蹈拉美、俄罗斯、东欧和东南亚一些国家的覆辙，我们能袖手旁观吗？当然不能！这不仅是党性立场所致，也是科学良知使然！在这一点上，我们应该向德国工人运动的老战士、杰出的马克思主义理论家弗朗茨·梅林学习，他在一个世纪前写的批判各种反马克思主义思潮的论文（已收入《保卫马克思主义》一书中，苏联 1927 年版，中文版为人民出版社 1982 年版），今天读来仍然感到新鲜和亲切。

五是国际性。1848 年，当马克思、恩格斯出版《共产党宣言》，发出“全世界无产者，联合起来”的号召时，就注定了马克思主义是一种超越地域、肤色、文化局限的国际性的思想理论体系。当今，方兴未艾的经济全球化浪潮正深刻地影响着世界各国的经济社会进程，尽管这种影响有其积极的一面，但也会给许多发展中国家造成消极的甚至是严重的后果。这已为许多事实所证明。如何在经济全球化进程中趋利避害，扬善去恶，除了以马克思主义作指导外，别无其他更好的主义。因此，马克思主义的国际化，现在比以往任何时候都显得重要和迫切。西方垄断资本出于维护其根本利益的考虑，竭力反对马克思主义的国际化，也就不足为奇了。

中国共产党人把马克思主义普遍真理与中国具体实践相结合，产生了中国化的马克思主义，指引中国的革命与建设不断取得新的胜利。随着中国改革开放的不断深入、综合国力不断强大、人民生活不断改善、国际地位不断提高，世界各国对中国的兴趣日益浓厚。因此，“北京共识”、“中国模式”逐渐成为国际论坛的重要议题。看来，中国化的马克思主义正在走向世界，这不仅是马克思主义在中国 85 年发展的必然，也是当今世界经济社会形势发展的必然。作为中国的马克思主义者，应该感到自豪，因为对马克思主义的发展作出了自己的贡献；应该要有广阔的国际视野，不仅要关注世界的风云变幻，也要了解和研究国外马克思主义研究的动态。要积极推进国际的学术交流与合作，让中国化的马克思主义为世界各国朋友所了解，并与他们一道，共同推进马克思主义的发展。

以上所述马克思主义的五大品格，也是本文库所遵循的指导思想。福建师范大学历来重视马克思主义理论的教学与研究，20多年来在本科生、研究生中坚持开设《资本论》和其他马克思主义原著课程，出版、发表了许多用马克思主义立场、观点和方法分析问题、解决问题的论著。学校把马克思主义理论研究和学科建设紧密结合起来，迄今已获得理论经济学、历史学、中国语言文学等一级学科博士点、博士后科研流动站和马克思主义原理、马克思主义中国化、思想政治教育等二级学科博士点，培养了一大批有志于马克思主义理论教学和研究的学术骨干。2006年初，学校整合相关院系师资，成立了马克思主义研究院。本文库是学校学习、研究、宣传马克思主义理论的重要阵地，也是开展对外学术交流的重要平台。

本文库初步安排10辑。大体是：马克思主义哲学研究；《资本论》与马克思主义经济理论研究；中国社会主义市场经济研究；马克思主义中国化研究；思想政治教育研究；马克思主义发展史研究；社会主义经济发展史研究；国外马克思主义研究；西方经济学与当代资本主义研究；建设海峡西岸经济区研究等。每辑出若干本著作，计划用10年左右的时间，出版100本著作。本文库的出版得到福建省重点高校建设项目的特别资助和社会科学文献出版社的大力支持，在此表示衷心感谢！

胡锦涛同志十分重视实施马克思主义理论研究和建设工程，勉励参与这一工程的学者要进一步增强责任感和使命感，满腔热忱地投身这一工程，始终坚持解放思想、实事求是、与时俱进，大力弘扬理论联系实际的马克思主义学风，深入研究马克思主义基本原理，深入研究邓小平理论和“三个代表”重要思想，深入研究重大的理论和实际问题，为马克思主义在中国的发展，为全面建设小康社会、开创中国特色社会主义新局面作出新的更大的贡献。这段语重心长的话，也是本文库所追求的终极目标。

是为序。

李建平
2006年3月31日

关于21世纪的新愿景，这是目前为止最成熟、最翔实、最富有启发性的一本书。对于致力于开创一个有意义的、进步的未来的人而言，这是一本必读书。

——加尔·阿尔佩罗维茨（Gar Alperovitz），《超越资本主义的美国》作者

大卫·施韦卡特的《超越资本主义》一书集远见卓识和注重实际于一身。它清晰易懂，非常适合用于大学课堂；也适合用于工人讨论组，以帮助工人全面了解社会主义（我试过，工人们很欢迎）。该版与第一版相比又有了改进，它探究了当前的金融崩盘问题，并为所有希望赢得民主斗争的人提供了一个选择。它确确实实是现今关于这个问题的最好著作。

——卡尔·戴维森（Carl Davidson），钢铁工人协会成员，民主与社会主义通讯委员会全国联合主席

《超越资本主义》一书饱含了资本主义批评家的渴求，是所有社会主义者的必读书。它表明存在一种很有价值的资本主义替代制度，而且提出许多极为重要的理由证明劳动管理型企业要比资本主义企业更优越。以民主型企业为特征的制度是一种符合马克思主义愿景的社会主义的实现形式，而且继东欧的中央计划经济崩溃之后，它或许有助于推动马克思主义以一种全新的民主形式复兴。《超越资本主义》是一本为学生以及任何对政治感兴趣的人所写的易懂的书，它还提供了我们可以采纳从而实现新制度的方法。

——布鲁诺·乔沙（Bruno Jossa），那不勒斯大学

任何革命运动都必须回答三个基本问题：目前的制度有什么问题？可行的后继制度是什么？这种后继制度如何实现？大卫·施韦卡特的《超越资本主义》一书，以一种扣人心弦、极为清楚明了的风格为这三个问题提供了清晰易懂、引人入胜的答案。如果你想知道是否存在比资本主义更好的世界，那么请读这本书！

——J. 托德·威尔逊（J. Todd Wilson），加利福尼亚州立大学

献给

安妮塔和卡伦

劳琳、卡莉、利亚姆和格雷西

下一代和再下一代

第二版中文版序

一　引言

中央计划的社会主义模式由苏联首创并在东欧国家得到实施。它成为中国、古巴、朝鲜和越南的发展模式，而且激励了第三世界国家的革命运动。苏联在40年时间里从半封建的封闭国家一跃而成为世界超级强国。中国甚至在更短的时间内从“东亚病夫”变成了世界强国。古巴在很短的时间内根除了文盲和贫困，以致其榜样作用被视为美洲的“威胁”，美国更是投入（并将继续投入）大量资源对它加以遏制。

但这一模式也同样遭遇了内部矛盾。中央计划能够满足人们的基本需求，但由于其激励结构扭曲，因此无法实现高效的、动态的发展。因此，改革家们开始尝试把市场机制和生产资料的集体所有相结合，这一试验首先发生在南斯拉夫，继而扩展到其他地方。1989～1991年的事件中断了东欧和苏联的试验。（这些试验并不是因为政治动荡而自发中断，而是由于当地精英和西方顾问不遗余力地抹黑市场社会主义，否定其可行性。[①]）尽管如此，中国的试验还是结出了累累硕果。虽然并非所有的果实都是甜的，但不可否认的事实是，中国开始于1978年的市场社会主义试验显著提升了12亿人口中大多数人的生活水平，而且在20年的时间里维持了一个世界上任何国家

① 正如大卫·埃勒曼（David Ellerman）所强有力地指出的，推出“凭证私有化”是出于政治原因，其实在经济上更有意义的做法是允许工人从国家手中租赁或购买企业。向类似经济民主的某种制度的自然演进被人为有意地阻止了。David Ellerman, “Lessons from Eastern Europe's Voucher Privatization,” *Challenge: The Magazine of Economic Affairs* (July-August, 2001): 14-37.

都难以望其项背的高增长率。在过去的20年里，中国人均实际收入增长了三倍多，居住面积翻了一番，婴儿死亡率降低了50%多，医生数量增长了50%，而且人口平均寿命从67岁增加到了70岁。不管中国试验有怎样的不足，不可否认的是，在人类历史上从未有如此多的人在如此短的时间里脱离了贫困。

中国的试验极其复杂，未来的轨迹也远不能确定，但目前的中国体制应被视为市场社会主义的一种形式。今天的中国正经历着许多理论性和实践性的挑战。人们对走高的失业率和日益扩大的地区不平等（前者是资本主义无法解决的问题，后者是市场决定的投资必然加剧的问题）怀有深切的忧虑。中国也对车间组织形式进行了大量试验，包括赋予工人以企业所有权的试验。中国下一步的改革有可能迈向类似经济民主的制度。

2013年的皮尤调查显示，82%的受访中国人相信他们的孩子长大后会比父辈过得更好，这一比例是那次调查中最高的。①

二　有关马克思主义和向社会主义过渡的命题

让我们把时光稍微向后追溯。2002年夏天我第一次访问中国。当时我受邀参加在杭州大学举办的一个会议，组织者是波士顿大学哲学教授曹天宇（Tianyu Cao）和他的妻子林春（Lin Chun），她是伦敦经济学院政府系教授。那是一个小规模但成果丰硕的会议。参会人员包括萨米尔·阿明（Samir Amin）、佩里·安德森（Perry Anderson）、拉宾·布莱克本（Robin Blackburn）等，以及汪晖、温铁军、杜润生（国务院农村发展研究中心前主任、始于1978年的农村改革总设计师），总计20人，杭州大学校长主持会议，并严格把控会议进程。

我在大会上发言的题目是"有关马克思主义和向社会主义过渡的十大命题"，我详细阐述和辩护了以下内容：

① Pew Research Report, "Environmental Concerns on the Rise in China," September 19, 2013. 环境问题不是人民不满的唯一来源。"收入差距扩大也是一个大问题，贫富之间的差距达到了52%，与2012年的48%相比只是略有提高，但与2008年的41%相比则是显著提升了。"

◆历史唯物主义的基本原理是正确的。

◆马克思有关资本主义性质和动力的基本见解是正确的。

◆与马克思当年相比，今天的我们能够更清晰地辨明社会主义——作为资本主义“后继制度”——的制度轮廓，至少更了解这一理想类型。它将是一种市场社会主义模式，该模式实行工人的自我管理和投资的社会控制，我称之为“经济民主”。

我以下面一段话结束了我的发言：

如果说20世纪是美国的世纪，那么21世纪很可能是中国的世纪，但二者成功的原因迥然不同。如果“有中国特色的市场社会主义”伟大实践获得成功，那么21世纪将是中国的世纪。这样的愿景有可能出现，也有可能不会出现，而与此完全不同的愿景也不是不可能的。“有中国特色的市场社会主义”有可能演变为“有中国特色的资本主义”。而这样的演变不仅对于中国，而且对于人类都是一场灾难。

之后我向参会人员提出这样的问题：“你认为中国的未来会是怎样的？”得到的答案非常有意思。一名中国参会者回答：“很可能向资本主义发展。”第二人主张市场、民主与社会公正，他认为这就是社会主义模式。第三人说他看不出我所主张的社会主义与欧洲的社会民主主义存在什么本质差别。第四人认为问题不在于选择资本主义还是社会主义，而在于选择好的社会主义还是坏的社会主义，或者好的资本主义还是坏的资本主义。佩里·安德森指出许多受访者只是表达了他们希望发生的结果，而不是他们认为可能发生的结果。

如今十几年过去了，我们还能提供一些新的见解吗？

三　从经济民主角度看中国

首先，让我简要勾勒经济民主的概貌（细节可参见本书的第三章）。经济民主基本模式与资本主义基本模式的差别主要表现在：资本主义“自由市场”经济是由三种截然不同的市场构成——商品和服务市场、劳动力市场和资本市场。根据马克思主义理论，随着劳动力成为商品，劳动力市场出现，资本主义才逐渐兴起，并进而引起了资本市场的发展。经济民主保留了商品和服务市场，但以车间的民主化取代了劳动力的商品化、以社会投资体系代替了私人金融市场。经济民主的扩展模式主要包括两项内容，即政府充当工作的最后提供者角色和允许企业家式资本家在大部分私人企业和一些大企业中的存在。

从经济民主的角度看，应关注中国的两个双重否定因素。

（1）中国尽管扩大了市场在经济中的作用范围，但这一事实并不意味着它不是社会主义社会。复杂的现代社会主义经济需要一个受到恰当管制的市场机制来配置大多数商品和服务。

（2）中国有很多非常富有的民营企业家，但这一事实并不意味着它不是社会主义社会。一个可行的、理想的社会主义需要包括民营经济（小企业部门自不用说），甚至包括大规模的企业家型投资者。这些民营企业家在培育创新和提供就业方面可以发挥有益的和宝贵的作用。不应该假定资本主义经济必然会在国民经济中占据主导。

后继制度理论（详见第一章）也促使我们去寻找积极信号。在中国，车间的民主情况又是怎样呢？

我们发现许多企业设有正式的民主制度，而且得到了官方辞令的支持。“民主管理”一词在中国使用得非常广泛。中国宪法明确表示，国有企业通过职工代表大会实行民主管理。职工代表大会负责审议决定有关职工生活福利的重大事项，甚至有权根据主管机关的部署，民主选举厂长或管理者。①

中国国务院总理李克强在2013年10月的中国工会第十六次全国代表大会上强调指出，要推动企业民主管理，发挥好职代会的作用。②

今天，尽管一些制度尚未得到有效的实施，但确立这些正式制度并获得主流意识形态支持的事实并非无足轻重。只要有助于工人行使民主权利，那么工人们就可以充分利用它们。

在中国，投资社会控制的情况怎样呢？表面上来看，形势还是喜人的。

① All China Federation of Trade Unions, “Chinese Trade Unions Participate in Democratic Management,” acftu. org. cn. (November 19, 2004)

② Heiko Khoo, “After the Third Plenum—A look into the Future,” China. org. cn, November 17, 2013.

中国的金融机构绝大多数是公共机构，政府对投资资金的控制方式是资本主义国家政府所没有的。这意味着市场这只看不见的手并不能完全左右中国的未来。中国仍然存在计划，它制定目标并投入资源来保证实现。

举例来说明。2007年中国曾计划到2020年铺设完成8000英里的高铁，但全球金融危机不期而降。为了刺激经济以对抗危机，中国把目标时间调整为2012年，比预期时间整整提前了8年。世界银行把这一投资项目称为“有史以来一个国家实施的最大的单一的客运铁路投资计划”。① 在出口需求减少的冲击下，中国经济尽管暴露了脆弱的一面，但这类以及其他大规模的政府投资项目使得中国得以避免陷入“大萧条”，而欧美却深陷其中不可自拔。

当然，为了实现生态可持续的经济发展和适应人口从农村到城市大规模迁移的明确目标，中国已制定了更多长期的计划和投资。

四　中国：资本主义还是社会主义？

按照官方的说法，中国实行的是“中国特色社会主义市场经济”。

“资本主义”的确切含义是什么呢？我的脑海中闪出两个定义，一个是经济方面的，一个是政治方面的。从前者来看，资本主义是一种私人拥有大量生产资料并且雇佣劳动居主导地位的市场经济。从后者来看，资本主义国家是指资本家阶级有效地控制着一国的政治制度，而所谓的资本家阶级是由收入和财富主要来源于生产资料所有权的个人组成的。

如果根据经济方面的定义，中国不是资本主义。中国仍有将近一半的人口住在农村，而农业土地尚未私有化。此外，在过去的数十年中私营企业在总产出中的份额尽管增长迅猛，但国有企业仍在经济制高点行业占据着统治地位，包括银行、保险、石油、电信、工程和建筑、钢铁制造、电力、铁路、海运等行业。请看以下统计数据②：

◆在世界500强企业中大陆企业有69家，除5家为私营企业外，

① Bob Treasure, “China: Capitalist or Socialist?” *The Guardian* (*Australia*), October 10, 2010.

② 数据来自赵准的PPT “Socialism with Chinese Characterisics: Implications and Possibilities” (2012年8月2日)，她来自清华大学，到纽约新学院从事访学研究。

其余的64家都是地方或中央国有企业。

◆在中国500强企业中，90%的资产为国有企业所持有。

◆在中国500强企业的总利润中，5家国有银行占有23%的比重，3家国有石油公司占有10%的比重，其他国有企业占有45%的比重。而最大的私营企业仅占有18%的比重。

五 中国为什么不会"走向资本主义"

很明显，中国的民营企业家虽然很有影响力，但还远未占据主导地位。我将提供三点理由证明他们仍将处于非主导地位，中国不会发展为资本主义。

（1）中国的领导层深知资本主义无法解决中国的根本问题。中国的政治家一点都不愚蠢（我希望此话也同样适用于我们的政治家）。新加坡驻联合国代表马凯硕（Kishore Mahbubani）评论指出："在经历了一百多年的无政府主义和暴政之后，中国现在的领导人是在几代人中最优秀的。"（他补充道："他们的成功显而易见……看世界人口第一大国经历着最快的经济增长，就像看班里最胖的男孩赢得100米跨栏比赛一样。"）[①] 对中国来说，收入不平等扩大、环境破坏等这些经常被提到的问题毫无新鲜度可言。新闻媒体不停地讨论这些问题，而且政府高层也经常就此展开辩论。中国领导人很清楚，不受约束的资本主义将加剧不平等，制造更多的失业并且对生态造成浩劫。早在全球大衰退之前，大多数人就已经深知此理了。如今，人们自然更加深信不疑。

（2）来自底层人民的巨大压力。工人和农民都反对走资本主义道路。中国工人和农民绝不是消极被动的。工人和农民都很尊敬中央政府，但对地方官员深表不满，因为后者常常被认为很腐败，并且一心为自己及其心腹窃取公共土地和国家资产。

中国领导人对社会动荡的担忧是完全可以理解的。他们都强调中国共产党的领导地位，这是政治阶层中的每个人都关心的事情。但还有另一个远非

① Kishore Mahbubani, *Beyond the Age of Innocence: Rebuilding Trust between America and the World* (New York: Public Affairs, 2005), p. 115.

不相关的因素。他们希望保住中国的集体成就——以及他们在历史中的地位。中国人在没有大量的外部援助或建议的情况下取得了可载入史册的巨大成就，中国领导人不希望看到这些成就毁于一旦。而如果民众的不满情绪和环境问题解决不力，那么这一后果就可能发生。

我们必须明确这些成功的重要意义。比如，根据世界银行提供的数据，1981 年中国有超过 80% 的人口——将近 10 亿居民——每天的生活费用低于 2 美元。到 2010 年，这个数字已经降到 4 亿以下。事实上，在此期间世界贫困人口整体下降了 6800 万，而这完全要归功于中国。如果没有中国所取得的成就，全球贫困人口在此期间将增加 5 亿。①

我们也可以回想阿马蒂亚·森（Amartya Sen）在 2011 年《纽约书评》的文章中提到的数字。他对中印进行了对比，在 1949 年中国比印度贫穷得多，而现在：②

◆中国的人均寿命比印度高 9 岁（仅比美国低 6 岁）；
◆中国的婴儿死亡率仅是印度的三分之一；
◆印度的产妇死亡率是中国的六倍多；
◆中国 15 ~ 24 岁女性的识字率达 99%，而印度仅为 80%。

① 数字来源于 John Ross, "Key Trends in Globalization," November 13, 2013: http://ablog.typepad.com/keytrendsinglobalisation/2013/11/china-world-poverty.html。

② Amartya Sen, "Quality of Life: India Versus China," *New York Review of Books* (May 12, 2011), p. 44 - 45.

修订版序

> 但现在，还有谁能脸不红心不跳地使用社会主义的措辞呢？作为婴儿潮一代的一员，我还能记得在那个年代，革命理想、英雄推动历史前进的理念还是很能打动人心的。但现在，宣扬革命理念，已经相当于拿别人的痛苦开玩笑……反对资本主义的力量已经失掉了主心骨，这是毋庸置疑的。①

这是诺贝尔经济学奖获得者保罗·克鲁格曼（Paul Krugman）在2009年写下的一段文字。其实，资本主义才是“拿别人的痛苦开玩笑”，难道不是吗？至少美国版的资本主义是这样的。两年前开始了大衰退，那些饕餮鲸吞的金融界精英们最终还是把资本主义制度推到了悬崖边缘。数十年来这些精英们坚决要求并且成功地把“政府从我们背上拉下来”，然而瞬刻之间，他们却大声要求政府的救助。当然，他们都得偿所愿了。以往普遍担忧的财政责任、政府赤字等问题也在瞬刻之间被扔在一旁，成百上千亿纳税人的钱成为大银行的囊中之物。正如另一位诺贝尔经济学奖获得者约瑟夫·斯蒂格利茨（Joseph Stiglitz）所评论的那样：

> 一些人把这种新的经济制度称为“美国式的社会主义”。但社会主

---

① Paul Krugman, *The Return of Depression Economics and the Crisis of* 2008（New York：W. W. Norton, 2009）, p. 14. 请参见保罗·克鲁格曼《萧条经济学的回归和2008年经济危机》，中信出版社，2009，第5~6页。——译者注

> 义关注的是普通人的利益。与此相反的是，美国并没有给数百万失去家园的普通美国人提供帮助……美国无休止地对公司提供安全保障，从商业银行到投资银行，然后是保险公司，现在是汽车行业，看来被救助的名单还远远没有完结。①

"但是，"他强调，"如果采取如此的改革方案，也就是赚钱归个人，赔钱则由社会大众承担。这样的做法注定要失败。"

真的注定要失败吗？在我写下这些文字时，衰退早就被宣告结束了。股票市场已经反弹，道琼斯工业平均指数从2008年6710的低点回升，尽管尚未达到2007年泡沫经济时14093的高点，但也相距不远。生产率一路走高。公司赢利刷新了历史纪录，坐拥堆积成山的现金。华尔街的银行和对冲基金又回来了，他们的高管照旧拿走数百万美元的奖金。（2009年，前25位对冲基金经理人的平均收入达10亿美元，是美国总统年薪的2500倍。）

对富人来说衰退当然已经结束了，而且他们刚刚获得另一项奖励：小布什总统推出的减税政策获得延期。然而，数百万失去家园的人依旧无家可归，丧失住宅抵押品赎回权的案例比比皆是。官方公布的失业率接近10%，而实际情况更糟糕。刚毕业大学生的就业前景依然黯淡。然而，我们却被告知因为没有钱，所以什么也做不了。看看那些巨额的联邦赤字吧！看看那些庞大的国家债务吧！我们必须削减社会项目，而不是扩大现有的或是设立新的项目。

这是在开玩笑吧？是的，确实是在拿别人的痛苦开玩笑。

为了对克鲁格曼公平起见——这本书会经常引用他出色的著述——有必要指出他讲完"拿别人的痛苦开玩笑"后的一段话：

> 资本主义稳若磐石，这不仅是由于资本主义工业化取得了诸多成就（我们很快就将看到，这些成就是千真万确的），而且是因为，没有人能提出一种足以替代资本主义的、令人信服的道路。
>
> 这一形势不会永远延续下去。未来肯定会有新的意识形态、新的梦想。如果当前的经济危机久拖不决、持续恶化，新的意识形态和梦想将

① Joseph Stiglitz, "America's Socialism for the Rich," *Berkeley Electronic Press* (June 2009).

会更快涌现。①

《超越资本主义》就是众多“新的意识形态、新的梦想”中的一种实践。它的确是非资本主义的，可以毫不掩饰地说，它是社会主义性质的。正如我在该书第一版的序言中所说，20世纪70年代早期，从我是一名哲学研究生开始，我逐渐形成一系列观点，第一版是在这些观点基础上形成的第四项成果，而这一版是第五项。

在这里请允许我提供一些背景资料。当经历了某种良心上的危机后，我辞去了肯塔基大学（University of Kentucky）数学助教的职位，重新回到了研究生院。尽管已经获得了数学博士学位，但我逐渐意识到，对于数学这门学科我不如一些同事那样有激情。“而且，”我对自己说，“我现在花了很多时间给工程学学生上微分方程课，但是他们中的许多人将在国防工业中任职，用我教授的技能去制造威力更大的炸弹。”

这并不是我想要的结果。而且我当时先后参加了民权运动和反战游行，已经卷入政治。虽然喜欢教书，但我希望教授的是我自认为要比数学更有意义的知识。我告诉自己：“你只能来这世界走一遭，不要浪费机会。”

后来的事实证明，数学训练对我博士论文选题的研究极有帮助。在决定远离数学不久，我就和马克思结缘了。我原本以为我完全了解马克思主义——某种宣扬无神论的、无视人性的、集权主义的乌托邦，却从未读过一本马克思的原著。在成为哲学研究生之前的那个暑假，我阅读了马克思《资本论》第一卷。我读得异常认真，像数学家那样严谨，不放过一个脚注，并且推导每一个公式。

那次的学习经历让我终生难忘。我当时尽管参加了反种族主义和反战运动，但是直到那次学习我才意识到我们的**经济**制度可能存在某种根本性的缺陷、某种无法通过这样或那样的自由化改革来挽救的**真正**缺陷。马克思成功地说服我相信资本主义制度具有不可救药的剥削性，并且极端非理性。直到现在，我依然深信不疑。

但是存在一个问题。马克思在承认资本主义历史贡献的同时，尽管彻底

① Paul Krugman, *The Return of Depression Economics and the Crisis of* 2008 (New York: W. W. Norton, 2009), p. 14. 请参见保罗·克鲁格曼《萧条经济学的回归和2008年经济危机》，中信出版社，2009，第6页。——译者注

揭露了其剥削基础和非理性动力，但这仍然仅仅是一种批判。马克思并没有提出可替代的经济秩序方案，用他自己饱含轻蔑的话说，就是没有“为未来的食堂开出调味单”。[①] 我不认为马克思要为这一缺失承担责任。他尽管致力于成为一位**科学**社会主义者，尽管掌握了足够丰富的资料用以支撑他对资本主义的批判，但是能够用以构建可替代性经济制度的相关材料仍然极度匮乏，因为那时还没有任何社会主义“试验”。伴随着苏联模式的失败，这一缺失就使得后来的社会主义者极难回应克鲁格曼的批评：“资本主义稳若磐石……因为，没有人能提出一种足以替代资本主义的、令人信服的道路。”

“我们不再有马克思遭遇的那种困难了，”我对自己说，“因为 20 世纪已经见证了众多宏观和微观层面的经济试验。我们对哪种方案可行、哪种方案不可行的了解比马克思能够知道的要多得多。”因此，详细阐述并论证一种替代现行经济秩序的可行方案就成为我在博士论文中的研究课题。为此，我阅读了大量的经济学文献，而我的数学背景也有了用武之地，那些曲线和公式吓不倒我。

2002 年，本书第一版作为这一课题的成果之一正式出版，现在的第二版重写了部分内容，更新了数据，添加了新材料。最显著的变化是增加了三个方面的内容，它们是关于资本主义的经济不稳定、目前的危机和中国的情况，并且对持续热议的从资本主义到经济民主的过渡问题进行了较大的资料扩充。我也对内容做了一些调整。在第一版中，第四章主要是揭露资本主义制度的多重缺陷，第五章则主要是证明经济民主这一替代方案可以克服上述缺陷，至少可以让这些缺陷不像在资本主义制度下表现得那样严重。在修订版中，针对本书讨论的七个主题——不平等、失业、过劳、贫困、经济不稳定、生态恶化和民主缺乏，我首先分析为什么它们是资本主义制度所特有的缺陷，接着阐明在经济民主制度之下它们会有怎样的不同。通过这样连续的点对点的论证，而不是在笼统地批判资本主义制度之后再加上一段对经济民主的冗长分析，我相信本书将更易于阅读。第四章主要论述了前四个主题，第五章则包括后三个主题。

---

① Karl Marx, “Afterward to the Second German Edition,” *Capital*, v. 1 (New York: International Publishers, 1967), p. 26. 请参见马克思《资本论》第 1 卷，人民出版社，2004，第 19 页。——译者注

这一版和第一版都是为普通读者所写，但不同的是，这一版的尾注分量更重（译本采用的是脚注格式——译者注）。这次的尾注不像第一版那样仅仅是一些关于事实和引文的文献或是进一步阅读的建议，而是会讨论一些与正文要旨相关但并非核心的问题。当然，如果跳过尾注而直接阅读正文，也无碍对内容的理解。

为什么要出新的版本？最重要的原因是，目前关于资本主义是否可行的讨论远比数十年前广泛得多，我希望我对这场讨论的贡献尽可能地与时俱进。另一个原因是，自 2002 年以来世界发生了显著的变化，我的分析要及时反映这些改变。2002 年，学术权威们、官僚政客们和一小撮“新保守主义分子”大肆谈论所谓的“美国新世纪”。有影响力的经济学家们也宣称至少在美国，经济危机已经成为过去时。然而，今天的美国看起来和他们所说的相去甚远。

另外一个显著的变化是人们又开始使用“社会主义”一词了（在美国，“社会主义”对一部分人来说是一个可怕的词语，所以这个词主要用来吓唬人），而更重要的变化发生在拉丁美洲，高喊“为了 21 世纪的社会主义”的新政府陆续上台，它们不是靠游击队的起义，而是通过自由和公平的民主选举登上政治舞台。

主流经济学家们仍然厌恶“社会主义”一词（如上所引，约瑟夫·斯蒂格利茨是个例外），但是越来越多的人对当前的经济秩序表示了较大的疑义。一位杰出人士，同时也是一位诺贝尔经济学奖获得者，早在十多年前出版的一本书中就表达了对资本主义的保留意见，甚至质疑资本主义制度本身：

> 在当代世界，资本主义所面临的那些重大挑战，包括不平等问题（特别是在前所未有的丰裕世界中存在极度的贫困），以及“公共物品”问题（即人们共同享受的物品，例如环境）。**对这些问题的解决办法几乎肯定会需要超越资本主义市场经济的机构和制度**。①

阿马蒂亚·森（Amartya Sen）最近发表的见解与他早期的那段话是吻

① Amartya Sen, *Development as Freedom* (New York: Knoff, 1999), p. 167. 请参见阿马蒂亚·森《以自由看待发展》，中国人民大学出版社，2002，第 265 页。——译者注。文中粗体字是引者所加。（必须指出这段话的意思在书里隐藏得相当深，而且没有进一步的论述。）

合的。在尼古拉斯·萨科奇（Nicolas Sarkozy）和托尼·布莱尔（Tony Blair）主持的“新资本主义”欧洲峰会上，他问道：“我们是否应该寻找另一种形式的新资本主义，或者……一个‘新世界’，以建立一种不同的体制。”[①] 本书的回答是：我们需要一个新世界！

我要特别感谢两个人对本书的修订提供了巨大帮助。一个是加州州立大学弗雷斯诺分校计算机科学学院院长托德·威尔逊（Todd Wilson），他和我素未谋面，几个月前发来电子邮件同我谈论这本著作。当他得知我正在修订《超越资本主义》一书时，马上主动提出要提供帮助。随后他阅读了每一章节，纠正了大量打印错误，并且就内容和形式提出了许多很有价值的建议。对此，我深表感激。另一个要感谢的人是帕特西·斯韦卡特（Patsy Schweickart）。除了一些编辑工作，她所做的许多事情常常让我神采飞扬、精神奕奕。同时还要感谢芝加哥洛约拉大学提供了一学期的研究休假，使我能够顺利完成本项研究。我还要感谢埃里克·格拉夫（Eric Graff）为本书编纂了索引。

芝加哥，2011 年 1 月

① Amartya Sen, “Capitalism Beyond the Crisis,” *New York Review of Books* (March 26, 2009), p. 27. 请参见阿马蒂亚·森：《危机之后的资本主义》，《文化纵横》2009 年第 3 期。——译者注

初版序

从我成为一名研究生开始的30年间，我逐渐形成一系列的思想观念，这本书是在此基础上凝结的第四项成果。在激动人心的20世纪70年代早期，一切似乎皆有可能。但是对于资本主义行将崩溃或者在美国本土（“野兽之腹”，我们当时对美国的称呼）掀起革命高潮这些观点，我并不像许多同行那样乐观。而且，我相当清楚，即便资本主义真的崩溃而且革命的政府开始掌权，这个政府对于如何重建经济也必定毫无所知。当然，“权力归于人民”，但是关键在于怎样将经济权力移交给人民。该用什么样的制度去取代资本主义制度？苏联模式早就不再鼓舞人心了。尽管毛泽东时代的中国看起来成就显著（据我们后来所知，实际并不如此显著），但是中国的经济模式和我们这样的发达工业社会相去甚远。

因此我的研究转向怎样重构一个发达工业经济体，使之不仅经济上可行，而且体现民主社会主义传统的伟大道德理想。该研究的第一项成果是我的博士论文——“资本主义：一个功利主义的分析”。尽管论文题目丝毫没有提及替代性的经济方案，但是论文的确对此进行了研究，因为“功利主义”的分析要求对不同的制度进行比较。如果希望从功利主义的角度对资本主义制度做出站得住脚的批判，那么就必须证明其他的某种经济制度能够为更多人提供更大的幸福。

后来，我对博士论文做了修改并以“资本主义或工人控制：一个道德和经济的评”（1980年）为书名出版。该书把替代方案称为“工人控制的社会主义”（在其后的一本书及本书中，我称之为“经济民主”）。这个模式具有如下特征：工人自我管理的企业在市场环境中相互竞争，同时由“社会控制”投资活动。尽管多年来我不断提炼和调整这个模式，但是这个模式的基本特征却始终如一［政治哲学家以赛亚·柏林（Isaiah Berlin）对思想家做过一个非常著名的比喻。他把一类思想家比为狐狸，另一类比为刺猬。他说："狐狸多知，而刺猬有一大知。"[①] 我大概属于刺猬那一类，因为我的确"有一大知"：一个既可行又更为理想的方案，它可替代当前这个有害的经济秩序］。

1993年，我出版了《反对资本主义》一书。1980年之后世界发生了巨大的变化，最为重大的是苏联帝国的崩溃。起先是东欧的卫星国挣脱苏联的统治并且抛弃了自己的社会主义遗产，然后是苏联自身也解体了。对于我们这些左翼人士而言，那是一段令人沮丧的日子。不是因为我们仰慕苏联，我们中间很少有人仰慕。然而，我们大多有意无意地觉得，面对以美国为首的日益富有而强大的资本主义阵营，面对他们的强烈敌意，共产主义只有持续存在（实际上是稳步扩张），方能表明历史站在我们这一边。我们曾经设想：在适当的时候，苏联和其他社会主义国家将走向民主，并且找到经济更有效运行的方法，而同时资本主义将陷入致命的危机。

历史未能让我们如愿。但我仍然认为我们是对的，不论历史如何裁决，道德始终站在我们这一边。资本主义是一种冷酷的、掠夺性的制度，我们可以有更好的制度。我近乎狂喜地发现，许多既智慧又正直的思想家［比如哲学家理查德·罗蒂（Richard Rorty）］宣称："倘若知道一种能有效运转的非资本主义经济，那么就必须停止使用'资本主义经济'一词。"[②] 我们确实知道一个有效运转的非资本主义经济应是什么样子。《反对资本主义》一书（对模式进行了适当的修改，并增补了一些材料）再次强调，问题不在于我们不知道一个人道的经济应当是怎样的，而在于强大的既得利益在极力阻止它的产生。如果我们接受那时流行的说法，即知识分子有义务"对权力说出真相"，那么我们至少要把**那个**真相说出来。

我现在写的这本书还是关于这个主题，尽管看起来和我以往的书没什么两样——当然数据有了更新——但实际有很大的不同。让我一一呈现这些不同点。近四年前，也就是当我开始写作这本书时，我的计划相当简单，那就是以更为通俗的笔调重写《反对资本主义》一书。《反对资本主义》以及之

① Isaiah Berlin, *Russian Thinkers* (New York: Penguin Books, 1978), p. 22. 请参见以赛亚·伯林：《俄国思想家》，译林出版社，2001，第26页。——译者注。伯林引用的是希腊诗人阿奇洛克思（Archilochus）的隽语，并把这一隽语解读为对两类思想家的定义。

② Richard Rorty, "For a More Banal Politics," *Harper's* (May, 1992), p. 16.

前的著作主要是写给专业哲学家和经济学家看的。书中充斥着大量的注释，一些相当深奥的专业问题的讨论，部分出现在注释中，部分出现在正文中。当时我希望这本书对于读者来说要更易于阅读，现在我也相信它的确如此。书中仍然保留了注释，更确切地说是章末注释，而它们仅仅提供了引文和数据的出处，有时也提出进一步阅读的建议。读者即使跳过不看也不会有实质性的损失。一些附加说明性评论，在以往面向专业读者的著作中被置于注释中，如今直接放进正文中。有关技术性争论的参考文献被全部删除了。

这丝毫不意味着我“简化”了我的论证，绝对没有。本书与我以往的著述一样严谨，不是能很快速、很轻易地读懂的。当我写作时与我心灵对话的是聪明智慧且心怀天下的普通读者，而不是具有哲学或经济学专业背景的学者。我希望我的书能被那些非专家学者所理解。

原先的计划是写出一本通俗版的《反对资本主义》，但随着写作的进行，发生了两点变化。我先前的著作把资本主义作为国民经济的一种组织方式来研究，同时致力于提出国家层面上的替代模式。但是众所周知，“全球化”已经成为资本主义游戏的代名词。因此，本书在更严谨的意义上把资本主义看成一种国际现象（当然，它一直都是），而且更为详尽地阐述一个经济民主型的国家如何同其他国家相互作用、相互影响。

更重要的第二个变化，开始时我并没有意识到。回头审视，我觉得《反对资本主义》及以往著述都是理论性的著作，它们的目的在于确立这样一种理论观点，即一些人（人数众多）所宣称的，鉴于人类的天性，不可能存在一个可行的民主的社会主义经济，这样的论断是错误的，而我提出，如果组织合理，民主的社会主义与人类天性并不对立。它并不要求人民具备超凡的利他主义，也不会和根深蒂固的人类本能起冲突。尽管这本著作坚持了以上的理论观点，保留了以往的理论风格，但是理论更加趋于实践导向。这里变化的关键不在于简单地批判众多哲学家和经济学家对可行社会主义可能性的反对观点，而在于帮助普通人——他们是对资本主义发起新一轮挑战的中坚力量——理解这个世界是如何运作以及怎样使之运作得更好。

从理论导向到实践导向的风格转换，反映了我在思想上的微妙变化。我开始相信（1993 年前我并不这样认为）确实存在着对资本主义世界秩序的又一种挑战，这样的挑战不仅不会停止，而且亟须一个更清晰的视野，以便看清什么是有可能实现的。

导致我思想发生变化的主要是两个因素。第一个是个人方面的，与社会对我著作的反响有关。1997 年，位于西班牙桑坦德（Santander）的一家耶稣会所属出版社 Sal Terrae 和社会行动联盟 Cristianisme i Justícia 共同决定出版《反对资本主义》的西班牙文版本，并由前者负责出版工作。1998 年初，后者为我安排了一次该书的推介旅行，我得以访问巴塞罗那（Barcelona）、毕尔巴鄂（Bilbao）、塔拉戈纳（Tarragona）和萨拉戈萨（Zaragoza）。我突然发现自己的演讲并非都是面向清一色的学界人士，也包括众多有志于变革社会的普通百姓。我也接受了许多当地报纸的采访。那年晚些时候，在菲律宾，我应邀到菲律宾合作基金公司（Cooperative Foundation of the Philippines, Inc.）做了演讲。回国后，芝加哥当地的一家天主教社会行动团体"追求正义的第八天中心"（Eighth Day Center for Justice）同我接洽，邀请我做了报告。我还受邀到中西部劳动研究中心（Midwest Center for Labor Research）[现在的劳动和社区研究中心（Center for Labor and Community Research）]做了演讲。在此期间，我用新书稿的部分章节给本科生和研究生上课。经历过这些互动之后，我越发认识到，许多怀揣美好愿望的人们，尤其是那些信仰激进主义的人，是多么渴求更具体更全面地了解当代社会之未来可能性，但是现实无法满足他们。许多人意识到不公正的存在并且力图改变，许多人意识到社会罪恶的普遍并且努力消除，但是他们对长期的、永久性的解决方案并不明了。他们希望有这样的解决方案，但是大多数人心存疑问。这本书就是要消除（至少要减少）这些疑问。

使我的研究更具实践倾向的另一个影响因素是 1993 年以来世界自身的变化。一系列发生（或没有发生）的事件极大地打击了资本主义辩护士们甚嚣尘上的耀武扬威般的猖狂锐气。

第一，共产主义政府并没有如普遍预期的那样全部崩溃。所有非欧洲的共产主义国家都还存在。它们都进行了市场化改革——有些获得了巨大成功，但没有一个公开地同过去的社会主义传统决裂。当然，绝大多数评论家都坚信市场化改革必然导向资本主义。但是正如我们所见到的，这个观点是错误的。向资本主义的转变并非不可避免。在我看来，市场并不意味着资本主义，实际上，市场对于社会主义的健康运行是必不可少的。

第二，1993 年后经济崩溃的不是那些坚持社会主义的国家，而是重新恢复了资本主义制度的前社会主义国家。以下是对俄罗斯近况的评估：

> 结局是十足的灾难。改革的第一年，工业产出缩减了 26%。1992

年至1995年，俄罗斯的GDP下降了42%，工业产出减少了46%，远比大萧条时的美国经济糟糕……1991年以来实际国民收入急剧下降了40%。到90年代中后期，俄罗斯1.48亿人口中有4400万处于贫困状态（按月生活开支低于32美元界定）；四分之三的人口每月生活开销不足100美元。90年代中期，自杀人数翻番，酗酒死亡人数增加了2倍。婴儿死亡率达到第三世界的水平，而出生率大幅下降。经过5年的改革，妇女的平均寿命为72岁，下降了2岁，男人则为58岁，下降了4岁，后者甚至低于一个世纪前的水平。①

再来看看一位保加利亚妇女在北约对南斯拉夫发动战争之后，通过电子邮件所传达的强烈抗议。她对塞尔维亚“民主反对党”的未来前景发出了警示。下面是摘录的内容：

在我们保加利亚，从1989年起就有了美国式的民主，已经整整十年了。

我要控诉，这是我人生中最可怕的十年。

在这十年中究竟发生了哪些事情呢？

在执政的民主力量联盟（Union of Democratic Forces，UDF）的热心帮助下，国际货币基金组织和世界银行成功地榨干了保加利亚的工业，摧毁了社会组织，并开放了国界。（请注意是保加利亚的国界，从来就不是美国或者德国的。）

他们吞噬保加利亚工业的三种方法是：

——先将工厂私有化，然后将其变卖；

——直接变卖企业；

——以微不足道的价钱把企业出售给强大的外国公司。例如，1997年皮尔多普（Pirdop）镇附近生产黄金、铂和电解铜的铜冶金厂，就几乎白送给了比利时的矿业集团（Union Miniere）。

结论：在不到十年时间里，在**没有受到**轰炸的情况下，保加利亚的

① Nancy Holmstrom and Richard Smith, “The Necessity of Gangster Capitalism: Primitive Accumulation in Russia and China,” *Monthly Review* (February 2000), p. 5.（我基本同意所引这篇文章的两位作者关于俄罗斯的论述，但不同意他们关于中国的观点。）

工业和基础设施（比如公路）就被彻底地摧毁了。所有这一切正是塞尔维亚反对党向塞尔维亚人民推销的结果。

在美国向南斯拉夫开战期间有一个广为流传的笑话：两个土耳其飞行员飞临保加利亚领空，正在向下俯瞰。其中一个说："我纳闷，我们刚才在这儿扔炸弹了吗?"另一个说："别犯傻了，这是保加利亚！没扔炸弹，它看起来也像被炸过一样!"

其他后果：成群的失业者，正如你能轻易想象出的那样。

乞丐充斥着街道。

儿童因毒品和营养不良而暴尸街头。

老人在垃圾箱里搜寻破衣服和发霉的面包。

昨天我的姐夫告诉我，他看见儿子所在学校的前任女校长正在垃圾箱里翻破烂。①

第三，近年来全球动荡日益剧烈。1995 年墨西哥的"龙舌兰酒危机"几乎推倒了整个全球金融上层建筑。据当时的国际货币基金组织总裁米歇尔·康德苏（Michel Camdessus）回忆，他和美国财政部部长罗伯特·鲁宾（Robert Rubin）以及众多重量级的业内人士不得不行动，不惜一切代价启动了一项前所未有的庞大救援计划，否则"真正的世界灾难就不可避免了"。② 两年后，金融恐慌席卷东南亚，甚至连广受赞誉的韩国经济也不能幸免；恐慌扩散到了俄罗斯，促使其国内债务违约，继而又漫延至巴西。自那以后，拉丁美洲不断上演大大小小的各种危机，而非洲则继续着它的下行颓势。看来，不受约束的资本主义已经失控，导致整个世界混乱狼藉。

世界上发生的第四个也是最重要的变化是出现了大量**抵抗**。1994 年 1 月 1 日，正当著名的北美自由贸易区协定生效的时候，墨西哥贫穷的恰帕斯州爆发了武装起义。萨帕塔运动是用一个世纪前墨西哥革命的传奇领袖埃米利亚诺·萨帕塔（Emiliano Zapata）的名字命名的。这是一场非正统的、别具匠心的运动。面对政府的强力镇压，虽然起义者们宣布放弃使用武力，但

① 这封邮件收于 1999 年 9 月 10 日，标题是"她睁开了眼睛——一封来自保加利亚的信"，署名是"唐恰娃"（Doncheva）。

② Hans - Peter Martin and Harald Schumann, *The Global Trap: Globalization and the Assault on Democracy and Prosperity* (New York: Zed Books, 1997), p. 45. 所引这本书的第 40 ~ 46 页对这场几近酿成的灾难进行了扣人心弦的描述。

是他们拒绝就地解散。（2001 年 3 月，起义者发起一次广为人知的、从恰帕斯到墨西哥城的“和平与尊严之旅”。他们沿途寻求支持，然后在墨西哥城举行大规模的集会，并且进入国会对在场的政客们演讲。）

1995 年春，意大利工会联合会发起总罢工，反对右翼贝卢斯科尼政府削减养老金收益的计划。这次罢工使整个国家陷入数天的瘫痪状态，有 1500 万人乘火车或汽车来到罗马。[那时我刚好在罗马居住，在洛约拉大学罗马中心任教。这是我一生中仅有的经历。当我和妻子从位于罗马的上层中产阶级居住区蒙特－马里奥（Monte Mario）的公寓出来时，我们发现所有的商店都关门了，杂货店、水果摊、红酒店、理发店、报摊、餐馆，甚至加油站都歇业了。我们将信将疑地呆望着，试图去想象如果这一切发生在美国国内，可能出现的情景：工会发出罢工的号召，然后不论任何地方——城市、乡镇和街道，所有的商业活动统统停止。] 同年秋，超过 500 万法国学生和工人也走上街头，采取相似但规模更大的行动。

反抗和游行开始在各地不断涌现，它们大多聚焦于本地或本国的具体问题。其后，1999 年 11 月西雅图发生了作家亚历山大·科伯恩（Alexander Cockburn）和杰弗里·圣克莱尔（Jeffrey St. Clair）所称作的“震撼世界的五天”①：为扰乱正在召开的世贸组织高端会议，成千的抗议者，包括年轻的、年老的，第一世界的、第三世界的，工会，环保主义者，反血汗工厂者等，纷纷集中到市中心。

甚至在美国本土，就在芝加哥这儿，7 位洛约拉大学学生因为在商业中心的耐克城——一家出售耐克公司产品的商店，展开一幅反血汗工厂的横幅而遭到逮捕，本月（2001 年 8 月）末将在法庭受审。

在这些日子里，只要极目四望，你就能看见人们都在反抗所谓的“新世界秩序”的蹂躏。现在很难预测这些反抗将来会壮大到怎样的程度，也很难推测今后肯定会爆发（也许出现在意想不到的地方）的经济危机将会多么严重。但我总觉得不论我此时写些什么，都是对那种反抗的少许贡献。这就是本书希望达到的目的。

我要向帮助我提炼了书中观点的许多人表示感谢。我的两位研究生助手，科里·沙夫（Kory Schaff）和詹森·巴雷特（Jason Barrett），在查找数

---

① Alexander Cockburn and Jeffrey St. Claire, *Five Days that Shook the World: Seattle and Beyond* (London: Verso, 2000).

据方面帮了我大忙。我从本科生和研究生对本书早期书稿的反馈中受益匪浅。特别值得一提的是在罗马中心和三位优秀学生的讨论，他（她）们是：丹·霍恩（Dan Hoyne）、凯特·亨德森（Kate Henderson）和彼得·吉安诺帕洛斯（Peter Gianopulos）（其中一位拒绝接受我的观点）。我要感谢蒙德拉贡卡亚劳动合作银行（Caja Laboral）的胡安·曼纽尔·辛得（Juan Manuel Sinde），他安排了一场有益的会议。我也要感谢劳动和社区研究中心的丹·斯温尼（Dan Swinney），我们就经济民主模式对当前具体改革的可应用性问题深入地交换了意见。我在和阿尔·坎贝尔（Al Campbell）及伯特尔·奥尔曼（Bertell Ollman）的持续辩论中得到极大的鼓舞。尽管我们在中心问题——关于市场对于可行的社会主义的必要性——上意见相左，但我们的讨论始终非常友善而且成果颇丰。我极大地受益于帕特里夏·曼（Patricia Mann）、弗兰克·汤普森（Frank Thompson）和贾斯汀·施瓦茨（Justin Schwartz）在2000年秋举办的激进哲学家协会会议上对本书早期版本的评论。同迈克尔·霍华德（Michael Howard）的讨论让我心存感激，我赞同他（几乎所有）的观点。我也从很多人的书面评论中获益，他们是艾伦·亨特（Allen Hunter）、罗伯特·海尔布罗纳（Robert Heilbroner）、布鲁诺·乔沙（Bruno Jossa）、大卫·钱德勒（David Chandler），以及一位匿名审稿人。（如果这位审稿人正是我猜测的那位，那么我已经在本段的前面感谢过他了。）

我还要感谢许多人。我有幸向各种各样的研讨会和会议提交了许多基于本书的论文：在古巴的哈瓦那、奥尔金和卡马圭，在萨尔瓦多的中美大学，在菲律宾大学，在西班牙的埃斯科里亚尔和甘迪亚，在意大利的贝加莫大学，在南泰尔的巴黎大学，以及在美国无数的校园。感谢所有这些研讨会和会议的组织方和邀请人。

我要特别感谢我的古巴朋友，温贝托·米兰达（Humberto Miranda）、劳尔·罗德里格兹（Raul Rodriguez）和吉尔伯托·瓦尔德兹（Gilberto Valdez）。他们追求人道社会主义的勇气和决心，即便是在那段最黑暗的“特殊时期”，当古巴的主要贸易伙伴相继倒台而美国对古巴实施了进一步贸易禁运的时候，也从未有丝毫动摇。他们和我有幸遇见的所有古巴人一样，令人备感鼓舞。[在过去的十年中我有幸6次造访古巴，几乎都是去参加在那里举行的北美和古巴哲学家及社会科学家年会。我对激进哲学家协会的克里夫·杜兰德（Cliff Durand）满怀感激之情，作为北美代表团的组织者，他竭尽全力促成了这些访问。]

我还要特别感谢两个人。在我做博士论文时，我阅读了雅罗斯拉夫·瓦尼克（Jaroslav Vanek）的著作，正是他的著作（而不是其他任何人的著作）将我带上了我此后所走的学术道路。1999年，我特别荣幸地在哥伦比亚大学纪念他的研讨会上发表演讲，使我有机会表达感激之情。让我再一次向他致以敬意。

最后，我要特别感谢帕特西（Patsy）——她的支持必不可少。

芝加哥，2001年8月

附 言

这份书稿于2001年8月提交给出版社，因此显然不可能提及“9·11”恐怖袭击事件。然而，鉴于这一事件的重要性，我们决定推迟出版，以便增加一个后记：

“一切都变了。”恐怖袭击发生之后，这一论调不断被重复着。一切真的都变了吗？

从本书设定的视角看，答案是“不”。并非一切都变了。（就在此刻，阿根廷大范围的骚乱已经迫使新自由主义政府下台，这一政府在国际货币基金组织的要求下试图强行实施新一轮财政紧缩计划。）尽管所有重要的大事依然如故，但是“9·11”事件也突出了我在写作本书时忽略的一个因素。

《超越资本主义》一书证明和分析了资本主义的破坏性趋向，并预测了对资本主义制度的新挑战。此外，它认为目前这个占主导地位的不受约束的资本主义必将扩大全球贫富差距，同时使得人们的生活更加不稳定，即便是富国人民也不例外。面对这些经济压力和混乱，本书除了偶尔提及，并没有考虑过人们对此产生的非进步性反应。

但是，正如欧洲法西斯主义的历史清楚表明的，建立于残暴的、退步的意识形态之上的现代民众运动，最容易在上述的环境中疯长。事实上，它们往往是由富有的利益集团有意培育起来的，目的是转移国内的不满情绪、摧毁来自左翼势力的挑战。近期，随着社会主义事业陷入混乱，这种运动不断扩散：西方重现新纳粹主义；种族性民族主义彻底分裂了南斯拉夫，并在许多贫穷国家肆虐。也许最严重的是，出现了我称之为“神权法西斯主义”(Thoecratic Fascism)的各式各样的派别——它们是基于信仰的原教旨主义，追求政治权力，而且毫不避讳使用恐怖手段。[①]基督教原教旨主义者炸毁了堕胎诊所。犹太教原教旨主义者梦想着一个“最终解决法案”——在大以色列王国中对“巴勒斯坦虱子”（这是刚被暗杀的以色列极右的国家联盟党领袖的说法[②]）实施种族清洗。伊斯兰原教旨主义者炸毁了购物中心，劫持满载乘客的飞机，撞向满是人的大楼。

我们必须弄清以下几个问题。

1. 极端恐怖活动的根源不是宗教本身。世界上大多数的基督教徒、犹太教徒和穆斯林绝非原教旨主义者，他们自身非常憎恶恐怖分子对无辜平民的杀戮。把所有原教旨主义者都贴上神权法西斯主义的标签也有失公允，尽管当代绝大多数宗教原教旨主义所带有的强烈“仇怨”特征正把信奉者导引向那个方向。

2. 贫穷本身也不是原因。尽管贫穷必然孕育抵抗，但是抵抗可以有多种不同的形式。回想一下冷战期间，那些直接和美国（在朝鲜和越南）或和美国支持的独裁政权交战的当地马克思主义武装，从未对美国公民发动过恐怖袭击。这些武装绝大多数是由贫穷的工人和农民组成的，他们是在为美好生活而战，而且清楚地知道美国在阻碍他们实现理想。但是，作为意识形态的马克思主义，一直都把一国政府和它的普通人民区别对待，前者只代表该国统治阶级的利益。法西斯主义意识形态是不做这种区分的。

3. 我们也要知道恐怖活动并不局限于法西斯运动。不管是以什么客观标准来衡量，相比于二战之后的任何国家，这个正在领导“反恐战争”的国家通过直接的或者扶植凶残的傀儡政权的方式，对无辜百姓实施了更多的暴力。正如我在第四章所强调的，假如美国一直在全球范围内推动民主而不是资本主义，那么二战后的死亡人数将减少数百万。（我也说过美国民众根本不支持造成如此可怕后果的政策。因此，后面接任的政府必须花费相当大的努力，以对美国民众掩盖其行为背后的真相。）

4. 最后，我们要记住富有的利益集团经常为法西斯运动提供资金支持，

---

① 迈克尔·曼（Michael Mann）将后一种现象称为“战斗原教旨主义”。更深入的分析，参见他的“Globalization and September 11,” *New Left Review*（November/December 2001），p. 51－72。

② Robert Friedman, “And Darkness Covered the Land: A Report from Israel and Palestine,” *The Nation*（December 24, 2001）, p. 13.

利用这些运动达成自己的目的，但是这些支持往往会导致灾难性的后果。富有的地主和工厂主曾经为对抗左翼势力而支持墨索里尼和希特勒。沙特阿拉伯在整个伊斯兰世界中为原教旨主义运动提供资金，以使自身的腐败政权合法化。美国曾经热情地（秘密地）支持阿富汗的圣战者，期盼推翻非宗教的马克思主义政府——当苏联入侵时又期盼借以驱逐入侵者。但是毫不奇怪，这些支持者最终往往被法西斯运动反咬一口。这些运动对其资金支持者的仇视程度，一点也不输给后者对他们的仇视。[参看最近出版的卡特总统国家安全助理兹比格涅夫·布热津斯基（Zbigniew Brzezinski）的一段评论。“9·11”之前，在关于美国为潜在的恐怖分子提供武器和指导的采访中，他说：“什么对世界历史的影响更大？是塔利班的产生还是苏联帝国的垮台？是一些被触怒的穆斯林，还是中欧的解放和冷战的终结？”[1]]

接下来会发生什么呢？血腥的“9·11”事件发生后，我们要更加警惕那些运动的邪恶本性，它们把恐怖活动奉为“弱者的武器”；我们要更加关注它们对全球无辜百姓的生命，以及国内的公民权利和自由所构成的威胁。保守势力肯定会利用这些事件来实现自己的目的。事实上，他们已经这么做了。

在更深的层面上，“9·11”事件凸显出我们的世界是多么急切地需要一个**进步的**替代方案来取代全球资本主义意识形态。资本主义的全球化孕育着抵抗，一旦进步性的反应被阉割，这种抵抗将暴露出它嗜血的丑陋面目。如果没有一个进步的愿景及由此驱动的全球运动，那么等待我们的就只有资本主义或者恐怖活动——麦当劳世界对抗杰哈德圣战。[2] 事实上，他们二者是同一个问题的两个方面，本书试图证明我们并非只有这两种选择。

芝加哥，2002 年 1 月

---

① *Le Nouvel Observateur* (*France*) (January 15 - 21, 1998), p. 76.

② 参见 Benjamin Barber, “Beyond Jihad vs. McWorld,” *The Nation* (January 21, 2002), p. 11 - 18。

如果人类不断进步的话，则应该预料到，最终占统治地位的合伙经营方式，将不是作为主人的资本家和没有管理权的工人之间的合伙经营，而是劳动者自己在平等基础之上的合伙经营，即工人共同拥有企业的资本，经理由工人选举产生并可由工人罢免。

——John Stuart Mill, *Principles of Political Economy* (1848)①

但是，劳动的政治经济学对财产的政治经济学还取得了一个更大的胜利。我们说的是合作运动，特别是由少数勇敢的“手”独立创办起来的合作工厂。对这些伟大的社会试验的意义不论给予多么高的估价都是不算过分的。工人们不是在口头上，而是用事实证明：大规模的生产并且是按照现代科学要求进行的生产，在没有利用雇佣工人阶级劳动的雇主阶级参加的条件下是能够进行的。

——Karl Marx, “Inaugural Address of the Working Men’s International Association” (1864)②

我们合作主义者的理想必须是实现真正的人类团结。这是上帝的要求，而且通过它我们在各个方面取得进步……我们的合作组织必须主要服务于视其为社会正义之堡垒的人，而非那些视其为保守灵魂之避难所或安全港的人。

——Don José María Arizmendiarrieta, Pensamientos (1978)

大会认为，各种形式的合作组织，最大限度地促进了人们——包括妇女、青年、老人、残疾人以及当地土著居民——对经济和社会发展的参与。这些合作组织已经成为经济和社会发展的主要因素，并为减贫事业做出了贡献……大会宣布2012年为国际合作组织年。

——United Nations General Assembly, December 18, 2009

---

① 请参见约翰·斯图亚特·穆勒：《政治经济学原理》，商务印书馆，1991，第341页。——译者注

② 请参见《马克思恩格斯全集》第16卷，人民出版社，1964，第12页。——译者注

目　录

图目录

第一章
反对方案、后继制度和革命

“一个幽灵，共产主义的幽灵，在欧洲徘徊。”

马克思和恩格斯于1848年写下了这句话。他们是对的。在之后的一个半世纪，这个幽灵确实在欧洲徘徊。不仅仅是在欧洲，它的踪迹遍及整个世界。数以百万计的人们，工人、农民、知识分子和各式各样的“阶级叛徒”，开始憧憬一个全新的经济秩序并为之奋斗。整个世界分化为两大阵营。难以计数的核武器彼此相对、随时待命。人类正面临疯狂的深渊——“同归于尽”。

现在，至少在此刻，共产主义的幽灵已被成功驱逐，资本主义最终胜出。骄傲自大且得意扬扬的资本主义圣灵正以各种表现形式昂首阔步于世人面前。

资本主义圣灵首先表现为“消费社会”，它虽使人隐隐不安，但却无限诱人。比它外表的魅力更让人惊叹的是：消费越多就越幸福这样的观念正有声有色地、潜移默化地席卷除最遥远地方之外的所有地区。资本主义灵魂的巨大神殿——购物中心——已经从资本主义的心脏地带扩散到全球的几乎每个国家，它使得早期的众多大教堂、清真寺无论在规模还是在参加人数方面都相形见绌。小型圣殿——从快餐连锁店到购物网站——也在各地争相涌现。并非所有人都光顾过这些圣地，但几乎没有人可以抗拒它们的魅力。在一些贫困国家，由于人们争相涌入麦当劳和比萨店，必须出动武装警卫维持秩序。

资本主义的圣灵还以另一种形式出现，它离我们更遥远、更神秘，少了些仁慈，但却更加强大。这就是全球金融市场，它传递着信息，创造并毁灭着财富，造就或摧毁着一些国家。不同等级的神父们——金融顾问、经纪人、银行家、交易员、新闻记者和经济学家——都服务于外汇、商品期货、股票和债券这些次级神明。虽然这些神甫比普通人更洞悉金融这个资本主义圣灵的神秘性，但他们更愿意充当仆人的角色。市场自行决定谁将胜出、谁将败北，以及发生的具体时间。前一天市场还好好的，第二天就崩盘了。更加诡异的是，不久人们就失去了工作，失去了住房，也失去了做人的尊严。到底发生了什么？既没有爆发战争，也没有疾病流行，更没有气候突变，但人们却经历了真正的灾难。[在市场灾难面前，再高傲的神父有时也会低下头颅。读者可能还记得诺贝尔经济学奖获得者迈伦·斯科尔斯（Myron Scholes）和罗伯特·莫顿（Robert Merton）的英雄事迹。但是，他们和另外几个金融奇才共同创立的对冲基金——长期资本管理公司——在 1998 年却面临灭顶之灾。仅仅是由于美联储认为它太重要以至于不能破产所以出手相救，它才得以绝处逢生，幸免于难。①]

资本主义呈现给我们的绝不仅仅是消费社会的诱人和金融市场的神秘一面，它最残酷的一面表现为极度的不平等。我们都听过那些统计数字，尽管它们过于枯燥以致容易被忘记。比如，2007 年，全球最富有的 500 人的总财富相当于最贫困的 60% 人口的全年收入。②（大致说来，500 个富豪的平均财富是这 60% 人口平均年收入的 800 万倍。）国家也分化为富国和穷国，那些最贫穷国家的平均收入只达到最富有国家的 1/20 甚至 1/50。富国人口的平均寿命目前已经超过 80 岁，而穷国往往不到 55 岁。在婴儿死亡率、营养不良和识字率方面，二者也是差距巨大。

即使在富国内部，贫富悬殊之大也是令人难以置信的。在美国，最富有的 1% 的人口所拥有的财富超过了底层 90% 的人口。超过 4300 万家庭生活在贫困线以下，其中包括约两成的儿童，这是人口普查局自 50 年前开始统计此项数据以来的最高值。与之对照，公司首席执行官们经常是年薪

① 较详细的阐述参见 Roger Lowenstein, *When Genius Failed: The Rise and Fall of Long-Term Capital Management* (New York: Random House, 2000)。

② 我的计算是基于 2007 年《福布斯》公布的全球亿万富翁排行榜。前 500 名富豪的总财富高达 2.7 万亿美元，相当于最贫困的 60% 人口的全年收入，占到当年全球 48 万亿美元总收入的 5.6%。这个结果和联合国开发计划署 1998 年发布的报告相符。该报告称，1998 年全球最富有的 225 人的总财富相当于最贫困的 47% 人口的全年收入。参见 United Nations Development Programme, *Human Development Report*, 1998 (Oxford: Oxford University Press, 1998), p. 30。

3000 万美元甚至更多，而成功的对冲基金经理所挣的又是他们的 30 倍。［挣钱最多的是阿帕鲁萨基金经理大卫·泰珀（David Tepper），2009 年，他拿走了 40 亿美金，大约是处于贫困线的四口之家一年收入的 20 万倍。[①]］

大多数有名望的学者和政策制定者都曾经相信：资本主义制度会慢慢抹平这些不平等，帮助下层人口实现收入比上层人口更快增长，同时减少国家间的收入差距，最终让所有人或迟或早地都达到美国中产阶级那样的消费水平。没有人再相信这些了。如今，我们只会建造更多的监狱和大门紧闭的社区。假如我们恰巧跻身于富国的中上阶层，那要感谢上苍的垂怜，也许同时我们会向一个无家可归者买份报纸，或者向自己喜欢的慈善机构捐一笔小钱。但假如我们恰巧是生活在穷国的富人，一旦农民和工人造反，那我们就不得不花大价钱请求死亡小组（Death Squad，20 世纪 80 年代流行于拉丁美洲的政府恐怖力量，其主要成员是城市警察和军事人员，主要目的在于消除政府和法律不能也不愿消除的反对力量。——译者注）保护了。

资本主义圣灵的第四种表现，尽管并不经常被提及，但同样显而易见，即资本主义制度整体运作的极度非理性。为什么我们不断开发出的神奇技术，不是减缓而是加快了工作节奏，不是提高而是降低了工作和生活的安全感？为什么在一个物质贫乏的世界，我们却必须担忧工业生产能力过剩和生产过剩危机？（为什么一小撮人应有尽有，而大多人数却一无所有？）反过来说，为什么全球经济的健康发展要以持续提高的消费为条件，而一个稍具生态常识的人都知道这一条件是不可能满足的？［经济学家肯尼斯·鲍尔丁（Kenneth Boulding）说过："只有狂人和经济学家才会相信，指数式的经济增长能在一个资源有限的世界中永远持续下去。"[②]］上述内容如果用马克思的话来说，那就是我们为何会如此"异化"于我们生产的产品？我们自己所创造出的一切怎么会反过来反对我们呢？

全球化资本主义的圣灵——充满无限诱惑的消费、神秘而强大的金融市场、残酷野蛮的不平等和极度非理性的资本主义，已经最终获胜了吗？

---

① 关于对冲基金的数据来自 Nelson Schwartz and Louise Story, "Pay of Hedge Fund Managers Roared Back Last Year," *New York Times*, March 31, 2010。关于贫困的数据来自美国人口普查局（U. S. Census Bureau）。2010 年一个四口之家的贫困线是 20050 美元。

② 引自 Mancur Olsen and Hans Landsberg, *The No-Growth Society* (New York: Norton, 1974), p. 97。

我们真的像弗兰西斯·福山（Francis Fukuyama）所宣称的那样已经达到“历史的终结”了吗？即使是在左翼阵营，许多人的回答也是肯定的。杰弗里·伊萨克（Jeffrey Isaac）在《新左翼评论》撰文公开支持安东尼·吉登斯（Anthony Giddens）宣扬的那个观点，即“资本主义没有替代方案”：

> 也许我们不愿意承认，但是吉登斯的确（唉！）是对的。这样说不是要将当代资本主义看作“人类历史的普遍存在”，或者符合人类“第二天性”的存在。它仅仅是表明，考虑到历史的继承性和人类的创造性，不可能存在一个替代资本主义的可信的、整体的方案。同样的观点也适用于水的净化、现代医药、电子通信、工业技术（连同它的所有废物和危害），以及公民自由和某种形式的代议制政府。这些都是不可超越的历史成就。①

一　反对方案

一种声音甚嚣尘上：资本主义是历史的终结，资本主义是不可超越的历史成就。这是真的吗？

本书将证明“不可超越”的说法是错误的，资本主义可以被超越。至于“历史成就”这一说法，我的观点与之相反，驱除这个正困扰着我们的资本主义圣灵将是21世纪人类面临的课题。如果资本主义的矛盾像我论证的那样严重，如果它们变得更加尖锐而不是相反（这几乎是肯定的），那么我们将见证人类再次持续挑战这个最奇特的经济秩序。也许挑战不会成功，毕竟反对势力太过强大——不在于数量，而在于财富和权力。但人们将越来越清晰地认识到，人类最大的希望就在于超越资本主义，因此对它的挑战势在必行。

事实上，对全球资本主义的新一轮挑战已经开始了。2001年7月21日

---

① Jeffrey Isaac, “Marxism and Intellectuals,” *New Left Review* 2 (March-April 2000), p. 114. 关于弗兰西斯·福山（Francis Fukuyama）所称的自由资本主义是历史的终结的观点，参见他的 *The End of History and the Last Man*（New York: Free Press, 1992）。

早晨，我正对本书第一版书稿做最后的修订。我瞥了一眼报纸，《芝加哥论坛报》的头版标题赫然写着“暴动正把热那亚变成战场”，副标题补充说：“一死百伤。”正当乔治·W. 布什（George W. Bush）和其他八国集团（7个主要工业化国家加上俄罗斯——俄罗斯的入选大概主要出于其核导弹，而非其脆弱的经济）领导人在巨大的路障后面碰头相聚并重弹老调时，一个意大利网站“热那亚社会论坛”发出号召，超过10万示威者从四面八方汇集向这座城市。我打开电子信箱，里面有一封以第一人称叙事的邮件，择其一部分摘录如下：

> 我以为我很平静，并不害怕，但是我写这封信时手指却在颤抖。我们当时正在一所学校，它被用作媒体、医疗和培训的中心。我们刚开完会，正谈话、打电话时，听到了一阵呼叫声、汽笛声、人群呼号的咆哮声，以及物品的碎裂声。是警察，它们在围攻这个中心……我们朝窗外看了好长一段时间。他们开始用担架抬走一些人。一个、两个、十二个，越来越多。一群人聚拢在一起，大声呼喊着“杀手！杀手！”警察驱赶着伤者，将他们逮捕并带走了。我们确信他们搬出了一具尸体……最后警察走了。我们跑到一楼，冲到街上，听到了整个过程的描述。正当人们熟睡时，警察突然冲进了房间。所有人都举起双手，高喊“不抵抗！不抵抗！”但是，警察还是将他们打得屁滚尿流。这就是事实的经过。我们走进另一栋楼房，发现每个床铺都有血迹，有些甚至是整摊整摊的鲜血，物品散落一地，电脑和设备被砸成了碎片。我们都在震惊中徘徊，不愿去想象那些被逮捕、被送进医院的人们怎么样了。我们知道警察将他们投入监狱并折磨他们。文森特，一个参加了培训的法国青年，周五在街上时头部被严重打伤。在狱中，他被带进一个房间，他的双臂被反绑，他的头被狠狠撞向桌子。另一个人则被带进了一个贴满墨索里尼和色情图片的房间，他们时而拍打他，时而爱抚他，对他实施变态的精神折磨。其他人被强迫高呼“墨索里尼万岁！”
>
> 如果这样说还不清楚，我要强调这是法西斯主义在意大利的变种，它真的回来了，并且会不遗余力地防护自己的权力。说全球化会带来民主，根本就是谎言。我告诉你，就在此刻，今晚发生的事情绝对称不上民主……

让我们行动起来吧！①

欢迎来到反对方案！

之所以被称为反对方案，是源于对资本全球化方案的反对，经过多年酝酿，它已成为资本主义的新挑战。1999 年 11 月它首次进入公众视野。那是在西雅图，工会成员、环保人士、第三世界活动家、学生以及其他上千人士由于受够了全球化肆无忌惮的暴行，终于群起抗议。面对大量警察的暴力反击，他们的行动还是取得了巨大的成功。世贸组织的开幕式由于无法正常进行而被迫取消，克林顿总统因为受阻而无法向代表们发表演讲，最后会议不得不取消了闭幕式，并在一片混乱中仓促休会。②

西雅图抗议活动迅速发酵，各种抗议活动开始在世界各地先后爆发：厄瓜多尔的基多（2000 年 1 月）、华盛顿特区（2000 年 4 月）、曼谷（2000 年 5 月）、南非（2000 年 5 月）、布宜诺斯艾利斯（2000 年 5 月）、温莎－底特律地区和卡尔加里（2000 年 6 月）、法国的米约（2000 年 6 月）、冲绳（2000 年 7 月）、哥伦比亚（2000 年 8 月）、墨尔本（2000 年 9 月）、布拉格（2000 年 9 月）、首尔（2000 年 10 月）、瑞士的达沃斯（2001 年 1 月）、魁北克（2001 年 4 月）以及热那亚（2001 年 7 月）。

2001 年 11 月（“9·11” 事件之后），一大群抗议者长途跋涉到达遥远的卡塔尔，紧张不安的世贸组织部长们正在那里举行后西雅图会议。与此同时，在这些抗议者自己的国家（总共有 30 多个国家），成千上万人集会，分析并抨击世贸组织的议程。2002 年 2 月，纽约市有约 15000 人集会，反对在那里举行的世界经济论坛。同时，上千人前往巴西的阿雷格里港参加“世界社会论坛”，这个号称对抗世界经济论坛的论坛，向世人发出了新的信息。

抗议在各地继续着——佛罗伦萨（2002 年）、迈阿密和坎昆（2003 年）、蒙特雷（墨西哥）和都柏林（2004 年）、墨尔本（2006 年）、罗斯托克（德国）以及蒙特贝洛（魁北克）（2007 年）。但是渐渐地，关注点不再

① 由斯塔霍克（Starhawk）于 2001 年 7 月 21 日发自热那亚。她是一位美国作家兼激进主义分子，近年来参加过无数反全球化的抗议活动。可以浏览她的网页 www. starhawk. org。

② 关于西雅图事件的现场直击，参见 Alexander Cockburn and Jeffrey St. Clair，*Five Days That Shook the World*（London：Verso，2000）。www. indymedia. org 提供了一个关于过去和将来全球反全球化抗议活动的有价值的信息渠道。

只是简单的抗议，而是要获得解决全球性问题的建设性方案，而这些问题恰恰是全球精英们不愿或者不能有效解决的。

世界社会论坛在世界各地相继举行——孟买、加拉加斯、内罗毕、贝伦、阿雷格里港。（大约有15万人参加了2005年的阿雷格里港论坛。）各国“社会论坛”也不断涌现。2007年6月，1万名活动家和学者参加了在亚特兰大举办的首届美国社会论坛。2010年7月，1.5万人相聚在底特律。

这个有着广泛基础的追求社会正义的运动深深地根植于过去，但目前还相当不成熟。然而，它的发展势头非常迅猛——基本上是在主流势力的眼皮底下。环保人士保罗·霍肯（Paul Hawken）所撰写《该死的动荡》一书的副标题直指一个惊人的论题：这场全球最大的运动是如何产生的、为什么无人预见到它的产生。[①] 在过去的15年中，霍肯向各种类型的环境和社会正义群体演讲了近千场。现在，他开始思考他演讲中谈到的这一运动的规模：

> 所以，出于好奇，我开始计数……刚开始我估计全球环保组织一共有3万个。当我加入社会正义和土著居民权力组织时，这个数字超过了10万。我继而研究是否有在规模上与此次运动旗鼓相当的其他运动，但我发现，不管是过去还是现在都没有。当我找到越来越多与特定地区部门相关的表格、数字和小数据库时，我越来越发现之前的数字不断攀升……不久我意识到原先10万个组织的估计至少少乘了倍数10，现在我相信一共有100万个组织——甚至200万个——在为生态可持续和社会正义而工作着。[②]

也就是说，这场运动的规模甚至让20世纪60年代至70年代爆发的更为人所知的反战运动相形见绌。这也在情理之中，因为早期的那场运动只是致力于结束一场战争，而现在的这个却是试图改变和拯救整个世界。

让我们看一看这个新运动的总体轮廓。这个反对方案是19世纪和20世

---

① Paul Hawken, *Blessed Unrest: How the Largest Movement in the World Came into Being and Why No One Saw It Coming* (New York: Viking, 2008).

② Paul Hawken, *Blessed Unrest: How the Largest Movement in the World Came into Being and Why No One Saw It Coming* (New York: Viking, 2008), p. 2.

纪伟大的**反资本家**运动和**其他**解放运动的辩证综合体，这里的其他尤其是指：持续的性别革命、争取种族平等的斗争、反对同性恋歧视的斗争、反对核威胁的运动，以及终止环境破坏和保护土著文化的种种努力。这些斗争的参与者如今开始视自己为一个更大方案的一分子，这个方案就是经过全世界人民共同努力奋斗，终结全球各地的结构性压迫，确保每一个人都拥有一个实现自我价值和获得幸福的平等机会。

在许多（也许是大多数）地方，随着这个反对方案的发展，它往往被称作“社会主义”或“共产主义”。假如它是反资本主义的（它若要解决全球经济不公平的深层结构问题，那它必定是反资本主义的），那么势力强大的既得利益集团肯定会给它贴上这样的标签。

没有必要去为这些标签争辩什么。事实上，我们应当自豪地接受它们。这个反对方案应当继承社会主义和共产主义传统的丰富理论遗产，而且也应当从那些认同并忠诚于这一传统的个人英勇斗争事迹中汲取养分。

在目前的左翼阵营中，很多人存在着远离这个传统的倾向。尽管这一传统已经完全被妖魔化、几乎被抹杀，但是远离它无疑是错误的。反对方案必须为它的这部分历史拨乱反正。我们绝不能忘记卡尔·马克思（Karl Marx）、弗里德里希·恩格斯（Friedrich Engels）、罗莎·卢森堡（Rosa Luxemburg）、安东尼奥·葛兰西（Antonio Gramci）、贝托尔特·布莱希特（Bertolt Brecht）、法兰克福学派（Frankfurt School）、C. L. R. 詹姆斯（C. L. R. James）、拉亚·杜娜叶夫斯卡娅（Raya Dunayevskaya）、保罗·斯威齐（Paul Sweezy），还有许多许多人。为我们自己，也为他们，都应当继承这一传统。因为沃尔特·本雅明（Walter Benjamin）（我们也要记住他）早已有言在先：“如果敌人取得胜利，即便死者也无法安息。”[①]

反对方案在继承这一传统的同时，也不能否认那些自称为社会主义或共产主义的个人、政党和政府存在的缺点，甚至可怕的失败。考虑到和基督教发展的相似性，这一点也不奇怪。进步的基督徒从基督教的历史传统中汲取力量和灵感，但是并不否认其历史中也曾经有过宗教审判、宗教战争、金钱贿赂和权力滥用等问题。两大传统中的价值观以及践行它的人们（正如自由神学家所阐明的，它们的价值观实际上是相同的）不断地激励

① Walter Benjamin, “Theses on the Philosophy of History,” in *Illuminations* (New York: Schrocken Books, 1969), p. 255.

着我们。[①]

反对方案必须发展成为一个辩证的社会主义，而非一个无政府的社会主义。[②] 它的目标不在于取消现有秩序，推倒所有东西然后重新来过，而在于建立一个新秩序，在保留精华的同时消除旧秩序的非理性和罪恶。这一反对方案不会是马克思所斥责的“粗陋的共产主义”，不会是那种在妒忌心的驱使下，将一切不能为所有人共享的东西统统消减并摧毁的“共产主义”。[③] 它将会是一个建立在过去数百年所取得的物质和文化成就之上的方案。它将拥抱自由、民主和法治的政治理想。它将赞颂并弘扬诸如慷慨、团结、创造性、自律、个人责任和勤奋工作这些价值观。它不会将这些理想和价值观讥讽为“资产阶级的”。相反，它将视它们为建设一个崭新和美好世界所不可或缺的要素。

尽管它最终会自称为社会主义或共产主义，但反对方案将超越传统的范围。它不会再犯早期反资本家运动所犯的错误，不会想当然地认为反对资本主义的斗争远比其他解放运动更紧迫，或者认为这些其他斗争或多或少能够被简单地看作反对资本的斗争。反对方案的理论家们对此有着清醒的认识。他们不会宣称（因为事实并非如此）反对资本的斗争比反对家长制的斗争或者反对种族主义深重而血腥的压迫斗争更为重要。他们不会宣称（因为事实并非如此）维持性别歧视、种族主义、军国主义和同性恋歧视的制度安排和结构不如支撑资本主义的制度安排和结构来得根深蒂固，因而并不那么急需根治。

反对方案理论将阐明，所有为战胜结构性压迫而奋斗的人们，无论身处何处，都将是这一方案的共同参与者。反对方案理论允许那些同各种罪恶做斗争的人们彼此交流希望和忧虑，分享成功经验和失败教训。援引马克思的

---

① 最近马克思主义哲学家斯拉沃热·齐泽克（Slavoj Zizek）强调：“是的，基督教和马克思主义应当在同一个战壕作战……真正的基督教遗产不应该被暴殄天物地丢给原教旨主义怪物。” *The Fragile Absolute: Or, Why Is the Christian Legacy Worth Fighting For?* 2nd Edition (London: Verso, 2009).

② 对这个区别的详细阐述，参见 James Lawler, “Marx's Theory of Socialisms: Nihilistic and Dialectical,” in *Debating Marx*, ed. Louis Pastouras (Lewiston, N. Y.: Edward Mellen Press, 1994)。

③ Karl Marx, “Private Property and Communism,” in his *Economic and Philosophical Manuscripts of 1844*, reprinted in, Lawrence Simon, ed., *Karl Marx: Selected Writings* (Indianapolis: Hackett, 1994), pp. 68 – 79. 请参见《马克思恩格斯全集》第 42 卷，人民出版社，1979，第 118 页。——译者注

另一个术语来表达，那就是反对方案赋予了我们作为类存在的意义：我们每个人都同其他人联系在一起。

二 后继制度理论

除了阐明过去的解放运动和现在的区别，以及弥合致力于实现一种共同方案的不同个体之间的差别之外，反对方案理论还必须相当清晰地展望出一个超越资本主义的经济秩序，必须在理论上建立一个取代资本主义的**后继制度**。

今日的“实践左翼”——以有形的斗争反抗特定结构性压迫的人们——明显缺乏后继制度的概念。目前几乎所有的进步斗争都受限于想象的、概念性的资本主义视野。人们越来越多地谈论要改革资本主义制度的某个方面，甚至整个资本主义制度，但极少人谈及**超越**资本主义制度，至少在富国中如此。

在北方国家，进步斗争大多致力于保住并扩大既有成果，比如，加强反歧视和环境保护的立法，提高最低工资，或者缩短工作时间。在经济问题上，这些斗争大多采取防守策略。一旦反动势力以“全球竞争”或最近的“量入为出”为借口来取消社会民主的福利条款，工人就开始罢工，有时学生也会一起走上街头，阻止政府减少这些来之不易的收入。对于最近造成巨大破坏的私人金融机构，我们只是一味地要求加强**监管**，而不是彻底**消灭**它们。

尽管不能低估这些斗争的重要性，但是我们也不得不注意到它们从来没有明确提到一个在性质上完全不同的经济组织方式——一种新的“生产方式”。即使当人们集会抗议世贸组织、国际货币基金组织、世界银行和八国集团的政策时，他们的具体要求也仅限于减轻债务、制定严格的环保法规、废除榨取穷国的“结构调整政策”、强化劳工法律以改善其社会地位，等等。这些诉求都很有意义，也值得争取，但是都没有从根基上动摇资本主义。甚至那些明确指责资本主义制度的抗议者——仍然是极少数派但发展势头迅猛——也明显地缺少一个具体的经济替代方案。

南方国家的形势更加复杂。当今世界最有活力的经济体，即中华人民共和国，实行“有中国特色的社会主义市场经济”。西方主流观点，甚至也包括大部分左翼理论家和活动家，认为“有中国特色的社会主义市场经济”

只是威权资本主义的另一种称谓。真的吗？也许不是。（第六章会详细讨论中国的情况。）

委内瑞拉发生了什么事情？在1998年的大选中，查韦斯（Hugo Chavez）以压倒性的胜利掌权，2000年在新宪法下再次当选总统，2002年又平息了美国支持的军事政变。2005年1月30日，在阿雷格里港第五届世界社会论坛的演讲中，查韦斯出人意料地公开支持“21世纪的新社会主义”，并开始和该区域的其他左翼政府（古巴、巴西、阿根廷、玻利维亚、智利、厄瓜多尔和尼加拉瓜）结成联盟。①

缺少后继制度理论，我们就很难真正理解这些事件。缺少这一理论，我们只能从主流意识形态的视角看世界，而把资本主义制度当作最好的无可替代的制度。我们就会漠视新制度试验的重大意义，而看不到一个超越资本主义的新世界。

反对方案需要后继制度理论。要改变世界，我们需要脚踏实地，但同时也需要关于未来方向的理论阐释以指导和激励我们的实践。只要冲破资本主义的视野，我们致力于解放事业的所有努力才能摆脱不必要的限制。

事实是我们目前已经拥有丰富的理论和经验资料来构建这样的一个理论。我们的处境要远胜于马克思或者列宁，因为我们不仅经历了一个世纪前所未有的社会经济试验，而且掌握着社会主义理论奠基人所没有的数据和理论工具。相比于他们，我们现在可以更加满怀信心地说哪种方案可行、哪种不可行。这的确颇具讽刺意味。正是在资本主义看起来如日中天、大获全胜的时刻，我们可以比以往任何时候都更有事实依据从而更有信心地宣称：一个高效的、充满活力的、民主的、替代资本主义的方案是能够实现的。

本书将提供这样一个替代方案的非技术性的轮廓。就这点而言，它是对后继制度理论，因此也是对反对方案的贡献。这个模式不应该被看成一幅不可更改的蓝图，而应当被看成一本思考未来的粗略指南。它是破除在当代具有重大影响力同时又令人麻痹的“银行家宿命论”［法国社会学家皮埃尔·布尔迪厄（Pierre Bourdieu）的绝妙术语！］的一剂药方。② TINA，TINA，

① 对拉美诸多事件的富有洞察力的、鼓舞人心的分析，参见 Marta Harnecker，“Latin America and Twenty-First Century Socialism：Inventing to Avoid Mistakes，” *Monthly Review*，（July - August 2010），p. 1 - 83。（整期杂志只有哈内克的这一篇文章。）

② Pierre Bourdieu，“A Reasoned Utopia and Economic Fatalism，” *New Left Review* 227（January - February 1998），p. 126.

TINA（There is no alternative，无可替代），这个时髦的咒语压根就毫无道理。它是磨灭我们希望的毒药，本书是破解这种毒药的一个尝试。

三 历史唯物主义

后继制度理论可以被看作马克思著名的历史唯物主义的一个补充。历史唯物主义宣称，人类是一个讲求实际的、富有创造力的物种，它拒绝被动地屈从于来自物质和社会生活的可感知困难。通过技术和社会革新的长期过程，运用试错的方式，世界将被改造得更理性、更多产、更适宜于全人类的团结。这个过程不是一帆风顺的。改变就意味着输和赢，因此也经常伴随着剧烈的争斗。尽管有进有退，历史唯物主义理论还是断言，人类历史展现出了一种可理解的方向性，或许可以恰当地称之为“进步”。作为一个物种，我们正越来越自觉地控制整个世界和我们自身。

必须指出，认为历史唯物主义否认上帝存在的看法完全是反共产主义者的。马克思深受费尔巴哈和其他激进的无神论的青年黑格尔主义者的影响，确实是一位无神论者。但是历史唯物主义的“唯物”是指社会和经济的结构，而非对上帝的否定。**历史**唯物主义是不同于**形而上学**唯物主义的。事实上，历史唯物主义指出特定时期的经济结构和阶级格局决定了宗教在特定时期的特定形式。但是至于历史唯物主义所描绘的社会经济进步，是上帝的安排还是人类自身努力的结果，理论并未指明。（反共意识形态经常强调无神论的共产主义是“没有上帝的共产主义”，因为对大多数人的自我意识而言，废除宗教远比废除生产资料的私人占有更为可怕。而统治阶级往往害怕——的确应当害怕——大多数人由于在事实上根本不占有生产资料，因而更倾向于废除生产资料的私人占有。）历史唯物主义是一门关于希望的哲学。一旦被应用于现代世界，历史唯物主义宣称，资本主义这个在马克思和我们时代居于主导地位的经济制度，将会被一个更理性的秩序所取代。这个后继制度传统上被称为“社会主义”，而且自认为是通向更高级的“共产主义”的一个阶段。①

① 关于作为一个解释性的历史理论的历史唯物主义和它的乐观预测之关联的详尽分析，参见 David Schweickart, “Does Historical Materialism Imply Socialism?” *Reason and Emancipation: Essays in Honor of Kai Nielsen*, Michel Seymour and Matthias Fitsch, eds.（Humanities Books, 2006），p. 196 – 207。

但正如所有学过马克思主义的人都知道的，正是在此点上马克思的理论恰恰是空白的。关于“社会主义”会是什么样的，马克思几乎什么也没说。实际上他没有关注替代资本主义的制度结构，没有定义一个真正优越于资本主义制度的经济秩序。

如果要用社会主义理论来指导实践，那么必须填补这一页的空白。在俄国革命的前夕，列宁曾认为用某种更好的制度取代资本主义是轻而易举的：

> 在这种**经济**前提下，完全有可能在推翻了资本家和官吏之后，在一天之内立刻着手由武装的工人、普遍武装的人民代替他们去**监督**生产和分配，**计算**劳动和产品。……在这里，**全体**公民都成了国家……雇用的职员。……全部问题在于要他们在正确遵守劳动标准的条件下同等地劳动，同等地领取报酬。对这些事情的计算和监督已被资本主义简化到了极点，而成为非常简单、任何一个识字的人都能胜任的手续——进行监察和登记，算算加减乘除和发发有关的字据。①

他很快发现实际与设想的不同。由于马克思的所有理论都没有提供任何指导，布尔什维克不得不临场发挥。开始时他们尝试了一种非常激进的战时共产主义政策——废除私有财产、雇佣劳动甚至货币，尽管熬过了国内战争，但很快就崩溃了。接着他们改变政策，转向了列宁的新经济政策，恢复了货币和市场，而且允许一部分生产资料的私人占有。俄国甚至寻求过（未获成功）外国投资。

新经济政策是成功的，但不是非常成功。列宁之后，斯大林采取了更激进的政策。农业被集体化（付出了可怕的人力成本），所有企业被国有化，市场交易被废除，建立起一个庞大的中央计划机构以协调整个经济的运行。就这样，形成了我们今天所称的“苏联经济模式”。

在远超半个世纪的相当长一段时间内，这种激进的经济组织新方式被视为未来的潮流。当西方世界深陷大萧条时，苏联实现了工业化——正如马克思所预测的。苏联战胜了德国入侵者，重创纳粹军事力量，继而在没有任何西方援助的情况下重建了被战火严重破坏的经济。接着苏联成功发射了人造

---

① V. I. Lenin, *State and Revolution* (New York: International Publishers, 1932), pp. 83 - 84. 请参见《列宁全集》第 31 卷，人民出版社，1985，第 96 ~ 97 页。——译者注

地球卫星。这个新经济是否真的会像尼基塔·赫鲁晓夫（Nikita Khrushchev）所宣称的那样（在经济上）"埋葬我们"呢，西方社会对此忧心忡忡。无数的西方经济学家盯着相对增长速度，紧张地标示出苏联经济超越美国经济的时间点。［在1973年版《经济学》中——当时最流行的本科生经济学教材，保罗·萨缪尔森（Paul Samuelson）基于一些"可行的假设"绘就了一条曲线，认为苏联经济将在1990年超过美国。①］

西方资本主义的领导人赶忙去遏制这个活力四射的巨人，因为它的示范效应迅速蔓延。1949年，世界上人口最多的国家宣布成立"人民共和国"。几年之后，越南的共产党军队成功赶走了法国殖民统治者。1959年，游击队首领菲德尔·卡斯特罗（Fidel Castro）推翻了巴蒂斯塔（Fulgenio Batista）的独裁统治，不久宣告"无社会主义，毋宁死"。1975年，越南人打败了实力远甚于自己的美国人——他们取代了法国人的位置，并且开始沿着非资本主义路线重建经济。1979年尼加拉瓜的游击队推翻了美国支持的索摩查独裁统治。尽管新政权并不称为共产主义，但是却向古巴和苏联寻求支援和指导。历史的发展路径显得特别清晰。

但是，众所周知，在通向未来的途中，发生了一件有趣的事情。20世纪80年代，苏联经济停止了增长。尽管经济并未崩溃——那要等到试图恢复资本主义时才发生，但是苏联模式走到了尽头。事实证明它无法创造出新技术，甚至无法有效利用资本主义国家开发的技术。人民变得越发不满。因此，正如历史唯物主义所指出的，当现有的"生产关系"不适应新的"生产力"时（也就是说，当现有经济结构不能利用新技术时），阶级力量会发生决定性的改变，用马克思的话说，最终导致"全部庞大的上层建筑也或慢或快地发生变革"。②（在这个历史剧变中，西方并未作壁上观，而是相当成功地介入其中，以确保他所支持的那个致力于恢复资本主义的阶级上台执政。③）

---

① Paul Samuelson, *Economics* (New York: McGraw - Hill, 1973), p. 883. 萨缪尔森也提供了其他假设情景，他没有特别突出哪一种，宣称这些不同的预测"代表了最好的专家意见"。

② Karl Marx, "Preface to a Contribution to the Critique of Political Economy," in Simon, ed. *Karl Marx*, p. 211. 请参见《马克思恩格斯选集》第2卷，人民出版社，1995，第33页。——译者注

③ 针对米哈伊尔·戈尔巴乔夫（Mikhail Gorbachev）沿着非资本主义路线重建苏联经济的理想，西方七国财长制定了阻挠策略，有关这方面的内容，参见 Peter Gowan, "Western Economic Diplomacy and the New Eastern Europe," *New Left Review* (July - August 1990), p. 63 - 84。

苏联模式在苏联以至在整个东欧的崩溃，是否就证明马克思是错的呢？只要稍具逻辑，答案都将是否定的。除非假定构建后继制度的每一次尝试都必然成功，否则我们不能据以推断马克思是错的。这一假定根本不符合历史唯物主义的基本前提。历史唯物主义把人类视为注重实践的物种，不断探寻着问题的解决。没有任何理由期望成功一蹴而就。更可能的情形是：一开始只取得部分的成功，或者是彻底的失败，随着人们不断学习经验，不断尝试努力，最终实现了全新的转变。与旧秩序相比，新秩序如此优越以至于这一转变不可逆转。

没有人能证明历史唯物主义是正确的历史理论，我也不能。它是一个充满希望的、乐观的理论。它致力于成为“科学的”理论，但它明显包含着一些不能被科学地验证的元素。尽管如此，它仍然是貌似可信的理论，当我们辅之以一个恰当的后继制度理论时，其可信度大大提高。无论如何，后继制度理论正是本书希望展示的内容。

四　准则

让我详细阐述合格的后继制度理论的若干基本准则：

·这个理论应当详细阐述一个经济模式，它不仅为职业经济学家而且也为普通民众提供令人信服的解释；它不仅在经济上是可行的，而且在伦理上要优越于资本主义。尽管抽象是必要的，但这个模式应当足够具体，以便有限理性的、现实中的人能看清它在实践中是怎样运作的。

·这个模式应当确保我们能理解在20世纪发生的那些数量众多、内容多样的主要经济试验。如果人类确实在摸索着走向一个后资本主义经济秩序，那么后继制度理论就应当解释这一过程。

·这个模式应当解释清楚那些进步的政党和运动正为之奋斗的众多经济改革，并且提示进一步改革的可能方向。历史唯物主义的一条基本原则是，新社会的制度往往脱胎于旧社会的缝隙。后继制度理论应当为我们找出将演变为新经济秩序的种子和新芽，以便保护和培育它们。

·后继制度理论应当提供一个从资本主义到后继制度的过渡设想。它应当详细阐述一套结构变革的可行方案，在具备一定历史条件时，可以把资本主义经济改造为性质迥异但更加优越的另一种经济。

在说完一个恰当的后继制度理论应当是什么之后，让我强调它不是什么。后继制度理论不是一个完整的反对方案理论，甚至不包括经济方面的完整理论。后继制度理论集中于一个相当抽象的经济模式。它不关心资本主义的真实历史及其从封建社会以来的发展历程，不关心资本主义同奴隶制和殖民主义的关系，也不关心资本主义进步理想和残酷现实这一非常古怪的混合体。它并不直接涉及诸如异化劳动、商品拜物教、劳动价值论或者利润率下降等马克思主义概念。它并不研究社会的经济"基础"对其他社会领域的影响。

后继制度理论也不会持续地、系统地阐述种族主义、性别歧视、同性恋歧视以及结构性压迫的其他形式。这些问题对反对方案是相当重要的，但是并不属于后继制度理论的研究范围，至少不会出现在本书对后继制度理论的阐述中。

进一步地，后继制度理论不是一个关于马克思的"共产主义高级阶段"的理论，后者是指一个消灭了货币和国家、遵守"从各尽所能向各取所需转变"原则的社会。它关心的是在当下这个超越了资本主义之后的新阶段、脱胎于资本主义的新阶段，什么是可能和什么是必要的。人们可以去猜测如何向后资本主义社会——正如我将要描述的——演化，但这方面内容已经超出了本书理论范围。[①]

五　革命

后继制度理论必须解决过渡问题，这意味着它是一个以实践为导向的理论。如果它不能提供一个看似可行的方案，告诉我们怎样从这里走向那里，那么后继制度理论就仍然是一种构建模式的智力运动。这个运动本身也许颇为有趣，也能从理论上驳斥那些自以为是的资本主义辩护士，但是对那些试图改变世界的人们而言是毫无用处的。

本书所描述的后继制度理论不会提供一个成熟的"革命理论"。我所说的"革命"是指这样的一个过程，即摧毁统治阶级的经济权力的同时建立

① 关于后资本主义社会向"高级共产主义"演进的讨论，参见我的前一本书 *Against Capitalism*（Cambridge：Cambridge University Press，1993）（请参见《反对资本主义》，中国人民大学出版社，2013。——译者注）的最后一章。

起新的社会经济制度，在这一新制度中原先处于从属地位阶级的前途和权利得到明显改善，而牺牲了统治阶级的利益。我不知道提出这种革命理论的时机是否已经成熟，反正我还没有这种理论。尽管如此，我确实认为现在可能勾勒出一些看似可能的过渡场景，本书第六章是有关这方面的内容。我也认为我们能辨明一个新革命理论的总体方向：

· 新的革命理论认为，鼓舞人心的旧式社会革命，如法国大革命、俄国十月革命、中国的革命或古巴的革命，已基本不适用于当代世界了，肯定不适合于发达资本主义社会，甚或也不适合于穷国。武装起义问题值得重新审视。不再有群众冲击白宫，也不再有一支人民军队从阿巴拉契亚山俯冲而下行进在宾夕法尼亚大道上。向社会主义的革命性过渡几乎肯定采取的是民主的转型方式。

· 新理论认为，目前我们需要一个比以往更为具体的设想，以实现结构性替代。“夺取政权并建立社会主义”的口号已经不够了。对历史规律或一个无所不能的政党的盲目相信，也刚被证明极不可取。我们应当承认并尊重普通人的智慧。如今大多数工人，尤其是发达国家的工人，所能失去的已经远远不只是他们的锁链了。

· 新理论强调在具备实现真正根本性的社会经济转变的条件之前，也就是在当下，我们就应当开始改革的斗争。一旦革命性的结构变革的时机出现，我们所能实现的，将根本性地取决于我们已经实现了什么，以及在斗争的进程中我们自己提升了多少。（在改变世界的斗争中，我们也改变了自己。）正如我们会看到的，社会结构的剧烈转变伴随着民主的实质性深化。但是，民主只是我们所追求的理想世界的必要条件，而不是充分条件。民主程序所产生的结果取决于它所投入的质量。因此，重要的是**现在**就要开始反对种族主义、性别歧视、同性恋歧视、无谓的暴力、无节制的消费和环境破坏。因此，重要的是**现在**就要努力实现人与人之间、人与自然之间的和谐相处，并据此改变我们的生活方式。

· 新理论也强调保持策略的多元化和目标的多样性。各国向真正民主社会主义的过渡方式很可能是不同的，它取决于一国是富裕还是贫穷，取决于一国是否经历过社会主义革命，也取决于各种历史和文化的突发事件。尽管各国间不乏共同的愿景，但在战术、过渡策略和最终目标上的差异也是存在的。一种方法不能解决所有问题，这不同于新自由资本主义的方案。反对方案并不认为，所有国家都应当瞄准同一个发展模式，或者采用相同的技术、价值观和消费习惯。反对方案号召我们终止世界的麦当劳化。

· 最后，一个从全球资本主义向民主的、可持续的社会主义的过渡理论，强调**国际化**的社会运动的必要性。这种国际化不是在统一的、中央指导的政党意义上，而是在共同自觉意识的意义上，即承认和而不同，并允许跨国合作与激励。反对方案不是别的，正是我们人类自身的方案。

六　关于性别的注释

20 世纪最重大的革命，既不是俄国革命也不是中国革命（尽管它们每一个的影响都是巨大的），而是目前还在进行中的、男人和女人相处方式的不可逆的转变。我们目前正经历一个在人类历史上最重要的时刻。我们正身处于可被恰当地称为女权主义革命的运动中。

在女权主义革命运动最发达的地方，它实际上已经触及了人类生活的各个方面——家庭结构、子女抚养、性行为、工作、比赛、爱情、战争、我们的雄心壮志和我们最隐秘的个性。此外，它是一个全球性的革命运动，远未结束，而且根本不局限于全球相对富裕的地区。尽管在不同的地方它的发达程度存在差别，但共同的是，地球上每个国家的妇女已经走到一起思考她们共同的问题和自身解放的策略。在一些国家，这种策动解放的行为是极其危险的，但是在所有这些地方，总有一些妇女甘愿冒着危险。在大多数国家，行动总是与思考相伴——从微观层面的人际关系到宏观层面的国家政策。

尽管这个正在进行中的女权主义革命很重要，而且影响甚广，但是这里将要阐述的后继制度理论不会明确地、有系统地论及性别问题。当然，性别问题和女权主义理论和我们将要讨论的问题有着密切关系，但是受篇幅所限，所有这些问题不可能充分涵盖。尽管如此，为了完整地论述后继制度理论，有必要探讨性别和女权主义理论提出的若干问题。

· **道德规范**。“资本主义还是社会主义？”这一问题被普遍认为是关于价值观的争论，但是这一看法是错误的，至少就本书所要讨论的这个社会主义版本而言是错误的。在充分的事实面前，任何一个明智的道德理论，都会支持我所倡导的这个后继制度——经济民主。（在我早期的著作中，我已经证明了这一点。我证明的角度包括：功利主义、罗尔斯的“作为公平的正义”，以及一个基于“参与性自治”的社会伦理价值观。①）

但是正如许多哲学家，特别是女性主义哲学家所指出的，道德规范并不仅仅关于原则和价值观，它也讨论后天培养的道德能力、道德推理的风格，以及自我认同的概念。基于卡罗尔·吉利根（Carol Gilligan）的开创性著作，许多女性主义哲学家详细论述了一个精致的、与“权利伦理”相对应的“关怀伦理”——它较少论及原则和抽象价值观，而是更多地培养人们对于具体、差异和联系的同情和关注。这种伦理观或许特别适用于反对方案。虽然和大多数其他当代道德理论一样，它可以为经济民主的观点提供支持，但对于经济民主而言它不是必需的。然而，后继制度理论也是关于过渡的、超越资本主义实现更美好未来的理论。这种关怀伦理，强调我们对他人的责任以及同他人的密切联系。不仅仅对于我们身边的人，也对于那些命运和我们日益紧密联系起来的不断扩大的人群，而且对于自然界本身，这种伦理都具有一种鼓舞人心的吸引力，而这恰是那些更为抽象理论所缺乏的。②

·贫困。我将考虑富国和穷国的贫困问题，并提出把充分就业政策作为解决富国和穷国贫困问题的基本方案——一个在资本主义社会不可能实施的政策（我们后面会看到）。我把它和“公平贸易”相联系，这

---

① 在我对资本主义进行系统性批判的首个成果（我的博士论文）中，我直接求助于功利主义，那时它是社会政治哲学领域的主流伦理学理论。（经济民主看起来比所有形式的资本主义更能促进更大多数人获得更大程度的幸福。）不久之后，我写文章指出，虽然约翰·罗尔斯的《正义论》（*A Theory of Justice*，Cambridge，MA：Harvard University Press，1971）对功利主义做了强有力的批评并提出了可信的替代物，但是罗尔斯自己的理论同样更倾向于接受经济民主，而非资本主义（“Should Rawls Be a Socialist?” *Social Theory and Practice*，Fall 1979，p. 1 - 27）。在《反对资本主义》中，我将论点建立在被广泛接受的“参与性自治”的价值观之上，个人拥有“参与制定他们必须遵守的规则和他们必须承担其后果的决策的权利”。（*Against Capitalism*，Cambridge：Cambridge University Press，1993，p. 181.）

② 参见 Carol Gilligan，*In a Different Voice*（Cambridge，MA：Harvard University Press，1982）。关于关怀伦理对社会及政治问题的影响的最新全面论述，参见 Virginia Held，*The Ethic of Care：Personal，Political，and Global*（Oxford：Oxford University Press，2006）。

样穷国就不用投入过量资源来取悦富国消费者了。我建议穷国从事基础广泛的、劳动密集型的公共健康和教育项目。

这些措施固然很好，但是很显然，任何致力于消除贫困的现实努力都必须考虑性别问题。我们如何确保妇女和男人一样拥有从事有益工作所必备的机会和技能呢？我们应当鼓励所有妇女都去寻找挣钱的工作吗？那些有小孩的妇女怎么办呢？那些要赡养年事渐高父母的妇女又该怎么办呢？后面的这些问题将我们引向了一个更深层次的问题：妇女应当继续承担社会中的大部分照看工作吗？我们怎样集体照顾孩子、残疾人和老人呢？这些问题在某种程度上将不得不探讨。

· **休闲**。我认为在资本主义制度下，存在过度工作的结构性倾向。但是正如大家都知道的（或者应当知道的），有偿就业的女性比男性更加过度工作，因为大多数情况下妇女必须承担“第二职业”——无偿的日常家务劳动——的压力。在后继制度中，我们在平衡工作与消费休闲的关系时有着多得多的选择。怎样改变国内各种关系才能确保这种休闲在所有人中得到公平的分配？我认为生态可持续发展日益要求我们选择休闲，而不是消费。怎样调整家庭才能使休闲对人们有明确的吸引力？［正如伯克利的社会学家阿莉·霍克希尔德（Arlie Hochschild）所证明的，男性更偏爱工作中的组织和清晰的职责，而不喜欢家庭生活中的嘈杂和不愉快。[①]］在这些问题中，有大量性别方面的因素需要我们去仔细探讨。

· **社区**。在经济民主之下，重新设计当地社区使之对使用者更加“友善”，这是能够实现的。每年社区都会获得用于公共资本支出的资金，以用于建造新的公共便民设施。女性提出的优先事项和男性的会一致吗？在决定这些优先事项时谁有可能是最积极的？（“玻利瓦尔社团”以及委内瑞拉关注社区事务的各种社区委员会都有一个突出特征，那就是妇女在其中占有压倒性的数量优势。[②]）

· **民主**。我们所倡导的后继制度势必推动民主的极大改善。公民拥有比现在更多的机会去讨论、争辩和决定他们共同关心的问题。女权主

---

① Arlie Hochschild, *Time Bind: When Work Becomes Home and Home Becomes Work* (New York: Metropolitan, 1997).

② 这是我在2006年11月的一次访问体会，并得到了与我交谈的委内瑞拉活动家的证实。

义理论已经对真正的民主对话的前提条件做了许多探讨。争论在民主决策中的地位如何？当我们探讨跨越国界的种族、性别、阶级和性取向问题时，我们如何公正地对待与我们有关系的人们之间的“差异”？我们怎样培养倾听他人意见的能力？这些及其他相关问题，对一个高举民主旗帜的运动具有深远的重要性。①

·**革命**。女权主义和反资本家运动之间存在着复杂的关系，这给后续研究留下了巨大空间。有几个问题尤其突出：

一是女权主义革命与我们所设想的超越资本主义的革命模式是不相符的。女权主义革命首要的是一场非暴力的革命。而且，并没有什么决定性的、转折性的事件可以把它明确地划分为“**革命前**”和“**革命后**”两个阶段。妇女们为了改变世界和自身的地位，展开了数百万次的、实实在在的、大小不一的战斗，有的失败了，有的胜利了。一个新的革命理论必须对这些经验和教训给予充分的重视。

二是政治革命的最恶劣暴行通常都带有男性的标记。愤怒的年轻男子曾经为革命抛头颅、洒热血，但是他们也参与了许多非建设性、有时毫无必要的暴力活动。（我们这些活跃在20世纪60年代的人们都能回忆起大男子主义的气概，有时它会使我们误入歧途。）过度男子气并不局限于西方社会。中国的“大跃进”和“文化大革命”正如许多激进的剧变和运动一样，也有着相似的过度男子气概特征。革命斗争中的性别成分需要我们加以分析。

三是在过去数十年中，妇女在几乎所有进步斗争中发挥了巨大的作用。妇女经常是斗争的主要参加者，不仅仅指和性别有关的斗争，而且包括那些涉及人权、核裁军、生态、向萨尔瓦多或尼加拉瓜人民表示支持、血汗工厂等的斗争。如果反对方案要具备革命性的潜力，那它几乎肯定要把尽可能多的妇女同男人招入麾下，也因此它将具有同古典革命运动不一样的特点和气质。会有怎样的不同呢？这对革命组织的理论与实践又有怎样的影响呢？

以上列举是不可能穷尽所有的。有关性别的理论和实践会不可避免地影

① 关于这些问题的实质性处理办法，参见 Iris Marion Young，*Inclusion and Democracy*（Oxford：Oxford University Press，2002）。

响经济结构的理论和实践问题，这样的影响可体现在本书第四章所简要探讨的种族问题中。但本书未能充分讨论这些相互交叉的问题，我为此感到遗憾。

七　论证大纲

后继制度理论宣称，资本主义不再是无可非议的经济秩序了，因为现在已经有了更好的替代。为了证明这一比较性的论断，我们需要详细说明这个“更好的替代”，由此才能把两种制度放在一起评估。尽管如此，在考虑这个叫作“经济民主”的替代物之前，我们必须清楚资本主义自身的性质。一个对资本主义的严肃批判，不能仅仅满足于指出当代世界的消极特征，而必须指出这些特征同资本主义内在结构的因果关联。

第二章详细阐述了资本主义的决定性特征，并且澄清了一些核心概念，诸如资本、资本家、企业家、储蓄和投资。事实证明，这些概念是和对资本主义的某种“非比较性”的辩护密切相关的，也就是说后者的论证并未涉及替代物。这些辩护值得仔细思考，一来看它们如何自圆其说，二来从中了解资本主义的内部运作。第二章一一批驳了这些辩词。

通过第二章的分析，还不能马上得出资本主义站不住脚的结论。因为，这种制度虽然很不公正，但它可能是我们可怜的、有局限的人类所能拥有的最好制度了。所以，要反驳这种观点，我们必须详细阐述一个替代方案。第三章就是有关这方面的内容。首先，我们给出了经济民主“基本模式”的制度安排；其次，我们汇总了证据以支持经济民主是一种在经济上可行的制度的观点。发生在西班牙巴斯克地区的非同寻常的经济试验及所取得的巨大成功是其中最为重要的一个证据。

第三章还提供了一个经济民主的“扩展模式”，不如基本模式那么抽象，但与其基本精神保持一致。这个扩展模式加入了一个确保充分就业的机制，也包括了一个允许储户挣取利息的制度。它也描述了企业家型个体发展为真正资本家的可能性。我们将看到，在不损害整体经济运行原则的前提下（不同的经济，其原则存在根本差异），这些制度放松是可以实现的。

经济民主基本模式和扩展模式的制度设定都是以一个民族国家为背景的。然而，考虑到在一个日益全球化的经济中各国经济的相互依赖性，国家之间的互动原则必须得到详细说明。第三章对此做了阐述。经济民主坚持把

“公平贸易”而非“自由贸易”作为主导原则。因此，各国将采取“社会主义的保护主义”政策。

第四章和第五章构成本书论点的核心部分——资本主义和经济民主针锋相对的碰撞。第四章分析了资本主义的四种基本缺陷（大量的不平等、失业、过度工作和富足之中的贫困），并分析了在民主经济中这些问题将在怎样的程度上得到缓解。第五章分析了资本主义的另外三个缺陷：经济不稳定、环境退化以及真正民主的缺乏。

第三章至第五章都在论证一个恰当的后继制度理论所必须满足的第一个准则，即展示一个替代模式并为之辩护。第六章论及其余的三个准则。经济民主模式使我们能够对20世纪的主要经济试验做出前后一致的解释。这个模式也揭示了一个我们现在能够而且应当采纳的改革日程。关于从资本主义到完全的经济民主的最终过渡，这一章提供了若干设想。在全书的结尾，我们回到了《共产党宣言》（本章开篇引文的出处）。至少部分和《共产党宣言》遥相呼应，本书提出了极具吸引力的“新共产主义”。然后，我们简要考虑了几个“新世界的愿景”以及“我们应当做些什么”的问题。

第二章
为资本主义辩护

资本主义的众多支持者们现在怎样、将来还将怎样为资本主义进行辩护呢？首先让人想到的是被称为“比较性”的辩护，即资本主义的运行无论怎样不完美，但比我们人类所能设计的所有其他制度都要好。这一论证是如此风行以至于人们给它起了个名字：TINA——There Is No Alternative（无可替代）（至少不存在能同时给予我们自由和繁荣的替代制度）。当然，在详细阐述一个能同资本主义相比较的替代制度之前，TINA 是不可驳斥的。

对于资本主义的正当性，还存在值得注意的“非比较性辩护”。它们构成了资本主义学术护身铠甲的重要部分，提防着任何一个正直、深邃、清醒的人都必然会提出的质问：为什么在资本主义制度下，一些人拥有如此之多而其他人却拥有如此之少？特别是，到底是资本家的哪些作为使得他们配得上拥有如此惊人的财富？也就是说，他们的哪些作为赋予了他们在道德上有权享有经济蛋糕中如此巨大的一块？

在定义了几个关键术语之后，本章将对以下四个所谓的答案进行回应：

- 资本家为经济发展提供了必要的资本。
- 资本家贡献了企业家的创造性。
- 资本家承担了投资风险。
- 资本家为了社会利益而延迟了个人消费。

这些辩护都是非比较性的，因为他们并未涉及资本主义的替代制度。他们含而不露地接受了这样一个被广泛接受的伦理标准：那些为共同利益做出贡献的人应当得到奖赏。他们心照不宣地断言资本家得到的奖赏同他们的贡献基本相当。我们将会看到，这些回答没有一个经得起批判的审视。明白了这些回答为什么经不起推敲，我们就能够对所处的资本主义制度的实际运作有更深的理解，然后我们将站在更有利的位置去挑战 TINA 这个资本主义最坚固的堡垒。

一 何为“资本主义”，何为“资本家”？

在任何一个经济制度中，人类同非人类的自然相结合以生产出人类需要的产品和服务。人类劳动利用非人类的生产资料制造产品。那些规范着这三个实体（人类劳动、生产资料和产品）相互间关系的法律和习俗就构成了一个既定社会的经济结构。**资本主义**社会具有以下三个基本特征：

·大量生产资料为私人所有，或者是直接为私人所有，或者是通过那些本身属于私人的公司而为私人间接所有。

马克思和同时代的社会主义者称这一特征为“私有财产”。选择这个术语或许有失妥当，因为响应马克思所号召的废除私有财产，会不禁让人想起同吃、同穿、同住，或许还有共用牙刷（谁知道那些激进分子会做什么?）事实上，这些生活资料不是争论的焦点。为自己使用而购买的物品，马克思称之为“个人财产”，而非私有财产。在社会主义社会，你的牙刷、衣服、汽车和住房，仍将是你的个人财产。

·大多数产品通过“市场”进行交换。也就是说，商品和服务的购销价格决定于市场竞争，而非某些政府定价部门。企业之间为了向消费者提供商品和服务而相互竞争，每个企业都试图获得利润。

“自由市场”一词通常被定义为资本主义的特征，但这是一种误导，因为某种程度的价格管制——通过各种产品税、补贴、关税或公开的完全的价格控制——在大多数资本主义社会都是存在的。资本主义经济必然是市场经济，但市场并不全然脱离政府管制，也并不全然杜绝私营部门的价格操纵。

·这个社会中为获得报酬而工作的人大多受雇于那些拥有生产资料的人。大多数劳动者是“雇佣劳动者”。

将劳动收入称为工资或薪水是无关紧要的。为了获得生产资料

（缺少它们就无法劳动），绝大多数人必须和生产资料所有者（或其代理人）签订劳动合同。为了换取一份工资或薪水，他们同意向生产资料所有者提供一定数量和质量的劳动。雇佣劳动制度的主要特征就是：商品和服务并不属于生产它们的雇佣工人，而是属于为工人提供生产资料的雇主。

关于这个定义，需要做如下说明。首先，它将资本主义定义为一种经济制度，而非政治制度。一个社会是否有新闻自由，或者是否允许其公民在竞选中投票，都与其是否是资本主义社会无关。实行法西斯主义的意大利、纳粹德国，白人至上主义的南非，以及这个世纪绝大多数不计其数的军事独裁国家是资本主义社会。

上台执政的政府名称和性质也与该国是否是资本主义社会不相关。所有的战后西欧国家——尽管社会主义政党或社会民主党在选举中获胜，甚至这些政党将某些产业国有化并（或）设立许多公共福利项目——也仍然是资本主义国家。只要私人拥有大多数生产性资产，只要大多数经济交换通过市场完成，只要大多数人为获得工资或薪水而工作，这个社会就是资本主义性质的。（例如，瑞典就是一个非常典型的资本主义国家。私营企业产出占工业总产出的90%。）

一个资本主义社会必须同时具备以上定义的三项内容。比如，一个由小农和工匠组成的社会就不是资本主义，因为雇佣劳动基本不存在。一个生产资料主要为中央政府或当地社区所有的社会就不是资本主义。例如，当代中国就不是资本主义，因为生产资料的私人所有制——假如我们将土地算入生产资料——不占主导。（更多关于中国的论述，参见第六章。）

必须强调的是，利用市场来配置商品和服务并不导致这个社会成为资本主义。如今，几乎在所有地方，人们都是将“市场经济”一词当作“资本主义”的同义词（而且经常是替代词）。这是一个严重的概念性错误。正如我们将会看到的，一个社会主义国家实行市场经济，是完全可行的，而且相当理想。竞争不是社会主义的对立面。“市场社会主义”不是一种自相矛盾的说法。一个可行的后继制度不会如当代资本主义这样充满无情的竞争，但也绝不会完全抛弃市场竞争。

将“市场经济”作为“资本主义”的同义词（其实是委婉语），不仅是一种分析性错误，而且是一种意识形态的扭曲。“市场经济”一词突出了资本主义最不令人反感的典型特征，却将人们的注意力从真正有问题的那些制度，即生产资料私人所有制和雇佣劳动，转移开了。比如，在俄罗斯和东欧国家脱离共产主义后，西方国家坚决地向他们贩卖的药方不是“市场改革”，而是“私有化”改革。这些国家中的大多数当时正在推进市场改革，这一改革和社会主义是完全兼容的，而西方所倡导的改革是建立**生产资料的私人所有制**，这一企图现在已基本取得成功。

如果作为一种经济制度的资本主义是由如上列举的三个规定所定义，那么“资本家”是什么？非常奇怪的是在资本主义社会，我们找不到一个被广泛接受的关于这一关键词的定义。事实上，这个词很少在大众媒体上出现，甚至学术圈也很少使用它。我们听过工业家、商人、企业家和股东，但几乎从未听说过“资本家”，也许是因为它仍然带有令人不快的含义［强盗般的大亨们指使“平克顿人”（Pinkertons）破坏罢工并殴打抗议的工人］，资本家们不喜欢被叫作资本家，至少在公众场合是如此。他们更喜欢躲在幕后，或者至少被冠以其他称呼。

假如我们要理解资本主义，我们就需要对被视为这一制度驱动型力量的阶层进行某种定义。就我们的目的而言，对“资本家”的合理定义是：拥有足够多的生产性资产并且依靠这些资产收入能够舒适地生活的人。仅仅相信资本主义的人不是资本家，仅仅拥有少量股票或债券的人也不是资本家。一个人要成为资本家，必须拥有足够多的能产生收入的资产，以致不工作也能舒适地生活。资本家可以工作——他们一般会这样做，但并非不得不工作。（按照这一定义，美国的资产阶级约占总人口的1%，拥有200万美元或者更多的生产性资产。按照5%的回报率计算，这些资产每年能带来10万美元的收入。）

资本家阶级的财富源自他们对生产性财富的所有权，也就是源自“资本”。一个资本家获得收入是因为他为生产“贡献”了资本。但是，这种“贡献”的确切性质是什么？确实，到底什么是“资本”？这些问题要比我们可能想象的更难回答。认真回答这些问题，将使我们看清为资本主义辩护的一系列论点的荒谬本质。

二　新古典经济学的诡计：将边际产品作为贡献

对于“资本是什么”的问题，马克思提供了一个直截了当的回答：资本是“物化劳动”——过去劳动的物质结果。工人所使用的机器，显著地提高了他的劳动生产率，是他人的劳动产品。工人所吃的食物，用他的工资购买，也是他人的劳动产品。当你这样想时，马克思说，我们所消费的一切可想到的商品都源自人类对非人为自然的开发和利用。这些就是仅有的“生产要素”——人类劳动（精神上和体力上）和非人为自然。

这是一个危险的想法。如果生产要素仅包括劳动和自然，那“资本家”的位置在哪呢？很清楚，劳动应当因为其对生产的贡献而得到报酬。同样清楚的是，非人为自然不需要回报。（它必须被补偿或被保护，但那是另外的问题。）资本家也要求回报——“对其投资的公平回报”，但基于什么依据呢？

所有初级经济学课程给出的标准答案是，商品由三种生产要素（土地、劳动和资本）所生产，这些生产要素的所有者按照各自的贡献得到报酬。那么，很明显的是，土地是自然资源（即自然）的简称，而劳动就是劳动。但什么是“资本”？是指工具？技术？货币？凝结的时间？物化劳动？到底是什么？

马克思在其最伟大著作（很恰当地称为《资本论》）中，花费大量篇幅探求**他**对这一问题的回答以及这一答案背后的含意。资产阶级完全不能接受这一答案，但也无法轻易驳倒它。马克思的论点是基于“古典”价值理论——劳动价值论，这是从亚当·斯密（Adam Smith）经大卫·李嘉图（David Ricardo）发展而来的那个时代的标准理论。

由于劳动价值论不可避免地带来令人不快的含义，因此经济理论需要构建一个全新的基础。一种全新的经济学、以劳动价值论为火力焦点的新古典经济学应运而生。它批判劳动价值论，并以边际价值论取而代之。这一新理论很快就在“享有盛名”（即非激进）的理论经济学家中取代了叛逆性的旧理论，并且至今仍然是经济学专业领域的主流范式。

在这里，我们不需要去探求关于价值论的争论，它通常（错误地）被看成关于如何最佳地理解价格的争论。决定商品价格的是生产它所耗费的劳动量，还是商品的“边际效用”，即增加一个单位商品给消费者带来的满足？这个著名的争论是一个烟幕。“新古典革命”的真正核心在于其分配论。

后马克思主义经济理论所面临的根本问题在于如何解释（和证明）资本家获取的利润。如果一件商品，比如玉米，由土地、劳动和资本三种生产要素所生产（正如新古典理论所阐述的），那我们该将多少数量的最终产品分配给每一位索取者：地主、劳动者和资本家？当然，自由市场将会设定租金率、工资率和利息率，然后据此实现分配，但是我们凭什么说这是一个**公正的**分配呢？（在这个质问背后潜藏着一个让马克思主义者难以回答的问题：假如劳动是价值的唯一源泉，为什么地主和资本家应当**有所得**呢？）

让我们暂时先忘记资本家，并集中注意力于剩下的两种生产要素。很显然，我们需要土地和劳动以生产出玉米。那么产品该如何在地主和劳动者之间分配呢？新古典经济学家的答案是：按贡献分配。每种要素应当得到自己所**贡献**的部分。

非常好。这看起来很公平——但我们怎么知道每种要素贡献了多少呢？收获之后，我们得到 Z 蒲式耳玉米。我们怎么能说工人贡献了 X 蒲式耳，而土地贡献了 Y 蒲式耳呢？你不能仅仅指出竞争性市场将会处理好分配问题。为什么我们要将这种“看不见的手”的分配和生产要素的相应贡献联系起来呢？为何我们不直接说工人生产了所有产品，而地主是寄生虫，然后据此进行产品的分配呢？

约翰·贝茨·克拉克（John Bates Clark），新古典经济学的先驱之一，承认了这个问题的严重性：

> 工人阶级的福利情况，取决于他们收入的多寡。但是他们对其他阶级的态度（以及因此而引起的社会治安问题），要看他们所收入的部分是否等于他们所生产的部分，而不管他们的收入是多还是少。如果他们创造的财富很少，但全部归于他们所有，他们也许就不会想到革命。假使他们觉得他们生产了巨额财富，而所得的仅仅是一部分，那么他们之中的许多人，就一定会变成革命者，全体工人也将都有革命的权利。[①]

相当令人吃惊的是，克拉克和他的新古典同行们能够不兜圈子就直接回答了这个问题。这绝非易事。假设我们的收成是几麻袋玉米。如果不是想当

---

① John Bates Clark, *The Distribution of Wealth* (New York: Kelley and Millman, 1956), 4. 请参见约翰·贝茨·克拉克：《财富的分配》，商务印书馆，1981，第 3 页。——译者注

然地求助于竞争性市场，怎么能计算出多少玉米是由劳动生产，多少是由土地生产呢？而新古典经济学家笑着回答说："但我可以计算出来……不止如此，我还能证明，在一个竞争性的资本主义经济中，市场会将工资设定在刚好等于劳动贡献的那个水平，同时将地租设定在刚好等于土地贡献的那个水平。我还能证明假如允许存在垄断，不论是劳动者还是地主的垄断，市场将不是按照贡献分配产品，而将会给予垄断者比其贡献更多的回报。也就是说，如果公正意味着按贡献分配，我将证明垄断将产生不公，而一个完全竞争的资本主义经济将会是一个公正的经济。"

这个论证是技术性的，但值得去理解，因为它不仅具有强大的意识形态影响，而且为给新古典经济学罩上科学声望的光环贡献良多。让我用一个例子来解释。假如我们有5英亩土地和10个工人。我们将假定所有土地的肥力相同而且所有工人的技能也一样。最后收获时，我们得到了100蒲式耳的玉米。有多少是土地贡献的，又有多少是劳动贡献的呢？（心急的读者可能会说："这很荒唐。显然，每一蒲式耳都同样少不了土地和劳动，怎么能说有些是土地生产的，而另一些又是劳动生产的呢？"但请等一下……一个绝妙的谎言就要开始了。）

让我们计算一下劳动的"边际产品"。假设一个工人在5英亩土地上劳动时，产量是12蒲式耳。现在假定有两个工人在这些土地上劳动。由于土地是充裕的，而且由于他们能够相互合作并利用规模经济，产量很可能超过24蒲式耳。我们假定他们生产出了26蒲式耳。在这个例子中，我们说第二个工人的"边际产品"是14蒲式耳——增加第二个工人所带来的总产量的增加量。（在现实中，没有人会去做这种实验。关键是这些边际产品具有科学的正确性，在原则上它们能通过实验计算出来。）

现在投入三个工人。如果仍然存在规模经济，那第三个工人的边际产品也许会更多，或许是15蒲式耳。尽管如此，或迟或早，规模经济将让位于"边际报酬递减"这个新古典经济学最基本、最钟爱的定律。不久之后，劳动者之间开始产生拥挤效应。增加一个新劳动力仍然会增加产量，因为对土地深耕细作的程度增加了，但是这一劳动力所增加的额外的产量，也就是他的边际产品，会比上一个劳动力少。假如我们把每一个劳动力的边际产品画成图形，我们就有一条阶梯状的曲线，先上升一会儿，接着稳步下降（见图2－1）。

10个工人在5英亩土地上劳动，收获总产量（在我们的例子中，是100

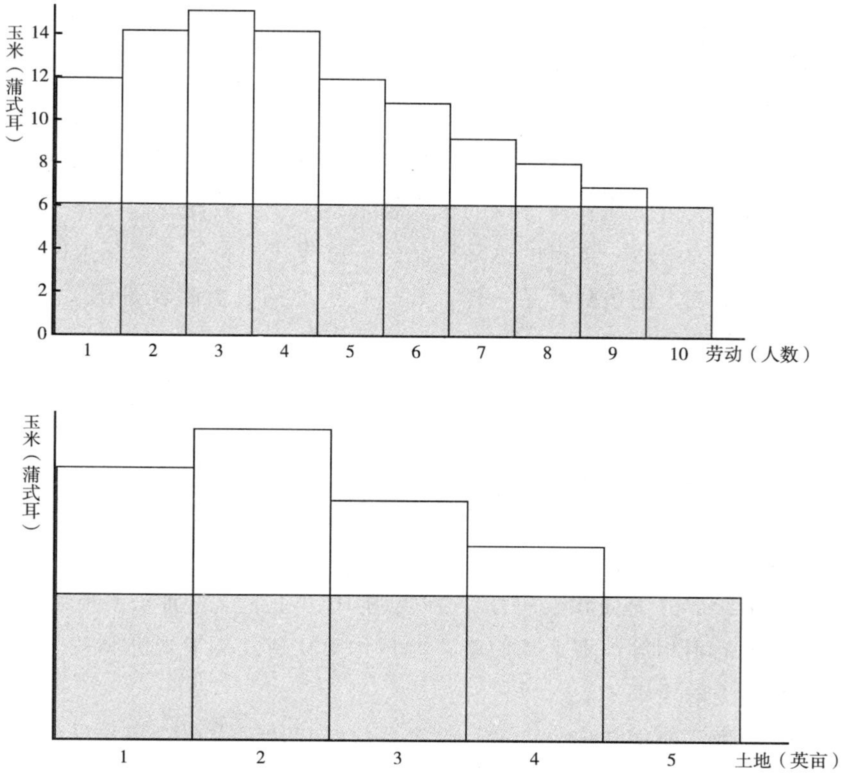

图 2－1　劳动和土地贡献的边际计算

蒲式耳），假如我们将**每个**工人的“贡献”定义为**最后一个**工人的边际产品，假定是 6 蒲式耳。这样的话，劳动的**总**贡献就是 60 蒲式耳（10 乘以最后一个工人的边际产品）。在图形上，这相当于上一个图中阶梯形曲线下方阴影部分的面积。

这看起来像是一个很武断的定义。为什么每个工人的贡献要定义为最后一个工人的边际产品？诚然，由于我们假定所有工人的工作技能相同，如果从生产中减少任何一个，那么总产量的下降程度将刚好等于最后一个工人的边际产品，但那又如何呢？假如我们减少两个工人，总产量减少的程度将超过他们的联合“贡献”。假如我们撤走所有工人，那就没有任何产出了。因此，最后一个工人的边际产品又有何特殊之处呢？

好的，让我们考虑下面的情况。假设我们反其道而行之，计算土地的边际产品。假设我们保持劳动力数量不变，然后让他们先在一英亩土地上劳动，接着是两英亩，然后三英亩、四英亩、五英亩，每次都计算出土地的边际产品。我们将会看到与劳动相似的现象。刚开始时，由于规模报酬递增，土地的边际产品将持续增加，但不久之后边际报酬递减就开始起作用了。增加额外一英亩土地仍将提高总产量，但第五英亩的增加量不如第四英亩那么多，因为每一英亩土地上所分摊的工人越来越少了。假设我们将每一英亩土地的贡献定义为最后一英亩的边际产品——就像我们将每一个工人的贡献定义为最后一个工人的边际产品一样，那么，土地的总贡献就是图 2－1 下一幅图中阴影部分的面积。

注意，我们是从纯技术角度推导出劳动和土地的贡献的。我们没有做关于所有制、竞争或者任何其他社会和政治关系的假定。在我们的分析中也没有偷偷地夹进关于资本主义制度的假设。同时也要注意，我们手头上有一个技术性问题需要解决。经过前面相当深奥的定义之后，我们确定了劳动和土地的贡献，但我们凭什么认为二者相加会等于总产量呢？我们凭什么认为上一幅图中阴影部分的面积会等于下一幅图中空白部分的面积，反之也一样呢？如果他们不相等，那么我们就不能宣称 100 蒲式耳玉米已经被分解为相应劳动和土地的贡献了。

但它们确实能加总成总产量！这个数学结果使新古典经济学受到知识界的推崇。事实上，这两部分并非总能加总成功。在我给出的例子里，它们很可能不行。但假如工人和土地的数量足够大，而且假定肥力和技能具有同一性、土地和劳动具有替代性以及边际报酬递减，那么我们就能援引欧拉定理［Euler's Theorem，该定理最早为 18 世纪伟大的数学家莱昂哈德·欧拉（Leonard Euler）所证明］——一个同经济学本身无关的纯数学结果——证明总产量事实上等于劳动的贡献（定义为最后一个劳动者的边际产品乘以劳动者数量）加上土地的贡献（定义为最后一英亩土地的边际产品乘以土地英亩数）。[①]

进而言之，这个惊人的结果也适用于包括资本的情形。假如我们引入资

① 此处为对数学感兴趣的读者做一说明：欧拉定理是说如果 $P_{(x,y)}$ 是一个平滑的一阶齐次函数，那么 $P_{(x,y)} = xP_{x(x,y)} + yP_{(x,y)}$。如果 $P_{(x,y)}$ 表示用 x 个工人和 y 英亩土地生产的玉米的数量，那么它就完全被分解为工人数量乘以劳动的边际产品（关于 x 的偏导数）加上英亩数乘以土地的边际产品（关于 y 的偏导数）。当然现实中，生产函数从来都不是“平滑的一阶齐次的”，但是经济学家很少让现实破坏数学的完美性。

本，那么我们将证明我们收获的玉米将分毫不差地分解为土地、劳动和资本的贡献。进一步地——如上所述——我们能证明（同样需要进行一些简化性假定）一个自由竞争市场会将地租设定在等于土地边际产量的水平上，将工资设定在等于劳动边际产量的水平上，将利息设定在等于资本边际产量的水平上。（事实上，比起对土地和劳动的论证，关于资本的论证更模糊、更有争议。因为在这个分析里，我们还不太清楚应当如何理解资本这个概念。[①] 此处我们无须深入分析这个问题，因为即便是两要素论证也是有致命缺陷的。）

这里我们看到的是一个令人称奇的技术成就：将总产量中的不同部分按与之关联的各生产要素相分离，使得各部分能加总成总产量。**但这是一个极其虚伪的道德论证**。我们原先的异议是正确的：把**每个**劳动者的贡献定义为**最后**一个工人的边际产品是武断的。实际上，"欺骗"一词比"武断"更准确。将最后一个劳动者的边际产品称作每个劳动者的"贡献"，就是借用伦理概念来主张一种应得的利益。由于每个工人"贡献"了那么多，所以每个人有资格得到那么多，对吗？然后你瞧，这个数量刚好等于市场分配给工人的。在一个竞争性的自由市场经济，工资就该那么多，租金就该那么多，利息也就该那么多。垄断会产生不公，但完全竞争的资本主义是公平的资本主义。工人得到了所贡献的全部，因此无权"成为革命者"。

但是这个结论——它比马克思的结论让地主和资本家感到舒服多了——根本不是从论证的技术前提推导而来的。假定 10 个工人作为一个工人集体

① 我们是通过再增加一个单位的"一般工具"来计算资本的边际产品吗？但什么是"一般工具"呢？是再增加一美元吗？但美元并非生产的物质要素。这个问题（到底何为资本?）正是有名的"两个剑桥之争"的核心焦点。在这场争论中美国麻省理工学院（地处麻省的剑桥）诺贝尔经济学奖获得者保罗·萨缪尔森（Paul Samuelson）和罗伯特·索洛（Robert Solow）同英国剑桥大学经济学家琼·罗宾逊（Joan Robinson）、皮耶罗·斯拉法（Piero Sraffa）及其他人的观点根本对立。关于技术性细节，参见 G. C. Harcourt，"The Cambridge Controversies：Old Ways and New Horizons—Or Dead End?" *Oxford Economic Papers*，v. 28 (1976)：25 - 65。另参见"The Capital Theory Controversies" in G. C. Harcourt, *Capitalism, Socialism and Post-Keynesianism：Selected Essays* (Aldershot, UK：Edward Elgar, 1995), pp. 41 - 45。哈考特（G. C. Harcourt）总结说（我认为是对的）英国剑桥大学赢得了争辩，但这个胜利完全被学界主流所忽视。"因此目前的情况是平静中暗流汹涌，在主流范式的基础之下是滴答作响的定时炸弹，而这枚炸弹是由一小群非主流的经济学家放置的，尽管他们或已年迈或已逝去。"

耕种5英亩土地，这时他们将得到全部的100蒲式耳产量，而非60蒲式耳。如果工人得到了全部，这是不公平的吗？如果工人只得到60蒲式耳，那剩下的40蒲式耳应该给谁呢？难道是给土地，因为它的“贡献”？如果是这样，难道工人们不应该把40蒲式耳作为祭品烧给土地公公吗？难道地主才是土地公公在人间的化身？

我们发现他们变了一个道德戏法。通过选择术语，即把边际产品称作“贡献”，一个技术性的证明得以摇身一变而成为一个道德论证。通过说土地的“贡献 = 边际产品”，就能得出地主的“贡献 = 道德上的应得利益”。假使我们不把边际产品称作“贡献”，那么就不可能下结论说已经回答了我们开始时提出的问题。我们为什么要相信市场所给予地主的和它实际贡献之间是有关联的。说市场给予他的玉米袋数等于他最后一英亩土地的边际产品乘以他所拥有的英亩数，也根本没有回答我们的问题。为什么那一数量应当算作他的贡献？

我们无法计算地主的贡献，这绝不仅仅是一个数量问题。要解决数量问题，我们必须先解决性质问题。这里地主“贡献”的确切性质是什么？我们可以说他将土地贡献给了工人，但请注意他的“贡献”和劳动者的贡献在性质上的差异。他“贡献”了他的土地，但收成后土地完好无损而且还是他所有的，然而劳动者所贡献的劳动却永远失去了。假如下一轮耕作过程中劳动者不再付出劳动，那他们将一无所获。然而地主却能够一年又一年地“贡献”他的土地（连一个指头都不动），并因此年复一年地获得回报。劳动、土地和资本并不像新古典经济学所反映的那样是对等的。我们的“生产要素”在竞争中的地位并不平等。其中一种要素的所有者必须年复一年地付出体力和精力以持续地发挥“贡献”作用，然而另两种要素的所有者却可以什么也不用做。

伟大的、不拘一格的经济学家约翰·肯尼斯·加尔布雷斯（John Kenneth Galbraith）是这样分析这一问题的：

> 在不劳而获方面，即使封建特权的所得也比不上那些由祖先购买并赠予后代的数千通用汽车或通用电气的股票所得。受益于祖先远见的这些人即使什么也不干，只要做出不卖股票的决策，就可以不断致富。[①]

① John Kenneth Galbraith, *The New Industrial State* (Boston: Houghton Mifflin, 1967), 394.

我当然不是说地主和资本家真的什么事也不干。有时他们也会在生产过程中付出体力和精力（尽管他们通常不会这么做）。新古典理论在足够简化的假设之后援引了一个非常精致的数学定理，而同时也假设掉了地主或者资本家实际上可能从事的、可证明其所得正当性的一切行为。新古典故事中的地主和资本家完全是被动的。他们不监督工人；他们不做任何发明；他们不决定生产什么或者采用哪种技术。他们完全从生产过程消失了。他们仅仅授权他人使用他们的土地和资本，作为交易条件，他们可以从收益中分得一杯羹。

但是，如果不考虑特定的法律和制度，我们就无法从技术上界定“授予许可”这一活动。（假如土地归工人集体所有，我们就不会进行这样的区分——把对生产的贡献一部分归因于劳动，另一部分归因于授权许可他人使用自己的土地。）因此马克思的问题仍然有效。为了生产物质产品，我们需要人类劳动，我们也需要非人类的原材料。但我们为什么需要地主？我们为什么需要资本家？

三　资本主义的白衣骑士：企业家

通过将另一个角色——企业家——引入剧情，新古典经济学使其原先的故事复杂化了，这刚好将我们的注意力从理论上静止的地主和资本家身上转移走了。这个经济角色表现出众。企业家发现机会，迅速抓住机会，因而使他自己和整个社会都从中受益。企业家开发新产品，发明新技术，创新更有效的生产方式或营销手段。或者，更谨慎的做法是他们在新的地方复制已有的商业模式——开发另一处购物中心，开设另一家咖啡屋、一元店或快餐馆。企业家代表资本主义的创造精神，被人赞颂、为人追随、受人崇拜。肯定没有人会否认企业家对社会做出的积极贡献，也因此没有人会否认他们配得上所得。

没有人会怀疑企业家的建设性贡献。人们可以质疑某些特定贡献的长期价值，但任何一个具有活力的社会都需要那些在经济上有创造力而且愿意开创新项目的人。企业家活动对资本主义**和**后继制度的社会主义都是决定性的。社会主义需要企业家，但不需要被动的资本家。

在资本主义制度下企业家做出了建设性贡献，但借企业家之名来为资本家的收入做辩护就有问题了。**利用资本获得的大部分收入和长期以来存在的**

企业家职能无关。为了论证资本家回报的合理性，狡猾的戏法又一次上演了。企业家的作用被说成了资本家的作用。诚然，一些资本家本来就是企业家，而一些企业家则变成了资本家。尽管如此，在理论和实践中，资本家和企业家二者都是相差甚远的。新古典经济理论认同这一差异，并将企业家定义为这样一个行为主体，她将土地、劳动和资本整合在一起，并按照市价向各要素所有者支付地租、工资和利息。也就是说，企业家向地主租赁土地，向资本家借贷资本，并雇佣工人。如果企业家的商业项目获得成功，那将挣得利润。

我们发现企业家的利润明显区别于"资本的回报"，比如因向资本家借贷资金所支付的利息。企业家获得报酬是因为自己的活动，而资本家则仅仅因为"提供资本"。为资本主义辩护的真正问题不在于为利润本身辩护，在我们的社会主义后继制度中，利润仍将发挥重要作用。真正的问题在于为资本家的收入辩护，而资本家仅仅是凭借对物质和金融资产的所有权而获得这些收入。（应当指出的是，往储蓄账户里存钱，购买股票，购买政府或企业债券，购买华尔街的那些更神秘难懂的金融产品——住房抵押贷款证券、担保债务凭证、信贷违约掉期等，所有这些都不需要收益人去开发新产品，发明新技术，或者去改进生产方法以更有效地生产产品。这些事情是企业家做的，不是仅仅将钱存入银行或者把富余现金委托经纪人"投资"的那些人做的。）

我们很难计算那些仅仅"提供资本"的人所获收入的确切金额，但值得一提的是，2009 年个人利息收入共计 1.2 万亿美元。此外，那些完全被动地为生产做出"贡献"的股东们则获得了 7050 亿美元的股息。[①] 这些数字令人难以置信。如果平均分配这 1.9 万亿美元，那么当年所有的美国家庭都能获得 1.6 万美元，那么美国将彻底消除贫困（2009 年，一个四口之家的贫困线是 2.26 万美元）。

总结一下这一节的论点：以资本家身份出现的资本家，其特殊功能是"提供资本"，这和企业家活动无关。以资本家身份出现的资本家仍然扮演的是上一节的被动角色，其所作所为根本谈不上是"建设性活动"。工人生产并分配商品和服务，拿薪水的管理者协调生产过程，企业家和其他创造性

① United States Department of Commerce, Bureau of Economic Analysis, "National Income and Product Accounts," 详见 www.bea.gov。

员工开发新产品和生产技术。以资本家身份出现的资本家不从事这些工作。作为个体，他或许同时还是一位企业家或管理者，但这些生产性功能迥异于“提供资本”的功能——在资本主义经济下合法地赋予他享有异常巨大的经济蛋糕的功能。简言之，并非所有企业家都是资本家；也并非所有资本家都是企业家。不能借彼者的功能来为此者的收入辩护。对资本家收入的企业家式辩护实际上似是而非。

四 风险和回报：正和投资博弈

也有观点认为资本家——实际上包括任何投资者——正是由于承担了投资风险，所以理所当然被赋予享有回报的权利。如果不认真驳斥对资本家收入的这一最重要辩护，我们是缺乏说服力的。

我们将看到这也是一个糟糕的论证，但它为何如此糟糕却不是那么显而易见呢？人们会很自然地问，如果这种风险承担行为对社会有益，那么奖赏它的承担者又有什么错呢？如果一个富人并不直接把钱用于个人消费，而选择去投资一个最终将提高消费者满意度的项目，那么社会将从中受益，不是吗？由于这个投资可能会失败，难道我们不应当补偿这个为我们的利益而冒险的人吗？

作为对这种论证的一个回应，首先我们不能（哪怕是尝试性地）提议资本主义应当**按风险程度**回报投资者。我们不能说投资风险越大，收益就越高。我们只能说**如果获得成功**，风险大的投资倾向于获得更高的收益。如果失败了——越是高风险，越可能失败——那它将一无所得。我们不能说因为他承担了风险，投资者就应当从投资中获得回报。假如风险承担行为被赋予了这种权利，那一个投资失败的人就有理由要求获得补偿。但破产的投资者不可能向政府请求：“我承担了风险，所以我应当得到回报。”

判断风险回报的更恰当的伦理标准是所谓的“纯粹的程序正义”，这是一个源自博弈论的技术性概念，从“公平博弈”的概念派生而来。它的原则简单明了：如果所有人都遵守规则，而且博弈的规则是公平的，那么结果就是公正的，不论结果怎样。

在**纯粹的程序正义**之下，并不存在判断结果是否公正的独立标准。程序是否公平是通过直接的审查来判定的。如果程序是公平的，那结果就是公正的，不管结果为何。抛硬币决定哪支足球队开球就是纯粹的程序正义的一个例子，朋友间（无作弊）的扑克牌游戏也是如此。由陪审团决定的审判就不是一个纯粹的程序正义的例子，因为哪怕陪审员们都一丝不苟地遵守规则，有时无辜的人也会被判有罪，而有罪的人被判无辜。[①] 在纯粹的程序正义下，即便在理论上也不存在判断结果是否公正的独立标准。只要没有人作弊，那么我在扑克游戏中不论输赢多少，都是公正的。

对资本主义做纯粹程序性的辩护，要求我们将资本家的投资活动看成一个博弈。伦理问题演变成：博弈规则是公平的吗？一种反对意见立即映入脑海，并非所有人都能参与这个博弈。只有当你有钱投资时，你才能参与这个投资博弈。这是博弈的规则之一。

资本主义辩护士可能会抗议说法律并没有将任何人排除在投资博弈之外，但有两点需要指出。第一，也是显而易见的一点：不管法律如何规定，为数众多的人根本没有用于投资的可支配资金。他们压根参与不了。第二，在那些能参与的人中间，一些人比另一些人更具优势。财富使他们能够拥有小投资者无法获得的信息、专家意见及多样化的投资机会。由于资本家投资博弈的规则不仅将许多潜在投资者排除在外，而且偏向一部分参与者，因此我们有充分的理由去质疑资本主义的正义性，哪怕是那种没有内幕交易、市场操纵等所谓“清白”资本主义的正义性。

资本主义的辩护士将抗议道：“小投资者可以投资于共同基金，这样就能获取投资组合的多样化和专家意见。这在过去可能并不容易，但现在已经不难做到了。此外，更为重要的是，这些小投资者是**自愿选择**参与其中的。他们完全可以作壁上观。当然，假如人们确实希望用钱去冒险，我们也不想从中作梗。”

以上观点并非毫无价值。我们需要对资本主义金融市场多加监管以防它制造混乱（正如最近的金融危机所清楚表明的那样），我们也需要为小投资者提供特殊保护。但是，提供这些监管和保护不应当像现在这样困难。

此外，资本主义投资博弈是一个正和博弈。小投资者尽管比大投资者有

① 一场由陪审团决定的审判可以被看作是所谓“不完美的程序正义”的一个例子，因为存在判断结果是否公正的独立标准，该标准就是被告实际上有没有实施犯罪行为。结果不总是公正的，但给予被告一次公平审判的机会已经是我们的最佳选择了。要实现“完美的程序正义”，既要存在一个独立标准以判定公正结果，又要存在一个保障这一公正结果的程序。博弈论最钟爱的一个例子就是，只有让切蛋糕的人最后一个拿蛋糕，才能确保每个人得到的蛋糕都一样大。

劣势，但是仍然能从投资中挣到钱，尤其在他不过于贪婪的情况下。尽管粗心的小投资者会被各种阴谋诡计骗走积蓄，但也有许多“合法”的挣钱机会。例如，股票市场也许算不上神奇的魔毯（尽管它有时很像），但也不是骗局。不论是大投资者还是小投资者，几年来大多数已经从股市中挣到钱了——比他们曾经在扑克游戏中挣的要多得多。

“正和博弈”这个我们刚引入的博弈论概念，对于理解资本主义的某些关键特征非常有用。如果参与博弈的期望收益（依概率论计算）是正数，那它就是**正和**博弈。更简单地说：正和博弈的参与者所赢的钱多于所输的钱。**零和**博弈的参与者输赢相抵，这时即便被排除在博弈之外也不会让你有所损失（至少不会有金钱上的损失），因为参与博弈的期望收益是零。总体上，参与不会好于不参与。在**负和**博弈（比如赌场参与抽成的赌博）中，参与者的期望收益是负数。如果你玩投币机的唯一动机就是赢钱，那你最好远离它们。

资本家投资活动是一个正和博弈。让我们称其为“反向乐透”博弈，因为不同于乐透本身，这个博弈吐出的钱要远远多于它吸进的。（乐透和国家允许发行的其他彩票都属于那种最糟糕的负和赌博博弈，因为吐出的钱仅有吸进的一半。毫不奇怪，与其他社区相比，在贫穷社区中彩票销售点更为普遍、更受欢迎。①）

如果说资本家投资活动是正和博弈，那么对于被排除在外的人是不利的。正如我们已经注意到的，许多人——缺少足够可支配收入用于投资的人——确实被排除在外。如果资本家投资活动是零和博弈，那这些人就没什么好抱怨的——除非他们比专业人士更能准确地猜出哪只股票（或债券或其他投资项目）价值的升降。如果投资活动是负和博弈（就像国家彩票），那他们应该庆幸自己被排除在外。

资本主义投资活动真的是正和博弈吗？国民收入账户上的“财产收入”反映的是投资收益情况。这个数字通常占到国民收入的四分之一，它从来不是负值。事实也正是如此，那些参与投资博弈的人通常获得正收益，因为他

① 参见 Garrick Blalock，David Just and Daniel Simon，“Hitting the Jackpot or Hitting the Skids：Entertainment，Poverty and the Demand for State Lotteries，” *American Journal of Economics and Sociology*，v. 66，n. 3（July，2007）：545 – 570。这项研究发现彩票销售和贫困率显著正相关。有趣的是，美国人花在彩票上的钱要远远超过花在电影票上的，在有些州二者相差10倍。

们所参与的博弈，除了在大危机期间，其净收益（利息、股息和资本利得）都是巨大的正值。诚然也会有失败者，但总体上赢的钱远远超过输的钱。

但这怎么可能？投资博弈怎么可能是正和博弈呢？像乐透这样的负和博弈很好理解。由于彩票公司参与抽成，所以参与者赢得少、输得多。但是反向乐透博弈怎么会是输得少、赢得多呢？这些赢的钱是从哪儿来的呢？

这个问题将我们引向了资本主义制度的核心。为解释这一个问题，我们有必要先回答另一个问题：资本主义投资博弈的功能是什么？也就是说，那些帮助有闲钱的人去冒险、去获利的股票市场、债券市场、外汇市场、投资银行及其他金融机构，其存在的目的是什么？对社会有什么意义呢？个人争相参与正和博弈不足为奇，但是它对整个社会有什么益处呢？

投资博弈的功能就在于鼓励有益于社会的两类不同行为。**首要**目标是鼓励企业家活动，即通过天才人物们的行为带来新产品的开发、新生产工艺的发明等。任何希望保持持久活力的社会都必须寻求鼓励这类活动的途径。

但是为了实现新想法，企业家需要**他人的劳动**。注意，我没有说需要“金钱”。认识到金钱不是必要条件，是十分重要的。企业家需要的是劳动——他人的过去劳动（以建筑、设备和原料的形式存在）和现在的劳动（企业家自己的和员工的劳动）。说到底，企业家需要的是**权威**，能对他人劳动发号施令的权威。

在资本主义社会，假如某人有钱购买过去劳动生产的产品，并且有钱雇用劳动者去使用这些产品进行生产，那就表明她能对他人劳动发号施令。（货币正是在这里粉墨登场的。）企业家是从何处得到这些钱的呢？在资本主义社会，它们部分来自企业家自己的储蓄，但主要还是来自有余钱出借的人。因此我们知道了资本家投资博弈的第二个目标：鼓励有余钱的人将钱借贷给那些能有效地使用它们来调动他人劳动的人。

现在，我们终于理解为何投资活动是正和博弈了，也知道为什么参与者整体的净收益（基本上）是以牺牲没有参与的人为代价的。一些人不劳而获是因为其他人劳而无获。投资收益——对那些“冒险”将钱投入金融机构（银行、股票市场、房地产信托、风险投资财团、对冲基金等）的人给予的回报——之所以有可能，**是因为那些生产社会商品和服务的人所得到的要少于他们所生产的商品和服务的价值**。假如资本家真的依照按贡献分配原则取得收入，那么投资者将一无所得。企业家（具有创新思想的人）仍将得到奖赏，工人和管理者也是如此，但不会有东西留给仅仅“提供资本”

的那个人。

我在这里所说的也许相当让人难以接受，尤其是当你的投资几无斩获时就更是如此。那就让我说得更具体一些吧。以股票市场为例，你怎样在股市里挣钱呢？基本上，有两种收入来源。当你购买一支 X 公司的股票时，你就拥有了获得 X 公司一部分利润的权利，那是你的**股息**收入。你也能通过**资本利得**挣钱。假如过了一段时间，你的股票价值上升了，你就能卖掉以挣取差价。

第一种情况的分析是直截了当的。股息支付来自净利润，而净利润源自剩余价值——工人（包括管理者）增加到原料上的货币价值和他们实际所得之间的差额。正如任何一名经济学家都会证实的那样，除非劳动成本少于劳动所增加的价值，否则就不会有利润，这是理性分析得出的真理。

资本利得又当如何理解？它的情况并不那么清楚明了。你的一部分资本利得或许只是投机的结果。如果足够多的投资者认为一只股票会升值，他们的集体购买就真的推动它上涨了，于是预期得以自我实现。假如你恰好在投机浪潮之前买了那只股票，并且在高位卖出，那么你就收获了“神奇的”利润。

当然，如果你在泡沫最严重的顶点附近买入，那你将会输得很惨。但作为一个普遍的原则，总的资本利得是正数，因为股票升值的真实基础不是投资者的情绪，而是其他方面。公司净利润的一部分以股息的形式派发给了股东，但是剩下的更大部分以再投资的方式仍然留在公司里。这些“未分配利润”增加了公司的实际价值，也因此提升了股票的内在价值。所以股票收入的资本利得也是部分来自利润，因此也是源于剩余价值，源自马克思所称的对劳动的“剥削”。

（投机加剧了股票市场的波动，也模糊了我们的视听。人们大赢也大输，完全取决于和公司实际价值毫无关系的股价运动，这向我们暗示股市仅仅是一个游戏厅。诚然，股市是一个让“赌场”——那些执行交易的交易员和经纪人——挣得盆满钵满的赌局，但华尔街赌局几乎总是正和博弈，而它的拉斯维加斯同行却从来都是一个负和博弈。总体来看，参与者在拉斯维加斯输多赢少；而在华尔街，赢多输少。）

但是，你肯定会说：“等一下！”“在买股票时，我为公司提供了资本。没有我的投资，公司挣得利润会更少些。”

大多数情况下，这一论断是完全错误的。在绝大多数场合，你买股票的钱并没有给公司，而是给了另一个卖给你股票的人，他正通过股票的出售实现套现。你的钱一分也没有进入公司。无论你买还是没买股票，公司的利润都不会有丝毫变化。（风险投资家为很多刚成立的公司提供了启动资金，但他们并不是通过股票市场来运作的。）

事实上公司偶尔会把增发的股票卖给公众以筹集现金。这将稀释现有股票的价值，所以股东对增发并不热心，但有时资金必须通过这种方式筹集。但即使是这样，问题仍然存在。股票购买者在收回投资很长时间之后仍然持续获得“回报”，只要公司仍然赢利，股东就会不断获得股息收入，而且公司的再投资利润——与原始投资没有任何关联——也会持续不断地增加股票价值。你（和你的子孙）将永远获得回报（除非公司破产倒闭）。

让我厘清到目前为止所阐述的内容。我解释了为何资本家的投资活动（作为整体，并且通常是以部分的形式）是正和博弈。大多数年份，人们在金融市场都是挣多输少。这怎么可能呢？这之所以可能，是因为那些从事实际生产活动的人所得到的要少于他们在劳动中本应获得的补偿数量。所谓的风险回报就是来源于这个差额。

注意：到目前为止，我的论证并没有说以这种方式奖赏风险承担行为是不道德的，甚或是危害社会的。企业家从事的是本质上非常重要的生产性活动，他需要获得资金才能把想法付诸实践。在资本主义社会，这些资金来自私人投资者。但企业家的冒险活动的确给投资者带来了风险。由于投资者可能受损，他必须获得奖励，以使他愿意承担风险。请记住，这是资本家投资博弈的第二个功能。我已经证明博弈的这一功能是不公平的，因为这个正和博弈把许多人排除在外了。尽管如此，人们经常反驳说除非投资博弈的第二个目标得以实现，否则它的首要目标——鼓励企业家活动——就无法实现，至少不能完全实现。这个博弈也许并不公平，但考虑到它的鼓励企业家功能实在太重要，因此总的来说它是合理的。

可以做一个类比。一个农民社区处在神权政治的控制下。每年农民都要将一部分收成贡献给牧师们，这些牧师向土地神明祈求来年丰收。牧师也劝诫他们的信众要努力劳作，否则他们就是冒犯神明。农民受此诱导，拼命地干活，也的确比在没有神权政治之前生产的更多了。

从意识形态的角度看，这个制度是基于谎言而存在的。土地的生产力并不取决于牧师们的祈祷，而是取决于农民们自身的勤奋劳作。但这也许称得上是高尚的谎言，因为从结果看是合理的。[①] 如果没有这样的谎言，人们的处境实际上会更糟。

或许人们需要如下高尚的谎言：土地公公必须被安抚，提供资本是一种生产性活动，大多数资本家是创造性的企业家，金融市场是公平的。

或许我们已发展到不再需要这种谎言的时候。如果存在一个替代物，一个新的机制，它不仅赋予企业家权威，而且不容许任何不从事生产性活动而完全依靠财富复利生活的人，那又将如何呢？

这个问题将我们从非比较性辩护引向了比较性辩护。我们知道风险本身并不足以为资本家的收入辩护，真正为其辩护的是这样的一个假设，即在激发足够多的企业家能量方面，不存在比资本主义的正和反向乐透博弈更好的替代机制。作为对比的替代物，经济民主将挑战这一假设。

五　延迟消费的效用和负效用

在讨论比较性辩护之前，我们需要考虑最后一个非比较性辩护。为了完全弄懂资本主义的实际运转，我们需要考虑一个至今尚未提及的概念："储蓄。"

和资本一样，储蓄这个概念看起来如此寻常，以至于没有分析的必要。要储蓄，就意味着要延迟消费。我现在存起一部分收入，以便将来能够花掉它。这毫无神秘可言。

尽管如此，这些储蓄还是有点奇特的。在资本主义经济中，居然有人会因我储蓄而付钱给我。这很奇怪，不是吗？银行保障着我的储蓄的安全，它是在为我提供服务。难道我不应当为这服务而付钱给银行吗？但不是的，事实并非如此。实际上，是银行付钱给我。

让我追问一个伦理上的问题。为什么我应当收到储蓄利息？我把钱存在银行，压根没有任何风险。联邦政府为我的储蓄账户提供了充分的保险，我自己也没有从事任何企业家活动。我根本不知道银行将拿我的钱做些什么。我所知道的是，只要我将钱留在银行，它就将"增殖"。

---

① 高尚的谎言这一概念是由柏拉图以引人注目的方式提出来的。他的理想国的公民被告知他们的血液里生来就流淌着不同的金属——执政者是金，士兵是银，工匠是青铜。个人因此认同了各自所处的地位，而不会参与在当时的希腊城邦普遍存在的同族互杀的阶级斗争。参见 Plato，*The Republic*，book 3，414c - 415d。

利息看起来很简单，但它，尤其是复利，是非常惊人的。约翰·梅纳德·凯恩斯（John Maynard Keynes）曾经突发奇想地算过这样一笔账：1580年，伊丽莎白女王将弗朗西斯·德雷克爵士（Sir Francis Drake）从西班牙偷来的一部分财宝投资于利凡特公司（Levant Company），总价值约4万英镑。如果按照非常普通的每年3.25%的复利增长，到1928年这一数字达到约40亿英镑，相当于当年大不列颠的所有外国投资金额。“因此，德雷克在1580年带回来的财宝中，每一磅现在已变成了10万镑。复利的力量就有如此之大！”①

一英镑增长到了十万英镑。我们又要问，这怎么可能？人口的增长相当容易理解。假如每对夫妇都有四个子女长大成人，那么人口将在一代人的时间内翻一番。这很清楚，没什么神秘的。假如我以6%的利率投资1000美元，我的投资将每12年翻一番。这个增殖是怎么产生的？额外的1000美元是从谁那里得来的？

表面上，答案相当简单。银行之所以能付利息给储蓄者是因为它向借款人收取了贷款利息——贷款利率要高于存款利率，银行由此才能赢利。假如我们忽视银行利润（我们可以这么做，因为它和这里的论证无关），而且我们假定这笔贷款是消费贷款，那么很清楚，这完全就是一种收入再分配了。贷款人的收益来自借款人的支出。为了在你存够钱之前就能够买到你想要的东西，你同意为了享受现在消费这一特权而付钱给我。我借给你1000美元，一年后你还我1060美元。到时，相比不等待一年时间我能多花60美元，而你相比没有借钱时必须少花60美元。诚然，这于我是很好的安排，但你也没什么好抱怨的，不是吗？你也有获得好处，即在你存够钱买它之前就能够享用它。

当然，这里的背景条件是重要的，因为这个过程并非总是那么和谐。对于贷款人往往比借款人更加富有这个事实，我们不会感到特别震惊。在一个两极分化的社会，**通过利息**支付的形式，资金实现了从富人向穷人的转移，而财富则实现了从穷人向富人的转移，这样的制度加剧了不平等的程度。古代和中世纪的哲学家一针见血地对收取利息的行为进行谴责，“至于……

---

① John Maynard Keynes, "Economic Possibilities for Our Grandchildren," in *Essays in Persuasion* (New York: Norton, 1963), p. 324. 请参见约翰·梅纳德·凯恩斯：《预言与劝说》，江苏人民出版社，1998，第354～355页。——译者注

‘钱贷’则更加可憎……所谓‘利息’正是‘钱币所生的钱币’。我们可以由此认识到，在致富的各种方法中，钱贷确实是最不合乎自然的”。[①]

尽管如此，在现代社会，只要不失控，消费贷款看起来并没有任何危害。对于在储蓄足额之前为获得现在消费的特权而支付利息的行为，是没有必要禁止的。实际上，组织完善的社会主义社会需要一个完整的消费和贷款协会，以促进住房消费和其他消费品的购买，下一章会谈及这方面内容。

尽管如此，这种消费借贷和那种构成资本主义奠基石的借贷并不一样。前一类型的借贷会重新分配收入，但对生产没有直接影响。一年以后，我可以多消费60美元，但你必须少消费60美元，总消费仍然保持不变。古代和中世纪的哲学家可能已经发现通过利息形式，财富从穷人转移向了富人，因此表达了厌恶之情。但我们更看重消费信贷所带来的便利。所有这些判断都与储蓄在资本主义制度下的经济功能毫无关系，也没有涉及储蓄和**经济增长**之间的关联。

现在，我们可以对亚里士多德（Aristotle）和托马斯·阿奎那（Thomas Aquinas）所下的“高利贷”禁令一笑置之。（后者宣称：“以出让货币使用权而获得收入在其本质上是非法的，这是高利贷。正像一个人必须归还非法所得物品一样，他也必须归还从高利贷中取得的利息。”[②]）我们认为他们没有意识到利息能够作为一种促进生产的机制，因而长期来看提高了所有人的消费水平。消费贷款只是枝节问题。资本主义制度下真正重要的是商业贷款——不是为了满足消费而是为了生产性投资的目的而借贷出去的储蓄。

我们都知道亚里士多德和阿奎那所不知道的故事。节俭的储蓄者将钱存入银行，银行将它们贷给企业家，企业家并不将这些贷款用于个人消费，而是用于开办新企业，或是用于扩大再生产。然后，他们用利润支付贷款利息。所有人都从中受益——贷款者、借款者、工人以及消费者，经济也因此增长了，这真是再理想不过的结果！

这是有关利息的社会效用的基本解释、**标准叙述**。我们需要储蓄者向企业家供应资金，以促进经济增长。众所周知的因果链条是：储蓄→投资→增长。

① Aristotle, *Politics*, 1258 b2 – 5. 请参见亚里士多德《政治学》，商务印书馆，1983，第31～32页。——译者注

② Thomas Aquinas, *Summa Theologica*, question 78.

20世纪最具影响力的经济学家约翰·梅纳德·凯恩斯目睹了大萧条的后果，然后意识到标准叙述把事情颠倒了。对于整个社会，因果关系的方向应该是：投资→增长→储蓄。这一说法所暗示的东西影响重大而且令人不安。储蓄对增长不是必需的，所以不必付利息鼓励人们储蓄。

凯恩斯的相反叙述是有违我们的直觉的。总得有人储蓄、延迟消费才能为投资提供资金，不是吗？凯恩斯说："错误。"让我们对标准叙述做一简单的调整。假设有一个企业家希望实施一个项目。假定还没等到节俭的储蓄者积累起足够的资金来资助这个项目，政府干脆印钱并借给企业家。和向节俭的储蓄者借钱一样，现在企业家照样可以做那些事：雇用工人、扩大生产、挣取利润，然后偿还贷款利息。和标准叙述一样，所有人都从中受益——企业家、工人和消费者。（难道政府印钞票不会导致通货膨胀？未必如此。例如，当经济存在富余要素即工人和资源未充分利用时——这几乎是资本主义的常态——就不会产生通货膨胀。）

关于这个相反叙述，要注意的一个要点是，生产在没人提前储蓄的情况下增加了。没有人延迟消费，因此没有人会为此而得到利息奖赏。

我在此并非暗示社会应当依靠政府的印钞机来为投资提供资金（下一章会讨论这些资金的来源）。我的基本观点是：商业信贷对经济的健康运行是必要的，但个人储蓄并不必要。想要创业的个人或者希望扩大生产的企业，都需要支配他人的劳动。货币是实施这种权威的一种方便而有效的机制。在资本主义社会，由于历史的原因，大多数商业信贷由金融机构提供，而金融机构的资金又来自私人储蓄者。但这些信贷没有必要非得来自私人储蓄者。它可以来自公共渠道。因此，没有必要为了经济增长而向私人储蓄者支付利息。

凯恩斯的相反叙述清楚地指出，私人储蓄对现代经济而言并非必要。实际上，它指向了一个更令人震惊的结论。在资本主义社会，对经济**有害**的是储蓄而非消费。储蓄而非消费才是反社会行为。

凯恩斯最早从理论上阐述了一个现在被认为是常识的问题：有效需求是健康的资本主义经济的关键。资本主义严重的经济危机很少是供给危机。一再出现的问题是，对整个社会所生产的和能生产的商品的有效需求不足。假如需求足够强劲，那么企业就能挣到足够利润，因此就有足够的资金用于再投资。但是当需求疲软时，利润将下降，投资将减少，工人也将被解雇。问题将进一步恶化，因为被解雇的工人减少了消费，因而进一步削减了需求，这就出现了常见的衰退，经济螺旋式地下降。

从整个经济的角度看，个人的储蓄决定而非消费决定**减少**了总需求，进而增加了失业的可能性，并加剧了经济走向停滞的倾向。（回忆一下在“9·11”事件后乔治·布什对全国人民的演讲：“要爱国！去购物！”或者2009年3月23号《新闻周刊》的封面：山姆大叔正指着读者说：“我要**你**立刻开始花钱！趁早投资美国！”这些姿态都是在模仿凯恩斯，他在1931年的一次电台广播中催促道：“噢，爱国的主妇们！明早都逛街去吧！赶紧去买那些到处都在做广告的好东西吧！这对你自己有好处……而且你还会因自己的行为促进了就业、增进了国家财富而感到分外高兴。”①）

诚然，人们的储蓄决定并非总是带来负面后果。如果储蓄的资金被贷给企业家，后者用它购买原料、雇用工人，那么总需求就不会减少。尽管如此，正如凯恩斯强有力指出的那样，没有理由假定储蓄资金的供给会完全被投资贷款的需求所吸纳。当投资不足以吸收储蓄时，整个经济就遭殃了：衰退、失业，过剩的储蓄也因为收入减少而最终消失。

必须指出这一奇异的不合理——由过度储蓄引起的经济萧条倾向——将随社会的富裕程度和（或）不平等程度的增加而不断恶化，因为富人比穷人更倾向于储蓄。同样要指出的是，除了银行，还有股票市场、债券市场、房地产信托、共同基金，及其他提供“投资”机会的金融机构都鼓励人们储蓄。这些机构的“投资”并非凯恩斯意义上的投资，而是**储蓄**。凯恩斯的投资是指“实际”投资：新建厂房、购置设备、扩大生产能力。金融市场仅在如下意义上增加有效需求，即当市场上涨时，那些“投资”于这些市场的人感到自己更富有了，因此倾向于比平时花更多的钱。当然，当这些市场下跌时，它们就会起反作用了。

六 TINA（无可替代）

但是，是否有替代方案呢？资本主义的赞歌在不断高唱着：TINA，TINA，TINA。当然总有替代方案的，问题是有更好、更理想的替代方案吗？

现在我们必须直面这个为资本主义辩护所做出的最强有力的质疑了。读

① 转引自 Elizabeth Johnson，“John Maynard Keynes：Scientist or Politician?” in *After Keynes*，ed. Joan Robinson（New York：Barnes and Noble，1973），p. 15。

者应当会认同我迄今所证明的所有观点：

·提供资本不是一种真正的生产性活动。

·大多数资本家不是企业家。

·那些冒险投资于金融市场的人倾向于以牺牲工人阶级的利益为代价而获得好处。

·私人储蓄对经济增长并非必要。

·储蓄可以是有害于经济的。

即便读者同意以上所有观点，他仍然会质疑是否存在其他的制度安排，它能否带来比资本主义更美好的结局。诚然，资本主义的历史充满了尖叫和暴怒——帝国主义的征服、奴隶般的劳动、对工人阶级的全面镇压、破坏力超乎想象的两败俱伤的战争，但由于在资本主义发达国家中自由民主制度看起来已经根深蒂固，并且苏联和东欧的社会主义试验已经全盘失败，因此支持资本主义霸权的相对理由非常充分。假如我们既要效率和增长，又要自由和民主，难道我们不该拥抱资本主义吗？与边边角角的修补不同，那种打算从根本上改变基本制度的尝试，难道不会杀死下了所有这些金蛋的鹅吗？这些就是我们现在必须解答的难题。

第三章
何为经济民主

对资本主义的严肃批判绝不能满足于单单指出当今世界的消极特征，而是必须指出这些特征同资本主义内在结构之间的因果联系。否则，这些消极特征就会被当作人性的必然结果或者资本主义的某些可以改进方面，从而被轻易地忽略掉。一个严肃的批判应当证明，假如我们改变资本主义的某些结构性元素，那么这些消极特征将不复存在或者至少变得不甚显著，而且这种改变本身也不会带来其他更糟糕的后果。

因此，我们不仅必须准确、详细地阐述资本主义的决定性特征（详见上一章内容），而且必须同样准确、详细地阐述资本主义替代制度的结构性特征。由于现代经济的复杂性，这种细致描述即便只是初步的，也必然是庞杂的。但如果我们不想仅仅停留在对资本主义罪恶的谴责上，我们就必须通过提供一个替代方案而给那个“无可替代”的宣言以迎头痛击。

一　经济民主的基本模式

我们将在此处详细阐述并将于后续章节详加论证的模式，它既非来源于经济理论的简单推演，也非来自对一些特定国家或地区经济结构的模式化总结，而是对理论与实践的一种综合。这个被称为“经济民主”的模式是由以下因素共同塑造的：过去半个世纪关于比较经济制度的理论辩论、关于车间组织模式的经验研究以及 20 世纪各种各样的历史性“试验”。后者最著名的例子包括苏联、二战后的日本、铁托时代的南斯拉夫、毛泽东之前及之后的中国，以及西班牙巴斯克地区的一个最不寻常的“合作组织”（尽管规模较小但极其重要）。

这个模式的形成也源于对资本主义制度两种不满的分析，它们在许多地方已经很尖锐并且有可能进一步升级。或许，可以把这两种不满视作“民主赤字”，也就是对影响人类深远的条件缺乏民主的控制。

第一种不满和车间的民主有关。现代资本主义社会存在着一个明显的异常现象，即普通人被认为有能力选择他们的政治领袖，却无能力选择他们的老板。当代资本主义颂扬民主，却在最可能直接和具体运用民主权利的地方否认了我们所拥有的民主权利，而我们大多数成年人在此处度过了行动最活跃、思维最敏捷的时光。当然，假如能证明车间的民主太复杂累赘以致有损效率，或者工人太愚昧无知、目光短浅以致无法做出理性的决定，那么这会是一个反对我们沿着这一完全符合逻辑的方向扩展民主的强有力理由。但我们将看到，证据压倒性地指向一个相反的结论：车间民主是有效的。从总体说来，它要好于所有者权威制——也即资本主义式的车间组织形式。

当代资本主义的另一个令人不安的特征是当前资本的“过度流动”。资本主义社会的大量资本归私人所有。由于资本属于他们，所以他们就能为所欲为。他们可以选择投资任何地方、任何东西，或者当赢利前景黯淡时干脆选择不投资。但是，正是这一自由，加上最近不断提高的传输功能（货币和商品比之前任何时候都移动得快），资本的流动性越来越大，以致造成全球经济和政治的动荡。不论我们的政治制度声称自己有多么“民主”，金融市场已经在统治世界，而且这种统治往往反复无常，极具破坏力。

让我们考虑一个对资本主义制度的社会主义替代方案，以便应对这些民主赤字。我用**社会主义**一词表示通过废除多数生产资料私有制以超越资本主义的一切尝试。这个社会主义尽管在结构上同过去失败的模式存在相当大的差异，但它们拥有一个共同信念，即如果人类要发展就必须剥夺生产资料的私有制。

回想一下，资本主义是以三个基本制度为特征的：生产资料私有制、市场和雇佣劳动制度。苏联经济模式废除了生产资料私有制（通过将农场和工厂集体化）和市场（通过建立中央计划），但保留了雇佣劳动制度。经济民主废除了生产资料私有制和雇佣劳动制度，但保留了市场。更准确地说，同资本主义一样，经济民主也可以用三个基本特征来定义，其中第二点同资本主义相同：

· **工人自我管理**：每个生产性企业都是由它的工人民主地控制。

· **市场**：在一个基本上不受政府价格控制的环境中企业之间以及和消费者之间相互作用、相互影响。原材料、生产工具和消费品的购销价格大体上都是由供求力量决定。

· **投资的社会控制**：新投资的资金来源于资本资产税，并通过公共投资银行网络重新注入经济体。

我们后面会详细阐述的这个基本模式不可避免地具有模式化和过度简化的特征。实际上，经济民主比这里展示的版本要复杂得多。这一章的稍后部分，我将详细阐述一个可行的、理想的经济民主模式可能会实行的额外的一系列制度。尽管如此，要掌握这一制度的性质、理解它的实际运作，首先弄清它的基本结构还是非常重要的。对资本主义的认识也是如此，经济学家必须用简化的模型来解释它的基本规律。

（一）工人自我管理

每个生产性企业都由它的工人控制。由工人负责企业的经营：组织车间、制定纪律、发展生产技术、决定生产什么和生产多少、制定产品价格以及决定净收益的分配。企业不实行收益的平均分配。对于那些具有更高技能、更老资历和承担更多管理责任的员工，大多数企业都会给予更多的奖励。关于这些事情的决定都是以民主的方式做出的。不满意的员工可以自由退出到别处觅职，所以必须在平等主义和激励并留住优秀员工（包括优秀管理人员）之间寻求平衡。

对于一个较大规模的企业，实行某些权利的委托是必要的，而解决这一民主一般问题的通行做法是代表制。大多数企业首先选举出一个工人委员会，后者再任命首席执行官以及其他高层管理人员。管理层既不是由国家来任命，也不是由整个社会选举产生。由于它并不是资本主义企业，因此其管理层也并非由股东选举产生的董事会任命。在经济民主制度下，股东是不存在的。

在这个层面上出现了一个重要的实际问题——在管理责任与管理自治之间如何取得恰当的平衡。没有自治的责任就面临管理时缩手缩脚和无能瘫痪的风险；没有责任的自治则面临专制的风险。管理者需要足够的自治以实现高效管理，但是这一自治权又不应大到让他们可以剥削工人以满足私利的程度。不同企业会以不同方式处理这个问题，越成功的模式越会被效仿。（正如我们将会看到的，的确存在非常成功的模式。）但不论采用哪种内部结构，最高权威仍然属于企业的工人，一人拥有一票。

虽然工人控制着车间，但他们并不“拥有”生产资料。这些生产资料被看作整个社会的集体财产。工人们有权经营企业，可以按照自认为合适的方式使用这些资本资产，并且可以在他们之间分配全部的企业净利润。企业的社会“所有制”表现在两个方面：

· 所有企业都必须支付资本资产税，后者进入社会投资基金。实际上，工人相当于从社会租赁资本资产。

· 企业必须保存托付给它们使用的资本存量的价值，这意味着企业必须建立一个折旧基金，必须预留一部分资金用于维护或重置既有的资本存量。这些资金必须用于企业认为合适的资本替代或改进上，但不能用于贴补工人收入。

假如企业面临经济困境，工人可以自由决定是重组企业或是离开到别处工作。他们不能随意卖掉资本资产并将所得占为己有。假如一家企业甚至无法实现国家设定的最低人均收入——相当于经济民主制下的最低工资，那它必须宣布破产。企业资本资产的控制权必须归还给国家；它的工人必须到别处觅职。

实际上，经济民主下的企业并非可买可卖的东西（正如在资本主义之下那样），而是一个共同体。当你加入一家企业，你就获得了作为其成员应享有的所有权利，比如充分的投票权。当你离开一家企业到另一家，这些权利也随之转移。与权利相伴的是责任，在这个例子中就是支付资本资产税和保存所使用资产价值的责任。

（二）市场

至少就目前所考虑的消费品和资本品的配置而言，经济民主是一种市场经济。企业从其他企业购买原材料和机器，并将所生产的产品卖给其他企业或消费者。价格基本上不受供求之外的其他力量控制，尽管有时也可能像现实资本主义世界所做的那样实施价格管制或价格支持。

经济民主中的企业努力挣取利润。在这种形式的社会主义中，**利润**并非一个肮脏的词汇，但利润在民主企业和资本主义企业下的计算方式完全不同。市场经济企业，不论是资本主义的还是工人自我管理的，都试图最大化总收入和总成本之间的差额。但是资本主义企业把劳动力算作成本；而工人自我管理的企业则不把劳动力视作成本。在经济民主下，劳动力在技术层面上并不是与土地和资本等量齐观的另一种“生产要素”。相反，劳动力是剩余索取者。利润一旦补偿了非劳动成本，包括折旧资金和资本资产税，剩下的都归劳动者所有。（我们将看到，这个看似微小的结构差异会产生深远的影响。）

在社会主义者中间“市场社会主义”仍然是一个充满争议的话题。很久之前我就开始论证中央计划经济——这个最经常被提倡用于取代市场配置的社会主义机制——是存在内在缺陷的，而那些试图建立分权式、非市场计划经济的方案也是不可行的。正如理论预测和历史经验所证实的，中央计划经济不仅缺乏效率而且助长了专制集权。这是我们应当从苏联经验中汲取的最重大教训。如果缺乏一个对供求敏感的价格机制，生产者和计划者几乎不可能知道要生产什么、生产多少以及何种生产和营销方法最高效。此外，如果缺乏市场，要设计出鼓励生产者更高效、更具创造力的激励制度也是十分困难的。而市场竞争以一种非专制的、非官僚化的方式解决了这些问题（如果不是彻底解决，其贡献也是显著的）。这一成就是实现真正社会主义所不可或缺的。①

（三）社会控制投资

这是我们模式在技术上最为复杂的一个特征，但比资本主义投资机制要

① 在《反对资本主义》一书中，我批判了“指令性命令式社会主义”和“无市场的参与性的社会主义”（*Against Capitalism*, Cambridge: Cambridge University Press, 1993, pp. 315－319, 329－334。请参见《反对资本主义》，中国人民大学出版社，2013，第298～301页、第308～317页。——译者注。前者实际上是苏联模式，我对此进行了详细的批判，载于Bertell Ollman, ed., *Market Socialism: The Debate among Socialists*, New York: Routledge, 1998。请参见伯特尔·奥尔曼编《市场社会主义：社会主义者之间的争论》，新华出版社，2000。——译者注［在此书中，詹姆斯·劳勒（James Lawler）和我为市场社会主义做了辩护；希勒尔·蒂克庭（Hillel Ticktin）和奥尔曼（Ollman）则持反对意见］。迈克尔·阿尔伯特（Michael Albert）在 *Parecon: Life After Capitalism*（London: Verso, 2003）一书中介绍了“无市场的参与性的社会主义”，我在一篇未发表的论文中对此进行了详细的批判，这篇论文后来成为阿尔伯特和我网上辩论的一部分。我的论文“Nonsense on Stilts: Michael Albert's Parecon”被阿尔伯特置于ZNet网站（http://zcomm.org/znet/——译者注）上一个关于参与型经济的版块中。一同放到网站上的还有阿尔伯特的回应，我对他回应的回应，以及他对我回应他的回应的回应。

更为简单，比如后者包括既神秘又万能的“金融市场”——囊括了股票、债券、期货、衍生证券、掉期、债务抵押证券、结构化投资工具等。但相比于工人的自我管理或者市场，它的规定更为复杂。［保罗·克鲁格曼曾说过，当前这个系统是如此难懂以至于当本·伯南克（Ben Bernanke）于2007上任美联储主席时不得不寻求对冲基金经理进行一对一辅导。①］

任何一个想在技术上和经济上保持活力的社会，必须将一部分社会劳动和自然资源投入新技术的开发和应用以及需求量大的商品和服务的扩大再生产。在现代社会，这种资源配置是通过资金的投资来实现的。在资本主义社会，这些投资基金大部分来自私人储蓄，若非私人的直接储蓄，就是公司的留存收益也即股东的间接储蓄。而这些储蓄或者被直接用于投资，或者被存放在银行和其他金融机构，由这些金融机构再贷给商人和企业家。

在经济民主社会，获得投资资金的方式更为直接和透明。它直接来自于对企业资本资产（土地、建筑和设备）的征税。这种单一税率的税收（实际上是一种财产税）也可以被看成企业工人为使用全民所有的资产而支付的租赁费用。

资本资产的税收收益构成了国家投资基金，这个基金专门用于新的投资。（“新投资”是指超过企业自身折旧基金的那部分投资。）所有新投资都来自这个基金。和资本主义形成鲜明对比的是，经济民主社会并不依靠私人储蓄来实现经济发展。

由于投资资金是通过公开而非私人渠道筹集的，因此将它们重新注入经济就是一件公共而非私人的事务。社会必须制定既公平又高效的程序。在此我们必须做出选择，因为并不存在能实现绝对效率和绝对公平的程序，但的确存在比资本主义制度更理性、更平等和更民主的不同的发展机制。

一种极端的情形是一个民主的、负责任的计划委员会依照一个详细计划配置资金。这个计划不像苏联中央计划经济那样涵盖整个经济，而仅限于新的投资（在像美国这样的国家，占GDP的10%～15%）。所以它不会碰到苏联模式所固有的不可克服的困难。这种计划更像日本和韩国在其经济快速发展时期所推行的“遵循市场的”投资计划。对一个发展重点相对明确并

① Paul Krugman, "Innovating Our Way to Financial Crisis," *The New York Times*, December 3, 2007.

被广泛认同的国家来说，这种计划可能是适当的。①

另一种极端的情形是将这些资金全部分配给一个公共银行网络，这些银行再依照与资本主义银行相同的标准将资金放贷出去。这将是一种自由放任的社会主义：让市场决定投资配置。银行按中央决定的利率对所得到的资金支付利息。银行的利润来自于根据风险调整的贷款利率高于基准利率的差额。银行间也会像现在这样互相竞争，并努力在贷款风险和所收取的利息之间实现平衡。如在资本主义制度下一样，取得成功的（即业绩最好的）银行管理者将得到奖赏，而业绩差的银行管理者会被解雇。但不论是哪种情况，银行利润都将上缴到国家投资基金。

在我看来，至少对一个富国而言，最优机制存在于这两个极端之间。决策制定较之第一种情况更为分散化；市场较之第二种情况会受到更多限制。公平和效率之间的平衡，是通过一种市场和非市场的混合标准实现的。基本的想法是首先依照**公平原则**来分配集中收集到的资金，其次才是引入竞争以促进**效率**。

公平原则适用于区域和社区的资金分配：一国中的每个区域以及区域中的每个社区都拥有国家投资基金中的**公平份额**。一般来说，“**公平份额**”应当理解为“**人均份额**”。也就是说，假如A区域的人口占全国人口的比重为X%，那么它就得到X%的新投资资金。这一原则的中心含义是各区域和社区并不需要为获得投资资金而相互竞争，而在资本主义制度下它们必须为资本而竞争。每一区域和每一社区在每个年份都理所当然地得到各自的份额。

为什么“公平份额”应当是人均份额？很明显，把各区域通过资本资产税所获得的投资资金再返还给相应区域，这并不公平，因为资金数额只是反映了该区域所拥有的资本资产数量。一个区域比另一区域拥有更多资本这一事实，并非由于当地人民付出了更多努力，也并非由于他们更聪慧或更崇高，而仅仅是由于该区域的特定历史。基于过去的历史来分配现在的资本根本算不上公平。如果这么做就相当于给予资本密集度高的区域以高于其人口份额的资本，因此将加剧而非缓解区域不平等。

① 关于模仿日本模式所需制度的概述，参见 Chalmers Johnson, *MITI and the Japanese Miracle: The Growth of Industrial Policy*, 1925 – 1975 (Stanford, Calif.: Stanford University Press, 1982), p. 315 – 19。关于对韩国、中国台湾和日本的更一般分析，参见 Robert Wade, *Governing the Market: Economic Theory and the Role of Government in East Asian Industrialization* (Princeton, NJ: Princeton University Press, 1990)。

当然，这恰恰就是在资本主义下所发生的事情。新投资倾向于流向那些资本体量巨大的地区。城市吸引的资本要多于农村，富裕地区从其他区域吸纳投资资金。资本之所以倾向于流向资本丰裕的地区，是因为这些地方有更多的投资机会。然后，工人必然跟随着资本，迁移到有新工作岗位的地方。（诚然，也存在资本的反向运动。假如需求模式转变、新技术发明或国外低工资竞争等变化对产品市场造成了负面冲击，一个工业区可能就此衰落；又或者工会变强，再或者社会问题或基础设施因素等，一个地区的吸引力因此衰退。但这仅仅意味着资本流向了其他地方，而工人将尽其所能追逐资本而去。）在经济民主之下，工人有权到任何地方重新安家，却不必因为资本不再流入本地区而被迫迁徙。

经济民主从资本主义的历史中继承了工业化与资本密集度的模式，但这不应被看作给予资本密集区域以更多资本的理由。如果想要为按人均原则分配资本提供支持的理由，那可以求助于马克思的洞见——劳动而非资本是价值的源泉，因而也是构成投资基金的剩余价值的源泉。假如真是如此，那么投资基金就应当根据劳动力的数量按比例分配给各区域，这本质上就是按人均标准分配。或者，假如偏好的是非马克思的解释，那么向各区域分配投资基金或许可以被看作提供一种公共服务。由此，投资基金的分配应当遵循在分配诸如教育和医疗这样的公共服务时所采用的原则（至少在采用这些原则的地方，教育和医疗是由政府出资，并获得合理布局），即按人均份额分配。①

这些理由并不让人绝对信服人均原则。一个区域或社区按人均份额享有投资资金仅仅在大体上具有适当性，它可能不得不让位于其他伦理的和经济的考虑。如果一个特定区域的夕阳产业要实现绿色现代化，它在一定时期内就会寻求超过其人均份额的投资资金。或者如果一个落后区域或社区要实现经济超越，它在相当长时间内就会寻求远超过人均份额的投资资金。应当由经民主选举产生的国家或区域立法机构公开地做出这些决定，并充分地考虑到这样的事实，即假如某些区域得到的投资资金多于其人均份额，那么其他地区就只能得到更少。

① 我要感谢那不勒斯大学的布鲁诺·乔沙（Bruno Jossa）对这个论证所做的贡献。欧洲人比美国人更容易想到基于人均标准分配公共服务资金，因为欧洲国家倾向于按这种方式分配教育和医疗资源，但美国（很不幸）并不这样做。

国家投资基金向区域和社区的配置要遵循公平份额原则。当社区获得这个份额，它把资金分发给社区内的公共银行。然后，由银行把资金借贷给当地的企业，这些企业由于扩大生产，或者引进新产品，或者进入新的业务领域，或者升级既有技术，所以所需的资本超过了自身积累的折旧基金。

每家银行都从分配给社区的投资基金中得到一定的份额，但银行所得份额不再是按照公平原则来配置。一家银行的份额决定于它所服务的企业规模和数量，也决定于银行在发放赢利性贷款、创造就业以及满足其他社区目标上的绩效。[①] 和资本主义银行不同，这些银行本身并非私有的利润最大化机构。它们是公共机构，按照赢利性和就业创造两个标准对受托付的投资资金进行有效配置。此外，为更好地控制其发展模式，区域或社区也许会提出额外的标准，比如向创造绿色岗位，或者革新采用更环保技术的企业提供更低利率的贷款。

银行用于分配给员工的收入来自一般税收，而收入的多少取决于银行在多大程度上成功地管理贷款组合以及实现社区目标。

假如一个社区在获得分配的资金后找不到足够的投资机会，多出的部分必须返还给中央，以便再分配给那些对投资资金有更大需求的社区。因此社区有强劲的动力去寻求新的投资机会，以便留住分配到的投资资金。银行也有着相似的动机，因此可以合理地推断社区和银行将会设立创业部门，其职责是搜寻新的商机，并为寻求新发展的现有企业以及有志于创设工人自我管理型企业的个人提供技术和金融的咨询。

还需要考虑投资机制中的另外一个因素。市场经济存在两类投资，一类是和提供免费（或高补贴的）商品和服务（例如道路、桥梁、港口、机场、学校、医院、基础研究机构等）有关的“公共”投资，一类是和在竞争性市场上出售商品和服务有关的“私人”投资。在资本主义制度下，这些资金是通过不同渠道获得的：公共投资资金来自一般税收；私人投资资金来自私人储蓄。[在实践中，这种区分并不如此界限分明。政府通过私人金融市

① 在第一版的《超越资本主义》中，银行是拨款而非借款给企业。但由于这些拨款增加了企业资本资产的价值，从而增加了企业必须支付的资本资产税，同时也增加了所需预留的折旧基金，因此这些拨款实质上相当于应付贷款，企业在所购资产的生命周期内按照相当于资本资产税率的贷款利率来支付利息。在这个修订版中，银行将收到的资金借贷出去。这个调整不会引起内容上实质性的变化。

场融资来弥补预算赤字，政府也利用公共资金（通常数额较大）补助某些私人企业。[①]]

在经济民主下，所有资本投资都只有一个来源，即国家投资基金。因此，每一层级的政府都必须做出关键性决策，以决定配置多少投资基金用于公共资本投资以及用于什么项目，又应当配置多少给市场部门。（注意：公共“资本投资”是投资于耐用物质资产。因此，学校建设资金来自投资基金，而教师工资和运营费用则来自一般税收。）

至于如何在公共部门和市场部门之间分配投资资金，这些决定是由各层级的立法机构（国家层级、区域层级和地方层级）以民主的方式做出的。正如现在的政府预算听证会一样，投资听证会也将举行，也将邀请专家和普通群众作证。然后，立法机构决定与其级别相适应的公共物品投资的性质和数量，把这部分资金留下之后将剩余部分拨给下一级立法机构。

例如，国家立法机构按照刚刚描述的民主程序决定用于全国性项目（如铁路交通系统的升级改造）的公共资本支出数额，然后将这些资金转移给对应的政府机构（如交通部）。余下的国家投资资金按人均份额分配给各区域。接下来，各区域的立法机构做出类似的区域资本支出决定，然后将余下的投资资金按人均份额下拨给各社区。接着轮到社区做出当地的公共投资决定，然后将余下的资金分配给各银行，后者再贷给当地企业。

（必须指出，在这个制度中存在着相当大的防止“过度”资本支出的反对力量——最直接的反对来自那些想申请银行资金的企业，更普遍的反对来自大多数公民，他们深知社区的繁荣源于本地企业的蓬勃发展。负责任的民主立法机构必须在更多公共支出带给选民的收益与发展市场部门的需要之间做出权衡，以保持公共部门投资和市场部门投资之间的平衡。）

我们现在了解了“社会控制投资”的基本结构。总的来说就是：中央政府对所有生产性企业征收统一税率的资本资产税，所有税收收入被重新注入经济以资助那些需要资金用于生产性投资的企业。这些资金被配置到整个社会，先按人均标准分配到各区域和社区，接着依照历史业绩分配到公共银

① 有关这些巨额资助的论述，参见 David Cay Johnson，*Free Lunch*：*How the Wealthiest Americans Enrich Themselves at Government Expense*（*and Stick You with the Bill*）（New York：Portfolio，2007）。

行，最后分配到那些具有赢利性项目方案的企业。除了赢利性，更容易获得银行青睐的是那些承诺增加就业及（或）实现民主决定的目标的其他项目。在每一层级——国家、区域和地方，由立法机构决定手中的投资资金有多大比例用于公共资本支出，然后将剩余部分不加任何附带条款地拨给下一层级。大多数银行都设有创业部门，其目的是促进旧企业的扩张和新企业的设立。图 3 – 1、图 3 – 2 和图 3 – 3 对以上总结内容提供了示意图演示。

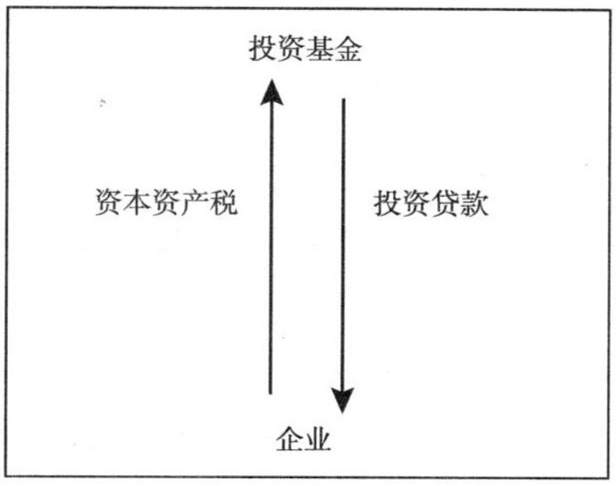

图 3 – 1　投资基金的流入和流出

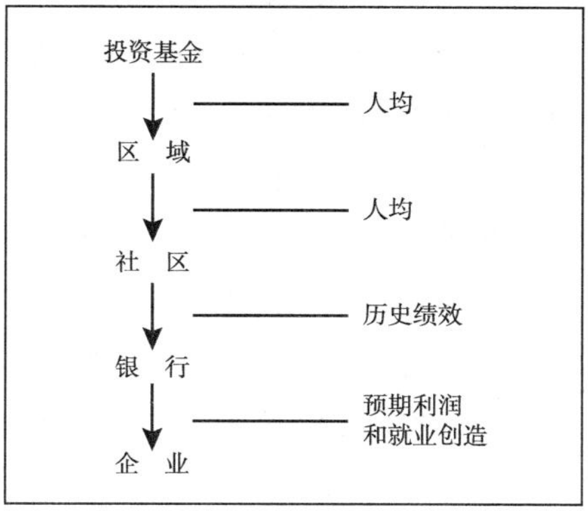

图 3 – 2　投资基金的分配标准

最后一个值得注意的情况是，在刚刚展示的简化图表中，地方性企业仅仅获得地方性银行的资助。而对于那些在区域或全国范围经营的大企业来说，可能会需要额外的资本，为此比较合适的做法应该是设立区域性或全国性的投资银行，以作为地方性投资银行的补充。这些区域性或全国性投资银行作为公共机构，其资金也是来自国家投资资金。

投资基金决策

全国立法机构
- 决定资本资产的税率。
- 决定多少投资基金用于全国性公共项目的资本支出。（余下的分配给各区域。）

区域立法机构
- 决定多少投资基金用于区域性公共项目的资本支出。（余下的分配给各社区。）

地方立法机构
- 决定多少投资基金用于当地公共项目的资本支出。（余下的分配给各银行。）

银行
- 决定批准哪些当地企业的贷款申请。
- 决定扶持哪些新企业。

图 3－3　投资基金的决策

二　经济民主的可行性

工人的自我管理将民主扩展到了车间。这种民主扩展本身就是好事，而且有助于提高企业的内在效率。市场也是为了提高效率，并能克服困扰早期社会主义的官僚过度集权。社会控制新投资是对市场的约束，能够消除过度扩张市场带来的动荡和其他非理性后果——马克思所称的资本主义生产的无政府状态。

“听起来很好，”怀疑主义者会说，“但它能有效运转吗？这种实行车间民主和社会控制投资的经济结构是否拥有高效率，是否具有活力呢？或者它是否会像上世纪其他社会主义试验那样——南斯拉夫的工人自我管理社会主义试验就和经济民主具有很强的相似性——很快失败呢？”

这是一个合理的质疑，尽管某些背景假定是不对的。20 世纪的所有社会主义试验并非都以失败告终。中国、古巴和越南仍然在继续着试验，尽管它们经济的社会主义特征变得难以确定，（我相信）这一进程还将持续。（第六章会详加阐述。）另外，也不能确定地说苏联模式的经济体一定要崩溃。毫无疑问他们急需结构改革，但也有理由相信如果沿着经济民主方向进行改革，结果会大大好于他们现在实际推行的改革。共产主义崩溃十年后，这一地区仅有一到两个国家的收入恢复到了崩溃前的水平，而且所有这些后共产主义国家的不平等和贫困程度都比崩溃前大大提高了。在俄罗斯，资本主义改革带来的人为灾难已经无以复加。［诺贝尔经济学奖获得者、原世界银行首席经济学家约瑟夫·斯蒂格利茨（Joseph Stiglitz）在1999年报告说："原苏联东欧的25个国家中有18个的平均人口贫困率从4%提高到了45%……而且正当世界的平均寿命提高两岁时，这些国家却下降了。"①］即便现在，在共产主义崩溃20年之后，中东欧国家的人均收入也只有"发达经济体"（G7国家）的三分之一，基本上和1989年时一样。②

我们也要警惕一种历史健忘症，它会令我们漠视社会主义的首次试验所取得的实际成就。中央计划，不论其制定是多么糟糕、其执行是多么残暴，在不到半个世纪的时间内，就将俄罗斯从一个欧洲最落后国家变成了世界超级强国。中国的社会主义，在一个很短的时期依靠自己的力量把人民的生活从极端贫困提升到了相对富裕的水平，这是任何形式的资本主义所未曾实现的巨大成就。（1949年中国人口的平均寿命是35岁，现在则是73岁。）工人自我管理的试验让南斯拉夫维持了长达30年的世界最快发展速度，大大提高了人民的生活水平，而且创造了生机勃勃的思想文化。尽管受到美国不间断的挤压和封锁，古巴直到今天仍然保留着第一世界水准的卫生和教育质量。

从历史中总结正面或者反面的教训，我们都必须慎重行事，而不能轻率了事。经济民主同最开始时实行的社会主义是不同的。在社会主义经济的第一次实践中，市场被取消，取而代之的是中央计划。而经济民主是一种市场经济，该经济实行车间民主和投资的社会控制。那么，历史事实和经验数据在关于这样的经济结构可行性方面给出了怎样的回答呢？

首先，让我们做一些理论上的思考。经济民主和资本主义一样都是竞争性经济，这与苏联模式的社会主义不同。企业间为向消费者销售产品而相互竞争，因此存在着基本的激励机制。企业具有明确的动机：（a）弄清并生

① Joseph Stiglitz, "Quis Custodiet Ipsos Custodes?" ("Who Will Guard the Guardians?") *Challenge: The Magazine of Economic Affairs* (November/December 1999), p. 27.

② 数据来自网站economywatch.com，由IMF数据整理而来。1989年，中东欧国家按购买力平价方法计算的人均收入（用2009年的美元衡量）是10400美元，G7国家（美国、加拿大、日本、英国、德国、法国和意大利）则是32400美元。2009年，相应的数据分别是13800美元和38700美元。因此收入差距已经从1989年的22000美元扩大到了现在的24900美元。

产消费者所需的产品；（b）防止原料浪费；（c）使用最节约成本的技术；（d）紧跟技术变迁的脚步；（e）不断寻找更好的产品、更好的技术以及更好的生产组织方式。经济民主保留了市场经济的激励机制，正是这个机制赋予资本主义以效率上的优势。

“但是，”有人肯定会问，“工人自我管理型企业能像资本主义企业那样对这些激励做出反应吗？工人们有能力做出复杂的技术和财务决策吗？工人们有能力选出称职的企业代表来任命高效的管理层吗？”在这样一个以民主自居的社会，人们首先想到的是这样一些问题（依我的经验，这总是人们的第一反应），我不禁感到荒谬。我们认为普通人有能力选出市长、州长乃至总统。我们认为普通人有能力选出立法者，而他们将决定人们的税收、制定一旦违法将被投入监狱的法律、派遣年轻人去征战沙场。难道我们真的应该质问普通人是否足以胜任选出他们的老板吗？

这是一个必须回答的问题。这个问题太重要了，不能敷衍了事。毕竟，在民主的资本主义社会，工人并不选举他们的老板。或许他们不足以胜任这项工作。或许当管理者是经由选举产生的，当管理者必须和工人分享利润时，他们就会疏于监督，懒于管理。或许做出民主决定所费的时间和精力会大大地挤压工人的工作时间。或许民主过程会有损工人士气，增加异化，并导致不连贯的政策。难道不会导致经济混乱吗？即使不会，至少也会导致效率急剧降低吧？

事实上，鉴于这个问题的复杂性和重要性，我们可以用最无可争议的经验证据来回应这些质疑。基于数千案例的研究结果压倒性地支持这样的结论，即工人参与管理及利润分享有利于提高生产率，工人自我管理型企业几乎从未在生产率方面输给资本主义企业，相反，它们往往更具生产能力。

关于工人参与管理的效率影响，美国卫生、教育和福利部 1973 年的一项研究显示：“在我们有证据支持的所有案例中，都不曾发现提高雇员参与的努力导致了生产率的长期下降。”9 年后，德里克·琼斯（Derek Jones）和简·斯维奇纳尔（Jan Svejnar）在经过实证调查后提出：“证据非常一致地支持工人参与管理提高了生产率的观点。这一结果被各种不同方法、不同时期及不同数据所支持。”1990 年，普林斯顿大学经济学家艾伦·布林德（Alan Blinder）编辑了一本研究论文集，大幅度扩大了数据范围但得出了相同的结论：工人参与通常提高短期生产率，有时也提高长期生产率，但很少具有负面影响。此外，工人参与在某些条件下最有助于提高生产率，这些条件是：利润分享、长期就业保障、相对小的工资差距、受保障的工人权利（比如除正当理由外不被解雇的保证）——这些条件恰好都是经济民主所强调的。①

关于完全实行车间民主的可行性，我们注意到西北太平洋胶合板合作社的工人自20世纪40年代就开始选举管理者，而西班牙孟德拉贡合作社的工人则是于20世纪50年代开始。意大利大概有1万个生产者合作企业，它们是意大利经济最有活力的经济部门之一。② 不用说，并非所有的自我管理的尝试都取得了成功，但没有任何一项实证研究可以证明工人选举出的管理者不如其资本主义同行有能力。大多数比较研究的结论恰恰相反，工人自我管理型企业比相同地位的资本主义企业拥有更高的生产率。例如，关于胶合板合作社，卡特里娜·伯曼（Katrina Berman）指出：

> 合作社企业的成功和资本主义方式下非营利性企业的生存，其主要基础在于优越的劳动生产率。对每平方英尺产出进行的比较研究显示，每小时的劳动生产出更高的实物量，其他研究……则发现了更高的产品质量以及原材料的节约使用。③

关于孟德拉贡，亨德里克·托马斯（Hendrick Thomas）指出：

> 合作企业比资本主义企业有更高的生产率和利润率。不论是和500强公司相比，还是和中小型企业相比，孟德拉贡集团都更具生产力、更

① 这一段的引文来自 U.S. Department of Health, Education, and Welfare, *Work in America* (Cambridge, Mass.: MIT Press, 1973), 112；以及 Derek Jones and Jan Svejnar, eds., *Participatory and Self-Managed Firms: Evaluating Economic Performance* (Lexington, Mass.: Lexington Books, 1982), 11；还有艾伦·布林德（Alan Blinder）编辑的论文集 *Paying for Productivity: A Look at the Evidence* (Washington, D.C.: Brookings, 1990)。尤为重要的是大卫·莱文（David Levine）和劳拉·泰森（Laura Tyson）所撰写的论文。

② 有关西北太平洋胶合板合作社、孟德拉贡及意大利合作组织的概述，参见 Gregory Dow, *Governing the Firm: Workers' Control in Theory and Practice* (Cambridge: Cambridge University Press, 2003), pp. 50–70。

③ Katrina Berman, "A Cooperative Model for Worker Management," in *The Performance of Labour-Managed Firms*, ed. Frank Stephens (New York: St. Martin's Press, 1982), 80.

具赢利性。①

关于意大利合作企业，威尔·巴特利特（Will Bartlett）、约翰·凯伯（John Cable）、索尔·埃斯特琳（Saul Estrin）及德里克·琼斯（Derek Jones）指出：

> 托斯卡纳和艾米利亚－罗马涅地区85家公司的对比样本为我们提供了丰富的关于合作企业和私营企业在行为、组织和绩效方面的相对证据……尽管样本范围仅限于艾米利亚－罗马涅地区，但有充分的证据表明意大利生产者合作组织较可比的私营企业具有更高的劳动和资本生产率。②

那么南斯拉夫是个反面例子吗？即便是哈罗德·莱德尔（Harold Lydall），这个亲资本主义的、对1989年前南斯拉夫经济制度最严厉的批评者，也不认为问题在于工人无法胜任选举出管理者。莱德尔承认，在1950到1979年的大部分时期，南斯拉夫不仅生存了下来，而且还发展了。只是到了20世纪80年代，事情才开始往坏的方向发展。他是怎样解释这种急剧退步的呢？

> 很明显，失败的主要原因在于南斯拉夫政党和政府不愿意实施宏观抑制政策，尤其是紧缩货币供应量，以及不愿意实施可以为企业和高效工作提供更多机会和更大刺激的微观经济政策。**当时改革所需要做的就是在自由市场中给予自我管理型企业以更大的独立决策自由**，以及紧缩国内货币供应量。③

南斯拉夫的问题不在于有过多的车间民主。与莱德尔总结的一样，贝尔格莱德的一家报纸断言："对目前社会危机最有说服力的解释就是**工人自我**

① Hendrik Thomas, "The Performance of the Mondragon Cooperatives in Spain," in *Participatory and Self－Managed Firms*, ed. Jones and Svejnar, 149.

② Will Bartlett, John Cable, Saul Estrin and Derek Jones, "Labor－Managed Cooperatives and Private Firms in North Central Italy: An Empirical Comparison," *Industrial and Labor Relations Review*, v. 6, n. 1 (October 1992), p. 116.

③ Harold Lydall, *Yugoslavia in Crisis* (Oxford: Clarendon Press, 1989), 69（文中粗体是引者所加）。

管理权利的削减。”①

其实，工人自我管理型企业的高效率一点也不令人惊讶。因为他们的收入和企业的财务状况直接相关，选择好的管理者符合工人们的利益。由于工人们可以近距离地观察管理的特点并直接感受其影响，从而不难发现糟糕的管理，因此不胜任的管理不会长期得到容忍。此外，由于工人有动力去留心同事是否努力工作，而且他们自己也不愿被看成偷懒者，因此监督工人工作的必要性减少了。正如一位专家基于7年的实地调查所指出的：

> 合作企业中既存在个人的也存在集体的激励，很可能会带来更高的生产率。这些激励的特定结果是，合作企业中的工人们较之资本主义同事，会以更努力更灵活的方式工作；他们的流动率和缺席率会更低；而且他们会更加爱护厂房和设备。另外，和资本主义企业相比，生产者合作企业拥有较少的非熟练工人及中层管理者，在生产中遇到的瓶颈较少，而且有更多高效的培训项目得到实施。②

我在这里并不是说车间的民主就是治愈经济顽疾的神奇药方。效率提升并不总是那么显著，也并非所有的合作企业都取得了成功。失败往往是痛苦的，就如资本主义企业的失败一样。尽管如此，证据充分地表明工人自我管理型企业至少和资本主义企业具有同样的内在效率。实际上，在其他方面相同的情况下，工人自我管理型企业比它们的资本主义同行更有效率。当然其他方面并非总是相同的。资本主义企业可能比合作企业拥有更多的融资渠道，而且能够实施民主企业所不能实施的利润提高策略。（资本主义企业可以提高员工的工作强度而不提高他们的工资，可以把工作外包给那些给付更低工资报酬的公司。这些因素并不提高企业的技术效率，但相比于民主型企业，资本主义企业具有了竞争优势。）

工人自我管理和市场这两个经济民主的关键因素确实能“发挥作用”。

---

① Harold Lydall, *Yugoslavia in Crisis* (Oxford: Clarendon Press, 1989), 96（文中粗体是引者所加）。南斯拉夫配置投资资金的机制也难辞其咎。实际上，各区域将自己积累的资金留在本地，导致区域间的贫富差距的扩大，从而加剧了种族冲突。

② Henry Levin, "Employment and Productivity of Producer Cooperatives," in *Worker Cooperatives in America*, ed. Robert Jackall and Henry Levin (Berkeley: University of California Press, 1984), 28.

证据并没有给怀疑留下多少空间。[①] 那么社会控制投资能够发挥预期的作用吗？由于还没有哪个地方采用过我描述的这种投资机制，我们不可能确定这一制度的功效。现在也不存在可供引用的经济研究成果。这里我们必须采用另一种方式，即通过对这一机制的特定部分发问的方式来展开分析。

是否可能通过税收而非私人储蓄来筹集投资资金吗？当然可能。在发达的资本主义社会，很大一部分投资资金是通过税收方式筹集的。政府在基础设施、办公建筑、学校、基础研究设备方面的投资都来自税收资金，更不用说军工行业了。

整个国家的投资基金能否都通过资本资产税来筹集呢？当然能。这是对企业征收的单一税率的财产税。它要求采用统一的会计程序并实施定期的审计，但这些都不是不可克服的困难。

这种税收会不会过高以至于许多企业破产呢？不会，因为它其实不是企业需要另外支付的税收，而只是对现有“税种”的替代。由于不存在公司股东，因此企业无须向任何人支付股息。这些股息支出可以看成是资本主义制度下对企业的“征税”，而在经济民主社会下则被取消。一同被取消的还有公司支付给债券持有人和私人银行的利息。实际上，在资本主义制度下被当作股息或利息支付给私人的那部分公司利润现在直接进入投资基金，之后不需要任何资本主义中间人——私人投资者（即有余钱用于投资的私人个体）——作为中介，它又重新注入经济。原先，公司要支付利息和股息给私人投资者，后者被寄望将资金再投资出去，如今，公司只要直接向公共机构支付资本资产税，再由公共机构将全部资金重新流入经济。

通过以上分析，我认为可以断定在通过资本资产税而非私人储蓄来筹集社会投资资金方面，不存在概念上的困难和重大的实际障碍。诚然，那些强大的、根深蒂固的特殊利益集团必定会阻挠建立一个更理性的制度，但那是我们稍后会涉及的另外一个问题。（强大的、根深蒂固的封建利益集团也曾抵

① 还是存在一些疑问。可以辩称某些企业不适于民主控制，因为根据定义，不适合的类型是不能进行比较的，因此把两个不适合的类型进行针锋相对的比较是一种误导。这一考虑或许能够解释为何格里高利·道（Gregory Dow）仍然对效率问题持一种不可知论：“我们的知识太过浅陋以致无法赋予工人控制的效率特征以明确的正号或负号，它必然会因产业特征及人们头脑中所想的特定组织形式的不同而不同。”（Gregory Dow, *Governing the Firm: Workers' Control in Theory and Practice*, Cambridge: Cambridge University Press, 2003, p. 262.）尽管如此，格里高利·道继续指出，鉴于工人自我管理的其他好处，如民主自身的价值、劳动者尊严的提高，以及企业内部分层的减少，政府至少应当对那些打算接管企业的工人提供一些帮助。

制新兴资产阶级的改革提案。强大的、根深蒂固的利益集团并不总能胜出。)

依赖资本资产税至少会和依赖私人储蓄来筹集资本投资资金一样有效，而且很可能会更有效。它不仅剔除了私人投资者的私人消费，而且社会还能直接控制用于投资的资金数量。假如资金不足以满足投资需求，税收将提高。假如资金出现过剩，税收将降低。政府不必再去说服人们提高储蓄，也无须通过增减利率来操纵人们的储蓄行为——正如中央银行所深知的，这种间接手段收效甚微。

经济民主投资机制的第二部分更富争议。经济民主并不单单依赖市场标准来决定资本配置，投资资金不会自动流向赢利机会看似最大的地方。相反，它一开始就强调一个伦理准则：国家的每一区域都得到（按人均标准）“公平的”投资基金。

新古典经济学家会表示反对，其理由是假如资本流动受到限制，则结果必然不是最有效率的。他们会画出曲线来证明这一点。我们不必认真对待这种反对，因为它只是一种学术上的条件反射，而不是一个深思熟虑的判断。经济学家们牢记着证明资本主义效率的美妙定理，而往往忘记这些效率定理所基于的假设是多么的离谱，多么的不现实。这些假设包括：生产者对现在及未来价格和技术的完全信息，消费者对现在及未来兴趣和偏好的完全信息，不存在生产和消费的外部性，等等。新古典经济学对自由资本流动最有效率的信念，其实只是一种信念而已，其中并无科学依据。正如凯恩斯喜欢强调的那样，在投资决策制定过程中包含了太多重要的不确定性，以致根本不能奢望私人的自利性判断在缺乏事先计划和协调的情况下会实现最优效率。

> 不管企业发起缘起做得如何坦白诚恳，假使说企业之发起，真是缘起以上所举理由，则只是自欺欺人而已。企业之依赖精确较量未来利益之得失者，反较南极探险之依赖精确较量未来利益之得失者，略胜一筹。①

现实中，所有资本主义经济体都会在一定程度上干预资本的自由流动，

① John Maynard Keynes, *The General Theory of Employment*, *Interest*, *and Money* (New York: Harcourt Brace and World, 1936), 161 - 162. 请参见约翰·梅纳德·凯恩斯：《就业、利息和货币通论》，商务印书馆，1997，第138页。——译者注

只是存在程度的不同。在二战后的“奇迹年代”，日本政府相当频繁地引导资本进入特定部门和特定产业，这同时使得资本难以进入其他部门和产业。韩国走了一条相似的道路，效果同样令人印象深刻。在这些事实面前需要坚强的信念，才会相信日本和韩国经济是在自由市场不受任何限制时才会发展得更快或更平等或更高效。正如诺贝尔奖经济学家阿马蒂亚·森所说：

> 令人意想不到的是，在相当多的发展中国家，那些发展迅速而且其他方面也表现优异的国家，其政府都直接并积极地参与到经济和社会绩效的规划中……它们那令人肃然起敬的成功是和政府的深思熟虑和精心设计直接相关的，并非只是不协调的利润追求行为或原子式的自利倾向的结果。[①]

即便人们承认（必须承认）政府对资本“自然的”流动进行干预有时会比看不见的手产生更好的结果，也不能就此推断经济民主的特定机制就会实现美好的结局。为了证明这一结局的可实现性，必须考察诸如失业、不平等、经济增长的质量和速度等这样具体的问题，比较哪一个制度更能有效地应对这些问题。第四章和第五章将就此展开讨论。我仅仅想指出，到目前为止根本没有明显的理由可以证明在投资资金的配置方面经济民主的机制是无法奏效的。实际上，经济民主的配置过程至少会产生比资本主义配置更好的四种结果：

> ·国家发展可能会更加和谐。假如让市场准则单独决定资本的流向，那么区域不平等只会加剧而非缩小。资本将流向资本活跃的地方，富裕地区会越来越富，贫困地区会越来越贫；而经济民主将对这种“自然”趋势进行干预，按人口比例引导资本流入各个区域。
>
> ·经济民主下的社区可能会更加稳定。假如让市场单独决定资本配置，人们将感受到压力并迁移到工作机会更多的地区，也即资本流入的地区。年轻、有才能、精力充沛的人会率先离开，这对社区稳定不是什么好事。
>
> ·社区生活会更加丰富。假如保证每年都有资本流入社区并用以发展经济，那么就会有更多的人愿意参与当地的政治生活，因为有更多的

① Amartya Sen, *Resources*, *Values*, *and Development* (Cambridge, Mass.: Harvard University Press, 1984), p. 103.

机会可以实现美好的愿景。

· 不论是社区、区域，还是整个国家都无须担心资本外逃，因为法律强制规定向公众筹集的国家投资资本必须返还给各个区域和社区。那种由金融资本快速进出国家或区域带来的宏观经济动荡将被彻底消除。

经济民主存在什么缺陷吗？或许会损失一些配置效率，或许会出现一些关于社区如何使用所得资本的糟糕决定，或许会发生一些腐败——为迫使银行官员发放不合规的贷款，也许会有人行贿。但是，资本主义也存在着大量的无效配置、糟糕的投资决策，以及金融腐败。很难相信这些问题在经济民主下会更加严重，更遑论它们会严重到完全抵消经济民主明显优势的地步。

三 孟德拉贡试验

经济民主可行性的例子看上去有很强的说服力。我们有确凿的证据相信车间的民主是有效的，我们也无须怀疑投资资金是可以通过税收而非私人储蓄来筹集。而对于资金的配置，仅仅在过程中而不是一开始就遵循市场的准则，这保证了结果的平等和稳定。当然，人们还是会不断地提出疑问。到目前为止，人类还没有在国家水平上实践这些制度的伟大历史经验，但是已经存在一个较小规模的版本，它看起来很像经济民主。尽管并不为世人所熟知，但在我看来它是一个具有世界历史重要性的试验。

这里简单地说一个故事。[①] 1943 年，唐 · 乔斯 · 马热 · 阿里茨门蒂

① 有很多书籍和文章谈到这个引人注目的试验。1979 年 BBC 公司还拍了一部出色的纪录片，现在可以到 http：//video. google. com 在线观看（搜索“The Mondragon Experiment”）。关于这个试验从成立到现在的一个很好的概述，参见 Alessandra Azevedo and Leda Gitaby，“The Cooperative Movement，Self-Management and Competitiveness：The Case of Mondragon Corporación Cooperativa，” *Working USA*：*The Journal of Labor and Society*，March 2010，pp. 5 – 29。在所有书籍中，写得最好的是：Henk Thomas and Chris Logan，*Mondragon*：*An Economic Analysis*，London：George Allen & Unwin，1982；Keith Bradley and Alan Gelb，*Cooperation at Work*：*The Mondragon Experience*，London：Heinemann Educational Books，1983；William Foote Whyte and Kathleen King White，*Making Mondragon*：*The Growth and Dynamics of the Worker Cooperative Complex*，Ithaca，N. Y. ：Cornell University Press，1988；Roy Morrison，*We Build the Road as We Travel*，Philadelphia：New Society Publishers，1991；and George Cheney，*Values at Work*：*Employee Participation Meets Market Pressure at Mondragon*，Ithaca，N. Y. ：ILR/Cornell University Press，1999；以及后面所引用的麦克劳德（MacLeod）和卡斯米尔（Kasmir）的著作。

（Don Jose Maria Arizmendiarrieta），一位刚刚在西班牙内战中逃脱弗朗哥军队死刑迫害的当地牧师，在西班牙巴斯克地区的一个小镇建立了一所招收工人阶级孩子的学校。这个在保守分子圈里被称为“红色神甫”的人拥有宽广的视野，他相信上帝赋予几乎所有人以同等的潜能，但却惊愕地发现没有一个孟德拉贡的年轻工人曾上过大学。阿里茨门蒂神父精心组织他的学校，在推广技术知识的同时也宣扬“社会及精神价值”。他第一个班的 11 个（一共有 20 个）学生成长为职业工程师。1956 年，在神父的鼓励下，其中的 5 人和其他 18 个工人建立起一个合作工厂，生产小型炊具和炉具。1958 年，第二个合作社建立，生产机械工具。1959 年，还是在阿里茨门蒂的鼓动下，一家合作银行成立，结果证明这是一项具有决定性意义的创举。银行成了合作联合体的核心，专门为希望扩张的现有企业以及愿意加入的新合作社提供资本和专业技术。它甚至成立了一个“创业部”，研究新产品和营销方法，并鼓励建立新的合作社。

这个孟德拉贡联合体扩张到了孟德拉贡之外的地区。它还成立了一系列支撑性组织：一所理工大学，若干研究中心，一个社会保障组织，以及一个消费者折扣店网络。这个试验，最初只包括一家生产煤油炊具的工人企业，自 1956 年以来已经发展成一个拥有超过 100 家企业的系统，包括 80 家工业合作社，它们生产家用电器、农用设备、汽车配件、机械工具、工业机器人、发电机、数字控制系统、热塑性塑料、医疗设备、家用及办公设备等。1991 年（在阿里茨门蒂死后 15 年），一直通过银行联系在一起的合作社正式合并为孟德拉贡合作公司（Mondragon Corporación Cooperativa，MCC）。MCC 不仅包括生产和建筑合作社，还囊括了一家银行（卡亚劳动银行，Caja Laboral），两个通用技术中心（伊科兰和伊得克，Ikerlan and Ideko），10 个公司研发中心，一个微纳米技术“创新公园”（加莱雅，Garaia），一个社会保障服务中心（莱甘奥，Lagun Aro），一个遍及西班牙的零售“超市”网络（埃洛斯基，Eroski）以及多家教育机构［孟德拉贡大学（Mondragon University）、波力德克尼加（Politeknika）、奥塔罗拉（Otalora）等］。

如今，MCC 是西班牙巴斯克地区居主导地位的经济力量。它的金属切割刀具部门、冰箱部门、洗衣机部门和洗碗机部门都是西班牙的市场领导者。MCC 工程师在中国、北非、中东和拉美负责建立的多家工厂已进入产出阶段。（目前 MCC 在海外有 75 家生产企业，其中两家在美国。）目前埃洛斯基集团是西班牙第三大零售食品连锁企业（是前四家企业中唯一由西班牙人控制的公司）。卡亚劳动银行入选资产利润率最有效率的全球100家金融机构名单。伊科兰是西班牙唯一一家达到美国航空航天局技术要求的研究企业，并因此在1993年承担了哥伦比亚号航天飞机上的一个项目。在很多人眼里，年招收3000名学生的孟德拉贡大学是西班牙最好的理工类大学。总的来说，目前MCC的员工数量已从2000年的4.3万名增加到8.5万名，年销售额已从2000年的66亿美元上升为194亿美元，总资产已从2000年的130亿美元提高到430多亿美元。①

MCC之所以自成立以来就发展迅速，原因不在于利润最大化。它非常重视的一个中心任务就是创造就业岗位。（因此它从不以牺牲国内工人为代价设立海外分部，相反，设立这些分部的直接目的是保持或提高国内就业。②）

合作社成员之间贯彻着一种团结原则。当一家企业不得不削减生产时，不是简单地解雇工人而是努力将他们调至其他合作社，并且会动用团结基金以帮助企业渡过难关。

当然，有时不可避免地要遣散工人，尤其是在经济普遍低迷的时期。以下例子是关于孟德拉贡合作社在应对本轮经济危机时如何处理裁员问题的：

> 在开了三天会之后，工人和雇主达成一致，20%的工人离开岗位一年时间，在此期间他们可以领取八成工资，而且如果愿意的话，他们还可以免费参加其他工作的培训。20%的工人是随机确定的，而且假如一年后公司仍处境艰难，这些人将回到工作岗位，而另外一组工人将休工

① 关于孟德拉贡集团的最新财务数据，参见其网站www.mondragon.mcc.es。正文中提供的是2009年的数据。

② 参见Jose Mari Luzarraga Monasterio, Dionisio Aranzadi Telleria and Iñazio Irizar Etxebarria, "Understanding the Mondragon Globalization Process: Local Job Creation Through Multi-Localization: Facing Globalization Threats to Community Stability,"（2007），这是提交给首届加拿大国际公共合作经济研究与信息中心国际社会经济研究论坛的论文（维多利亚，加拿大，2007年）。作者调查的合作企业拥有65个海外制造工厂，总雇员达到14000人。他们认为设立这些工厂是作为一种防卫措施，目的是保护当地就业，并且这一做法取得了成功。从实际来看，1999～2006年，那些拥有海外工厂的合作企业，其所雇用的国内工人数量增加了3000人。

一年。①

MCC相当好地化解了全球经济风暴（西班牙受到的打击尤其严重）。2008年利润和就业都提高了6%。2009年MCC仍然赢利800亿美元，尽管与上年940亿美元相比利润下降了，总就业量也自孟德拉贡成立以来首次出现了下降。但是，总的来说，公司依然很有实力，总就业量相比十年前几乎翻了一番。

也必须指出，并非属于MCC的所有部门都是合作社。在巴斯克地区之外设立的大多数企业以及在海外设立的所有企业都是隶属于MCC的非合作社分支机构。尽管如此，2009年1月埃洛斯基的全体大会批准了一项计划，要把所有零售店转变成合作社。（当西班牙加入欧盟时，MCC为了能够和欧洲零售巨头抗衡，买断了西班牙的所有超市。当时认为要将所有这些零售超市统统转变为合作社是不切实际的，但如今总计约45000名的埃洛斯基所有员工都已享有合作社的民主权利了。）

总而言之，在规模和技术先进性上MCC堪比有活力的资本主义跨国公司，但在内部结构上却与资本主义企业迥异。实际上，这个工人所有、工人管理的“合作公司”是众多合作社的联合体，其中的每一个合作社都完全为工人所拥有。每个合作社每年召开一次全体工人大会，选出一个委员会，然后由这个委员会任命企业的管理层，并选出代表参加MCC大会。总计约350人的代表再开会就MCC大会委员会提交的MCC战略计划做出决议。MCC大会委员会总共有22名成员，是由MCC各个部门的领导（成员企业是按照部门归类的）以及银行、研究机构等特殊机构的代表所组成。

所有合作社都必须遵守这个战略计划的条款。每个合作社只要愿意都能自由地解除和MCC之间的合同，从而选择退出该项战略计划，但目前为止只有两个合作社选择退出。总的来说，和MCC联结的好处远远超出了它对合作社自治权施加的限制——工资水平、收入差距上限、再投资于公司或社区的利润比例。

孟德拉贡“试验”在**经济上**所取得的成功是不容置疑的，即便西班牙在获准加入欧盟后面临愈加激烈的竞争时也是如此。为了洞悉孟德拉贡试验

① Georgia Kelly and Shaula Massena, “Mondragon Coops: Worker-Operatives Decide How to Ride Out a Downturn,” *Yes*! (Summer, 2009).

为何如此成功，有必要思索那些曾经鼓舞阿里茨门蒂及其早期信徒的**价值观和愿景**。

孟德拉贡联合体的产生与发展并非仅仅是对当地实际条件的一种务实对策。阿里茨门蒂非常关心社会正义问题，而且对资本主义进行了明确的批判。他的批判是基于进步的天主教社会教义、社会主义传统以及由穆尼埃（Mounier）、马利坦（Maritain）及其他法国天主教哲学家发展的“人格主义”哲学。他也同样批判苏联国家社会主义和合作运动本身的某些元素。他特别担忧合作社沦为只关心自身成员福利的“利己主义者的集合体”。从一开始，阿里茨门蒂就坚持合作公司应该有更远大的目标：“我们的目标不限于促进本企业个人发展，还有更多。如果合作社无法为更多人提供服务，那么劳动者有权唾弃它。”①

就业创造是孟德拉贡联合体最明显并被实际执行的外部目标。资本主义企业一般以利润最大化为目标，就业创造是偶然现象。的确，当削减劳动成本成为赢利的核心焦点时，就业创造就与赢利相冲突。（只需举一个例子：1985～2000 年，通用电气公司的收入和利润增加了 3 倍，但其全球雇员却从 435000 人缩减到了 220000 人。）在孟德拉贡，就业创造始终是一个首要的目标，而且成立了许多机构以帮助实现这一目标。尤其值得一提的是，卡亚劳动银行不仅为旧企业扩张和新企业设立提供资助，而且多年来还成立了一个“创业部”，研究市场机会并为那些希望设立合作社的工人提供技术支持。[这一创业功能现在已经移交给了一个研究中心（SAIOLAN），该中心致力于开发企业家才能和全新的高科技业务。]

“社区”也是一个核心价值。企业的义务已经延伸至其成员之外的社区。用阿里茨门蒂的话说：

> 合作社都有一个社区维度，这使得它们不仅要让其成员满意，而且要通过其组织实现一种社会功能。我们必须意识到企业并非仅仅是我们的财产从而只有我们才有权使用它。我们不能只想着取悦自己的成员，而必须努力思考怎样才能更好地完成社会赋予我们的使命。②

① Greg MacLeod, *From Mondragon to America*: *Experiments in Community Economic Development* (Sidney, Nova Scotia: University College of Cape Breton Press, 1997), p. 91.

② Greg MacLeod, *From Mondragon to America*: *Experiments in Community Economic Development* (Sidney, Nova Scotia: University College of Cape Breton Press, 1997), p. 90.

MCC是否坚守了其创建者的理念？由于人具有有限理性和不可避免会犯错误，为了不把这一现实世界中的试验描绘得太美，我们应当倾听批评者的声音。肖琳·卡什米尔（Sharryn Kasmir）就是众多批评者中的一位，她是一位美国人类学家，在孟德拉贡实地调查了18个月，她将基于其调查报告的书命名为《孟德拉贡的神话》。[①]

卡什米尔想揭开的是一个怎样的神话呢？首先，让我们弄清什么不是孟德拉贡的神话。卡什米尔并不否认孟德拉贡合作社在经济上所取得的成功。此外，孟德拉贡合作社成功克服了许多严重的区域性经济困难。例如，在1976～1986年，巴斯克地区损失了15万个工作岗位，而同期合作社的雇员人数增加了4200人。20世纪90年代初，该地区又陷入了一次经济衰退，官方报告失业率高达25%。这一次，工业合作社也遭受了打击，就业人数从1991年的17000人减少为2000年的15000人。但是，MCC总的就业人数并未下滑。（2009年工业合作社部门拥有36500名工人，是2000年的两倍多。）在孟德拉贡，合作社社员完全失业仍然相当罕见，因为通过把雇员转移到其他合作社以及不再为退休人员安排工作的方式，合作社可以避免裁员。

因此，孟德拉贡的神秘既不在于其经济成就，也不在于合作社所提供的就业保障。神秘之处也并非孟德拉贡的合作社比资本主义企业更平等，或者孟德拉贡的工人可以对影响他们的条件施加实际控制。卡什米尔指出，孟德拉贡企业中最高水平的工程师要比受雇于同一省份的资本主义同行少挣30%的收入。通过比较研究，她发现合作企业内的阶级差别并没有资本主义企业那么巨大。尽管管理层试图提高最高和最低收入之间的工资差距（大多数企业都在1和4.5之间），但提议通常为工人所否决。而管理层试图把工人在8月的4周假期削减为2周，把另外2周时间用于生产以保证每年50周的生产时间，这样的建议也往往被工人投票反对（从而击败管理层）。

卡什米尔注意到巴斯克的工会不大愿意批评合作社，用一位工会领导的话说，原因在于“合作社都是宝贵的国家资源，它们的资本和攸斯卡地（即西班牙巴斯克地区）紧密相连。由于合作者是企业的所有人，如果他们投票同意把资本撤出攸斯卡地，那么无异于打破他们自己的饭碗，制造失

① Sharryn Kasmir, *The Myth of Mondragon: Cooperatives, Politics, and Working - Class Life in a Basque Town* (Albany: SUNY Press, 1996).

业，所以，他们不会这么做”。[1]

关于性别问题，这一地区的合作社与资本主义企业同样存有差别。合作社管理层中的女性人数虽然不很多，但比资本主义企业中的多。此外，卡什米尔指出：“就我所经历的来看，合作社严肃地讨论并看待性别问题，但一般的资本主义企业并不如此。”[2]

假如孟德拉贡真像卡什米尔描述的那样美好，那它存在什么问题呢？那个神话到底是指什么呢？合作社经常被描绘成这样的画面：在车间中所有人都平等相待，工人们对自己的工作很满意，而且工人们都积极地参与企业的日常决策。由此孟德拉贡常被视为可以替代阶级斗争和传统社会主义的制度。卡什米尔要破除的正是这一最重要的神话。她指出，当与管理层进行谈话时，常听到的话是“在这儿我们都是工人”。在她的比较性调查中，对于“你是否觉得自己是在为自己的企业工作”这样的问题，近80%的合作社体力工人回答说“不”——这一比例比资本主义企业稍高。（有意思的是，合作社的管理者比他们的资本主义同行对自己的企业更有认同感。有一半的资本主义企业管理者不觉得自己属于公司，而在合作社这一比例只有18%。孟德拉贡在赢得管理层忠心方面的成就绝不可小觑，它毫无疑问是孟德拉贡取得成功的一个重要因素。）

正如卡什米尔自己承认的，她的样本并不大，因此我们要注意不可以偏概全。我们肯定不应得出工人对他们企业的合作性质漠不关心的结论，在卡什米尔调查的工人中，只有10%的人表示更愿意到私营企业工作。这些结果和1995年我访问孟德拉贡联合体时与一位工人的谈话内容不谋而合。这位工人对孟德拉贡试验流露出一种不看好的态度，她说：“人们曾经把孟德拉贡试验理想化，但实际并不包含那么多理想的东西。”

我问：“你是指不在乎自己在这儿还是在一家私营企业工作吗？”

她回答说：“当然在乎啊，在这儿我有工作保障，而且还能投票。”

必须承认孟德拉贡并未完全解决劳动的异化问题。我们不能指望它能做到这点，因为它仍然仅仅是广袤的资本主义大海（竞争日趋激烈的大海）中的一座合作主义孤岛。也不能指望它能完全放弃其资本主义竞争者惯用的

---

[1] Sharryn Kasmir, *The Myth of Mondragon: Cooperatives, Politics, and Working - Class Life in a Basque Town* (Albany: SUNY Press, 1996), p. 173.

[2] Sharryn Kasmir, *The Myth of Mondragon: Cooperatives, Politics, and Working - Class Life in a Basque Town* (Albany: SUNY Press, 1996), p. 154.

某些机制：雇用兼职和临时工，部分利润投资于高回报的资本主义企业，部分投资于穷国。合作社仅仅做到更有效率是不够的，因为资本主义企业也能利用其他手段来提高赢利水平，而这些手段只和强化剥削有关，和提高技术生产率无关。（付给工人更少工资尽管增加了利润但不提高生产率。）

工人的异化以及某些违背阿里茨门蒂初衷的实践，不应当妨碍我们从孟德拉贡的经济成就中得出两个极其重要的经验。第一，即便是组织结构高度复杂的企业，也可以在民主的结构下运行，而且根本不会有任何效率损失。即使是在规模上堪比跨国公司的大企业，我们也能赋予其民主结构。

第二，没有资本家，也可以实现高效率的、有活力的经济发展。资本家并未参与孟德拉贡合作企业的管理，资本家并不提供企业家才能，资本家并没有为新企业的设立或旧企业的扩张提供资本。资产阶级所能发挥的不过就是三种功能——管理企业、从事企业家活动、提供资本。孟德拉贡的经验有力地证明，我们再也不需要资本家了，而这正是本书的主题。

四　关于公共部门的注释

本书关注可行社会主义经济结构的一个部分——配置投资资金的制度以及利用这些资金为竞争性市场生产商品和服务的制度。在第四章、第五章，我比较了可行社会主义和资本主义制度的不同后果，并论证了前者的优越性。这些讨论极少提及通过非市场手段为公众提供的商品和服务，特别是在照顾小孩、教育、健康医疗、照料残疾人及老人方面的商品和服务。虽然在传统上社会主义一向坚持生活福利设施应当按需要而非按支付能力提供给所有公民，然而免费或以极低费用的方式不再是社会主义和资本主义的区别，因为许多（尽管肯定不是所有）发达资本主义国家正是这样做的。（几乎所有这些服务都是在强大的劳工运动压力下为防止工人提出更激进的要求而提供的。社会民主改革绝非资本主义的“自然演进”。毫不奇怪，既然全球化已经大大削弱了劳工的力量，那么世界各地都在试图削减社会公共服务了。）

我不会详细地描述在一个经济民主的实例中会出现的公共部门机构。对于资本主义国家在为公民提供全民医保、良好的幼儿教育、免费义务教育、体面的退休福利等方面所取得的成功经验，经济民主社会将学习借鉴，并在稍做调整后采纳其方案。

人类团结是最基本的社会主义原则，因此我们期望经济民主社会要坚持**代际团结**原则。这可以理解为：每位公民将社会中的所有孩子看作自己的孩子，将所有老人看作自己的父母，这具有十分重要的意义。（这里，哲学家们将听到来自柏拉图《理想国》的回响。）实际上，这样的理解具有合理性，因为社会中的每个人都是受他的长辈而非只受其亲生父母照顾和教育的，而且每个人当他退休后都应当得到年轻一代的照顾。诚然，生父母或养父母对其亲生孩子或收养的孩子享有特殊权利、负有特殊义务，孩子们对其父母也同样如此，但是每位公民都有责任确保每一个孩子或老人不被社会所忽视。

关于孩子，这个原则至少意味着：

- 向所有父母免费提供产前及育儿课程。
- 向所有有需要的父母免费提供高质量的日托服务。（对于那些选择离职在家照顾孩子的父母应给予称为日托税的税收抵扣。或者可以采用这种机制：所有学龄前孩子的父母都会收到由政府发行以美元标价的“抵用券”，父母可以用它为受认证的日托服务付费；如果没有接受日托服务，那么可以用它缴纳家庭所得税。）
- 所有孩子免费享受高质量的中小学教育。（注意：社会主义原则并不排斥向父母提供用于“私立”学校的抵用券。关于提供私立教育，有两个基本的理由。第一个理由和竞争有关。人们有时相信学校间的竞争有助于提高教育质量。尽管我很怀疑这一点，但是如果一个社区愿意就此进行试验，那就应该给予这个自由。市场社会主义并不反对竞争。第二个理由和宗教教育有关。假如一个社会的宪法禁止公立学校讲授宗教，那么向那些希望送孩子去教会学校的父母提供学费抵用券的做法就是合情合理的。向所有的孩子提供不受约束的教育根本算不上“反社会主义”。）

关于照料老人，代际团结原则要求推行“现收现付制”的社会保障制度。也就是说，目前正处于工作期的年轻人必须以所得税或消费税的形式，向那些丧失劳动能力或虽有劳动能力但已达退休年龄并选择退休的人支付足够多的收入，以使他们能够维持体面的生活。这就意味着，所有人都必须参加一项公共养老金计划，该计划通过一般税收来筹资。

与“现收现付制”不同的是另一种社会保障制度。在这个制度中，工人们在工作时期或者被强制扣除部分收入或者自愿将一部分收入存入他们的养老金账户，以便退休时能自己照顾自己。两种制度从表面上看存在不同，但从根本上讲是不存在差别的。如果从实际物质资源的角度思考，我们将清楚地发现**所有**的社会保障制度都是“现收现付制”。因为，不论怎样安排各年份的养老金或年金，实际情况是，现在工作的人必须为那些不再工作的人生产商品和服务。更诚实而且最终也会更公平的做法是，老一代人与其假装自主独立，不如坦率地承认自己对年轻一代的依赖，正如年轻一代人也要承认这样的事实，即他们现在的独立是由于在其人生的最初约 20 年时间里得到了老一代人的养育。

五　经济民主的扩展模式

人人享有真正的“工作的权利”，让每一个愿意工作的身体健全的人都实现体面的就业，一直都是社会主义的一个基本信条。正如我们将在第四章看到的，由于一些结构性的原因，资本主义经济无法达到充分就业状态。经济民主的基本结构虽然并不阻碍充分就业，但也不能保证实现充分就业。因此，我们需要一种补充性制度，以确保所有人都享有这一基本的社会权利。

除此之外，很有必要再在这个基本的、简化的经济民主模式基础上，添加两个或多个目前已经存在于资本主义的要素。这些要素对于经济的良好运行并不是必要的，但由于有利于扩大个人的选择范围，或者有利于带来额外的经济利益，因此公民们愿意保留这些要素。如果安排得当，这些要素就不会和经济民主的基本结构发生冲突，也不会侵蚀经济民主制度的伦理原则。

与经济民主的基本模式相比，扩展模式增加了三个要素：

· 政府作为工作的最后提供者

· 储蓄和贷款合作协会

· 部分生产资料私有制和部分雇佣劳动，也即允许在社会主义中存在部分资本主义

（一）政府作为工作的最后提供者

非自愿失业对一个人的自我价值和自我尊严是一种毁灭性的打击。假如你活着，其他人一直为养活你而工作着，他们种你所吃的，做你所穿的，建你所居的（即使只是无家可归者的庇护所）。他们为你而工作着，但你却什么也没有回报。如果你在觅职后仍未找到工作，那么社会实际上正对你说："你不能为我们提供我们想要或需要的。我们因为可怜而养活你，但你在本质上是寄生虫，你的生存依赖于其他人的工作，你却没有回报给他们任何东西。"所以，持续的失业孕育着各种社会痼疾。

一个公正的社会应当确保每一个想工作的成年人都有一份工作，所有公民都真正享有"工作的权利"。在经济民主社会，政府将发挥工作的最后提供者的作用。它确保任何希望而且也能够工作的人都有一份有意义的工作，并支付给他们事先规定好的最低工资。这笔资金由中央政府提供，但这些工作岗位主要是由地区及地方政府根据当地需要而设立。工作岗位包括：老人护理、儿童看护、广场巡视、公园及其他公共场所的维护、无危险的环境清洁，以及帮助提升能源利用效率的低技术含量的工作。政府也将提供在岗培训。

（二）社会主义的储蓄和贷款协会

原则上，经济民主将取消所有利息支付。由于经济不再依赖私人储蓄来筹集投资资金，因此就不再需要在资本主义制度下发展起来的利息支付机制来鼓励私人储蓄了。根本无须任何私人储蓄，经济也能运转得很好。

个人可能仍会储蓄，但整体上的经济福利不再依赖他们的储蓄行为，他们自己的个人福利也不依赖个人的储蓄。按照代际团结的基本原则，由政府资助的社会保障系统将为每一位退休人员提供体面的收入。人们可能仍然愿意储蓄，但并非必须储蓄。不管怎样，他们不再需要从储蓄中收取利息了。

但是，在经济民主社会下与其彻底地消灭利息，不如发展一个利润导向的储蓄和贷款合作社协会，这或许是更合理的做法。合作社的作用在于提供消费贷款，而非商业贷款。假如有人想买一件高价值物品而又没有足够的现金，那他就可以向储蓄和贷款合作协会申请贷款，并在偿还期内支付贷款利息。和在资本主义制度下一样，这些放贷资金来自私人储蓄者。这些储蓄者不仅资金获得安全保护，而且还能获得存款利息（其利率稍低于借款人所支付的利率）。住房贷款（按揭）很可能在储贷合作社协会中发挥决定性作用，正如20世纪80年代后期美国储贷危机之前住房贷款所起的作用一样——这场危机恰恰是放松管制导致的灾难性后果。

这种储蓄和贷款协会不会和经济民主的价值观或制度起冲突，也不会像资本主义金融市场那样对经济稳定构成威胁。（第五章会更多地论及稳定问题。）要杜绝的是如下资本主义行为：将那些筹集并分配投资资金的机构同那些发放消费信贷的机构合并。相比于消费信贷，商业投资对整体经济的健康运行更为重要得多，因此绝不能把它托付给诡异难料的市场。

（三）社会主义社会里的资本家

经济民主是否禁止作为成年人的资本家行为呢？我们有必要回应这个由自由主义哲学家罗伯特·诺齐克（Robert Nozick）提出的带有嘲讽性的问题。[①] 正如前面的分析所清晰展示的，资本家的两个传统功能可以用其他制度安排轻易取代。我们不需要资本家来挑选企业管理者（工人也能做得相当好），我们也不需要资本家来为商业投资提供资本（这些资金可以通过税收渠道快捷地筹集）。

资本家还剩下一个企业家功能。正如第二章所述，企业家阶级并不必然就是资本家阶级。股票、债券及其他证券持有者所获得的大部分收入，无论如何都与他们作为生产性企业家的活动没有任何关系。尽管如此，我们不能否认有一些资本家的确同时也是企业家，而且他们的部分发明创造极大地造福了社会。经济民主不应该允许一个真正的企业家式资本家阶层存在并发挥作用吗？

实际上，任何现实版本的经济民主都允许一些资本主义因素的存在，至少需要一些雇佣劳动。完全废除雇佣劳动将意味着，所有企业都必须按民主的方式来经营，一人一票。在实践中，这种要求过于严格。小企业是没有必要按民主的方式来经营的。由于这些企业的大部分所有者并非真正意义上的资本家（因为他们也必须参加劳动），假如他们能够说服他人为其有偿工作，那就没有必要禁止雇佣劳动。仅仅是我们社会中大部分企业按民主的方式来经营这一事实，就足以对这些小企业老板所可能具有的专制或剥削倾向

---

① Robert Nozick, *Anarchy, State, and Utopia* (New York: Basic Books, 1974), p. 163.

产生约束。这些小企业根本不可能威胁到经济民主的基本结构。实际上，它们将带给我们更多的灵活性。由于投资银行主要为提高就业、有赢利潜力的小企业提供资金而不论其内部结构如何，因此这些小企业可以从银行获得启动资金。

但是小企业并不能真正解决企业家问题。当然，小企业通常能“像企业家那样”抓住特定的商机——在这儿开一家新餐馆、在那儿开一家新时装店或者在街角开一家一元店——但这些商业活动对技术改进或新产品开发的贡献甚微。创造或实现重大的技术性或概念性突破需要企业家，而这必须动员大量的资本和劳动，而不单单是有能力创立自己的小企业。

经济民主的基本模式鼓励社区设立企业家机构，其主要职能是发现投资机会并向有志于设立新工人合作社的个人提供技术指导和银行资金。社会或许还需要其他补充性的机构以鼓励企业家活动。例如，商学院可以教授学生开创成功合作企业的技巧。地方就业机构能够帮助有前途的企业家招募工人。可以用金钱激励措施——红利和奖金——奖赏那些成功创立了新合作社的个人。

这些机构足以保持经济的活力。在这方面，孟德拉贡的经验肯定让人印象深刻。在民主的制度下，有足够多的人愿意施展其企业家才能以保证新技术和新产品的不断涌现。而这些“社会主义企业家”所带来的变革速度让这个国家的所有公民都感到满意。（这一速度或许并不是“最快的”，也许还慢于资本主义的某个时期，但更新、更快并非就是更好的事情，过快的变化会导致不稳定，而且有时会摧毁真正有价值的东西。小的往往是美的。过分追求速度反而是有害的。）

与一些更有活力的邻居相比，经济民主社会以更为平稳的速度进行技术变革，但无须担心“落后”会导致可怕的后果。经济发展不应被视为一场非赢即输的竞赛。如果其他地方发明的技术适合于我们，我们完全可以复制。我们不必担心投资资金会流向更有利的地方或者工人们集体移民。

尽管如此，我们希望在经济民主的基本制度中注入更多的资本主义因素，以鼓励更多的企业家创新。假如在经济民主的基本制度下已有充足的技术和产品创新，那社会就不需要资本家式企业家。但如果创新的速度太慢，或者希望给予具有企业家才能的人以更大自由，那么就可以放松对生产资料私人所有制和雇佣劳动的限制。新企业可以为私人所有，也可以向公共银行寻求资金资助，而且确保它们不会因为是资本主义企业而受到歧视。它们可以雇用能够吸引到的任何工人。只要市场条件允许，它们的发展不受限制。除了基本的反垄断法外，它们不受任何法律限制。企业所有者可以保存企业创造的所有利润。

对这些私人企业，仅有一个限制。企业主享有在任何时间出售企业的自由，但条件是只能卖给国家。政府按企业所积累资产的价值（这是企业缴纳资本资产税的依据）向企业主支付买价，然后将企业移交企业工人民主地经营。（假如企业没有被出售，那它将在企业主死亡时被移交给工人，而企业资产价值则被算作企业主的遗产。）当有多个创立者时，每个创立者都可以随时将其股份出售给国家，而国家将获得其所持股份的相应利润。随着其他创立者也出售其股份或者死去，大多数股份最后都转移至国家手中，这时企业将被民主化。

这些资本家式企业家不会威胁经济民主的基本结构。有保证的就业机会、民主的管理极大削弱了他们剥削工人的能力。他们的收入来自积极的企业家活动，而非仅仅源自对生产性资产的所有权，因此这些收入并不能成为他们的永久回报。确实，这些资本家发挥着两种光荣的社会功能：作为创新思想的源泉，以及作为新增民主企业的孵化器。

正如我们将看到的，在资本主义社会，由资本家造成的实际破坏并不是由于企业家个人的创造性行动，而是由于资本家集体对投资过程的非企业家式控制。在经济民主社会，即便存在企业家式资本家，但是对投资过程的控制权依旧牢牢地掌握在负责任的民主协商主体手中，由他们负责监督通过税收筹集的投资基金的分配。

经济民主无须禁止成年人的资本家行为。

六　公平贸易取代自由贸易

我们迄今所描述的经济民主结构只适用于一国经济。但是，众所周知，我们现在是生活在世界经济中。经济民主在这一“新世界秩序”里会如何运行呢？经济民主在一个国家行得通吗，还是说只有在全球范围内实行才有效？实行经济民主的国家与其他国家之间保持的是一种什么性质的经济联系呢？

从经济角度看，没有理由认为经济民主在一国范围内不可行。如果其他国家——不论其内部实施怎样的制度——不施以军事侵略或经济封锁，那么实施经济民主的国家就应当发展得越来越好。当然，如果该国很穷，需要吸引外资，而要让落户的跨国公司接受经济民主的控制也并非易事。即便在这种情况下，缔结某种和平协定的可能也是存在的，它主要取决于国际上反对资本主义力量的大小。另一种情况是，由于不允许外国投资方控制所投资的企业，也许根本吸引不到外资。但即使对于穷国而言，较少依赖私人投资也未必是一件坏事。

在富国，经济民主制度很容易运转。它的内部经济依然保持高效、充满活力，而且可以和其他资本主义或社会主义国家继续保持良好的贸易往来。尽管如此，由于车间和投资机制是按照经济民主制度运行的，所以经济交往的性质将有显著的不同。首先，几乎不复存在跨境资本流动。由于企业都是由工人控制，因此它们不会搬到海外。由于投资资金是通过税收渠道筹集的而且法律强制规定要再投资于国内，因此资本将留在本国。少量私人储蓄资金会可能会流向国外寻求更高收益，除此之外，资本不会流出该国。资本也不会流入该国，因为不存在待售的股票和企业。在该国的资本资产中，除了企业家式资本家拥有私人资产，其他的都是集体所有，所以不用于出售。

资本跨境流动的消除会产生两个极其重要的正面影响：

· 由于企业不能以搬迁到海外低工资地区作为威胁，所以工人工资不存在下降压力。

· 各国不能将吸引资本作为放松环境和劳动管制的借口。

尽管这些影响非常显著，但是劳动合作和通过税收渠道筹集的投资基金并没有完全取消工资的国际竞争或消除人们放松环境管制的动机。自由贸易（即仅受供求调节的贸易）会鼓励上述行为。假如实行自由贸易，那么与低工资工人生产的进口商品相比，由高工资工人生产的国内商品将缺乏竞争力。环境和劳动管制方面的不同也会导致相似的不平衡。为了阻止这种不利的倾向，同时为促进全球减贫，经济民主社会将实行“公平贸易”而非“自由贸易”政策。只要贸易双方在工人收入和环境管制方面基本相同，那么自由贸易就无可厚非，这种竞争就是健康的。但是，如果是和一个穷国或环境和劳动管制很放松的国家进行贸易，那么经济民主社会将实行**社会主义**

的贸易保护主义政策。

当然，“保护主义”在主流话语中是一个肮脏的词汇。尽管事实是，几乎所有在资本主义时代取得经济成功的国家都曾是贸易保护主义者。我们不必拿日本说事，其实早有先例。亚历山大·汉密尔顿（Alexander Hamilton）在1791年《关于制造业的报告》中倡议（并成功付诸实施）：“美国和欧洲之间不能平等交换，互惠的要求只会使美国成为互惠制度的牺牲品，它将使得美国局限于成为一个农业国，而不是大力发展工业。”

75年之后，尤利西斯·S.格兰特（Ulysses S. Grant）总统发现：

> 英国在几百年中一直执行贸易保护政策，将它发挥到极致并从中取得了满意的效果。毫无疑问，它现在的强大正是来自这一制度。两百年后，英国发现实行自由贸易是更有利的，因为贸易保护不再有任何必要了。既然如此，先生们，基于国情我坚信当从贸易保护中获得所需要的一切之后，我国在两百年内也将实行自由贸易。[①]

实际上，一定程度的贸易保护主义是有利于一国的，它不仅有助于本国工业的发展（这是汉密尔顿和格兰特关心的），还能避免那种导致工资下降和环境管制放松的竞争。

实行经济民主的公平贸易政策主要是基于两方面的考虑。一方面，我们希望保护工人，让他们免受终究将导致所有人受伤害的竞争之苦。另一方面，我们也想为缓解全球贫困做出积极贡献。如果贸易政策设计恰当，那么这些目标是能够实现的。

构成公平贸易基础的是一种社会主义道德信念，即总体上我们既不该从他人的廉价劳动中获利，也不该受损。不平等仅仅在有助于激发高效生产的层面上才是合理的。尽管如此，消费者不应该因为别国工人工资低于本国工人而获益，而本国工人也不应该因外国的低工资而面临工资下降的风险。这一信念催生出如下两条贸易政策主张：

---

① 这两处引文均转引自 Andre Gunder Frank，*Dependent Accumulation and Underdevelopment*（New York：Monthly Review Press，1979），98－99。关于这一论点的较新阐述，参见 Ha－Joon Chang，*Kicking Away the Ladder*：*Development Strategy in Historical Perspective*（Anthem Press，2002）（张夏准：《富国陷阱：发达国家为何踢开梯子？》，社会科学文献出版社，2007——译者注）。

· 对进口商品征收"社会关税"，以解决低工资问题，以及由于在环境、工人健康、安全及社会福利等方面偏离社会目标而造成的进口产品价格偏低问题。[①]（这是保护主义部分。）

· 所有关税收入都被返还给所征商品的原产国。（这是社会主义部分。）

如前所述，社会关税将提高进口商品的价格，直至出口国的工人工资与进口国相当、环境和其他社会开支与进口国相等。考虑到穷国工人较低的生产技术水平这一事实，这个价格将做向下调整。（而如果不做出这种调整，穷国的制造业几乎不可能与富国竞争，因为大多数穷国的制造业是属于劳动密集型，征收关税在使穷国与富国劳动力成本相等的同时，也导致穷国生产的商品比富国要昂贵得多。）[②]

关键是要允许竞争——仅限于那种健康的竞争。这种"保护主义"贸易政策源于经济民主关于竞争问题的一贯立场。经济民主属于竞争性的市场经济，但它明确区分有益社会的竞争和有害社会的竞争，前者激发高效率的生产并满足消费者的需要，后者压低工资和社会福利规定或鼓励放松环境控制。社会关税就是要抑制后者而又不干扰到前者。

因为**所有**从穷国进口的商品——食品、原料以及工业制成品都要被征收社会关税，所以国内产业得以免遭不合理竞争的伤害。不仅如此，与国外低工资导致低价格截然不同的是，现在消费者必须为来自穷国的进口商品支付"公平的价格"，不论这些商品是否对国内产业构成竞争。

这些社会关税还蕴含着促进劳动国际团结的社会主义承诺。这些从进口商品征收来的关税收入，并未纳入征税国的总收入，而是被返还给了出口这些商品的穷国。因此，由于有了社会主义的贸易保护主义政策，有害竞争得到了抑制，同时对穷国征收关税的负面影响也得到了缓解。富国的消费者必须为进口商品支付"公平的价格"，既是为了保护本国工人免受毁灭性的工资竞争的伤害，**也是**为了帮助减轻全球贫困。因为经济民主下

① 此处的用语来自 Thomas Palley, *Plenty of Nothing: The Downsizing of the American Dream and the Case for Structural Keynesianism* (Princeton, N. J.: Princeton University Press, 1998), 172。帕利也提到了第二条政策主张，尽管他没有称自己的方案为"社会主义的贸易保护主义"。

② 感谢弗兰克·汤普森（Frank Thompson）在与古巴经济学家讨论社会主义的保护主义政策时所做的评论。

消费者为消费品支付更高价格的目的是帮助减轻全球贫困，所以这些返还的税收应当交给穷国最有效率的机构，以解决贫困及随之而来的环境退化问题。这些机构包括高效的国家机构、工会、环保组织以及其他相关的非政府组织。

诚然，商品的高价很可能会减少对穷国进口商品的消费，这将对处于过渡期的穷国工人造成不利影响。尽管如此，伴随关税返还的高价格将发挥这样的总体影响，即使得穷国投入更少的资源用于满足富国消费者，从而有更多资源用于国内使用。它的长期影响对富国和穷国都是有益的。（令人憎恨的是，穷国往往把最好的土地和资源用于满足富国的消费者，而非用于满足本国人民的需要，这正是在资本主义自由贸易下所发生的。）

简要总结一下：经济民主是一种竞争性的市场经济，但它并非自由贸易经济。自由贸易伙伴仅限于那些发展水平相当的国家，而不是与更穷的国家之间。对于穷国来说，公平贸易好于自由贸易——实际上对贸易双方都是如此。

第四章
资本主义或社会主义：不平等、失业、过劳和贫困

TINA 为资本主义进行了宏大的比较性辩护，他宣称在本质上根本找不出资本主义的替代物：

- 在资源配置方面像资本主义一样高效；
- 在增长方面像资本主义一样具有创新性、富有活力；
- 像资本主义一样兼容并包自由与民主。

于是，资本主义被说成是最高效、最具开创性和最自由的制度。在上一章我们看到，由于经济民主是一种市场经济，因此它也是有效率的，甚或比资本主义还要高效，因为车间的民主能比雇佣劳动制度更好地激励工人努力工作。我们还看到，经济民主可以采取多种手段培育和奖励企业家精神。（后文会详细考察资本主义所引致的增长是否一定就是尽善尽美的。我们将看到，生活在经济民主下的人民很可能希望走一条不同的发展道路。）

我们至今尚未分析一个实行经济民主的经济制度应当采用怎样的政治制度框架，但是看起来没有理由认为经济民主一定会与自由和民主相互抵触。经济民主是一种分权式的市场经济，不存在指导消费、生产和就业的中央计划机构。经济民主看起来和发达资本主义社会下政治自由的基本结构完全相容。（第五章将更详尽地讨论这个问题。）

在为经济民主辩护之前，我们需要仔细研究被 TINA 所掩饰的一些问题。TINA 承认资本主义具有负面特征，但它避而不谈、置若罔闻。TINA 宣称“资本主义无可替代”，并就此中止了讨论。资本主义的拥护者们大加赞

扬资本主义的自由、效率和经济活力，而资本主义的批评者们却默不作声。

我们不能对 TINA 信以为真，即便从字面理解，它也不意味着资本主义没有替代物。当然存在替代物，人们已对此进行了某些尝试并发现不足。TINA 想要宣称的是不存在更好的替代物——和我们的基本价值观相契合的更好替代物。是真的吗？为了客观地回答这个问题，我们既需要考虑资本主义的积极面，也需要分析它的消极面，主要包括七点：

- 不平等
- 失业
- 过劳
- 丰裕之中的贫困
- 经济不稳定
- 环境退化
- 资本主义对民主的嘲弄

我将论证，这些困境——令人震惊的不平等、几乎必然为全球化所加剧的制度性失业、既不必要又不合意的高强度工作、摧残精神和肉体的贫困、非理性的动荡、与生俱来的生态破坏以及对民主程序的歪曲——都与资本主义结构有着内在联系。

但经济民主会有显著的不同吗？是否可以认为，如果我们仅仅将车间民主化和投资社会化，这些根深蒂固的问题就会奇迹般地消失吗？

实际上，这些问题不会全部消失，至少不会马上消失。资本主义已在所有地方——我们的政治制度、我们建造的居所、我们的自然环境、我们的私人生活、我们的灵魂——留下了自己的印记。它给我们带来了期望，也摧毁了一大批人的希望，甚至灭绝了许多人的愿望。但它也创造了前所未有的机会，开创了在真正的全球范围内实现人类成就和幸福的机会。马克思的全面见解依然具有生命力：资本主义让一个真正的人类世界成为可能，但只有超越资本主义才能迈进这个世界。

我们将在第六章探讨如何实现这种超越。本章和下一章将论证经济民主可以治愈资本主义无法挽救的某些绝症。经济民主不会开启乌托邦时代，但如果做少许结构调整，一个远超我们想象的更美好的世界将有可能成为现实。

在审视对资本主义的“不满”之前，我们需要考虑一些差别点，它们改变了企业内部结构，并对个人和集体行为产生影响。车间的民主化将如预想的那样提高企业的技术效率，但也会赋予企业某些与资本主义企业迥异的行为特征。这些企业构成了经济的主体，而这些行为差异反过来将使经济呈现出与资本主义经济不同的“运动规律”。

一　车间的民主：组织变革对企业行为的影响

乍看起来，企业的民主化不会对宏观经济产生较大的影响。企业仍将追逐利润，企业间仍将为了满足消费者需求和提高生产效率而相互竞争。因此，有理由认为由这些企业组成的经济与资本主义经济存在极为相似的特征。有理由认为无论经济民主和资本主义之间存在何种差异，它们都是由投资机制的不同所导致，而并不是起因于车间的民主。

但事实并非如此。民主型企业并非在所有方面都表现得像资本主义企业。例如，由于民主型企业的劳动不计入生产成本，企业没有任何兴趣去降低劳动成本，因为这些“成本”恰恰就是工人的收入。工人自治型企业也会引入新技术以提高生产率和工作满意度，但不同于资本主义企业，它们没有兴趣压缩员工规模或者降低工人的技能。当然，多数工人投票要求解雇一部分同事或者用少数低工资工人取代高工资工人，这些都存在理论上的可能，但由民主必然孕育出的团结将大大减少这类行为的发生。在实际的民主型企业中，从来不会为了提高一部分人的收入而投票降低另一部分人的收入。它们基本上不会解雇工人，除非面临严重的财务危机，而即便是这样，也倾向于让所有人共同分担困难，或者通过退休和自愿离职的方式来缩减员工规模。

除了对待劳动成本不同，工人自治型企业与资本主义企业间还存在另一种行为差异，那就是**前者不具有内在的扩张倾向，而后者却具有这样的倾向**，这一差异也产生深远影响。有两个不同的原因导致扩张的抑制。第一个原因经常为经济学家所提及。尽管资本主义企业和民主型企业都努力最大化它们的利润，但这个利润的具体内容却存在区别。粗略地讲，资本主义企业努力最大化总利润，而民主型企业努力最大化每个工人的利润。这一差异导致了企业扩张动力的不同。

举一个简单的例子。我建立了一家小企业，每年以每人 2 万美元的工资雇佣 10 个工人，可以挣得 10 万美元的利润。我感觉市场对产品的需求很旺盛，于是我又雇用了 10 个工人，将产量扩大了一倍。现在我的产量是原来的两倍了，假如市场需求如我所想，那么我的利润将翻番至 20 万美元。假如需求依然旺盛，那么企业就有直接的、显而易见的、几乎是不可抑制的扩张动机。

现在考虑一家由 10 个工人经营的企业，它在完全一样的环境下生产相同的产品。假设你是其中一个工人。第一年你赚到的钱要多于我的工人——除了和我的工人一样的 2 万美元工资外，你还有另外的 1 万美元，是 10 万美元利润按份额分给你的部分。你和你的工友们也感到市场需求很旺盛，你们会像我那样极力要求扩大一倍的产量吗？

你们为什么要扩大产量呢？假设技术和工作强度不变，扩大一倍产量就必须再雇用 10 个工人。是的，这将使企业利润翻番，但这些利润也需要在两倍于原来规模的工人间进行分配。每个工人将得到和从前完全相同的收入。因此并不存在扩张的动机。

这个例子所展现的逻辑并不意味着民主型企业永远不会投票雇用新工人并扩大生产。只要还存在足够的规模经济，企业就将扩张，因为所有人的收入都将增加。它将扩张到最优技术效率的那一点，并且不会超过。它不会在规模报酬不变的产量区间扩张，但资本主义企业会这么做，直至市场需求已经饱和或者进一步的扩张将降低效率的时候。

民主型企业缺乏资本主义企业那样扩张动力的第二个原因和民主本身的性质有关。民主型政治组织不具扩张性，这是一般规律，因为扩大组织规模将稀释现有成员的政治影响力。再回顾前面的例子。两倍的工人意味着在民主决策中有两倍的参与者，从而你自己的影响力和投票权将被减半。一般而言，只有经济收益是显而易见时民主型企业才会扩张，而且当它扩张时它更愿意慢慢扩张而非快速扩张，如此才不至于从根本上改变既有的制度文化。（这一点既适用于城市、州乃至国家，也适用于民主型企业。除非扩大规模必然给选民带来显著的利益，否则民主型政治组织不愿意招募更多成员的自然倾向不可能改变。）

从扩张动力的差异可以推导出以下几条重要推论：

- **经济民主下的企业规模往往比同类资本主义企业更小。**一旦企业达到技术效率的最优规模，它将停止扩张。假如产品需求仍然旺盛，那么将设立新企业以满足这一需求，有时直接从“母公司”中分立出新企业。（孟德拉贡合作企业已经出现了这种情况。）

· **经济民主下企业之间的竞争不像资本主义企业那样激烈**。经济民主下的竞争偏重防守而非挑衅。这些企业不想失去市场份额，但也不想扩张过快，除非产量的扩大是由于技术进步而非雇用更多工人。民主型企业几乎没有动力去把竞争者排挤出市场，或者收购其他企业（无论如何这是不可能的），甚或兼并其他企业（除非规模经济显著）。

· **经济民主下的垄断趋势不如资本主义下的显著**。与资本主义经济相比，经济民主型经济既不具竞争性，又更具竞争性。企业之间在竞争时往往不会那么残酷无情，并且它们极不可能变成垄断者，因为垄断通常产生于成功企业对其竞争者的挤压、买断或兼并，而这些行为在经济民主下是很罕见的。（注意**资本主义**竞争的悖论：竞争越是激烈，越是有可能出现大鱼吃小鱼的局面，并最终以垄断（竞争的对立面）收场。）

尽管经济民主下的企业规模往往比其资本主义同行要小，但仍会存在一些大企业。有时把一些企业结合成一个大的实体后更具优势，正如孟德拉贡的合作企业所做的那样。但这些更大的实体与资本主义大企业在组织方式上存在差异。经济民主下的大企业往往是小企业的联合体，每个企业都保留一定的自治权。和政治民主一样，企业的集权统治与分权控制各有优劣势，二者之间存在着创造性的张力。对于许多企业来说，在经济上比较有效的做法可能是集中资源设立研究和开发机构或市场营销部门，但单个企业仍然保留一些独立性。（孟德拉贡合作公司就建立了这样的组织架构——公司通过和众多个体单位签订合同的方式，对其施加限制条件，但个体单位也可以随时选择退出。）

认识到这些行为差异之后，现在让我们转向对资本主义深层次缺陷的分析。本章开头曾提到资本主义存在七个方面的问题，接下来将探讨前四个，剩下的留到第五章。现在就正式开始我们的“比较性”论证。

二　不平等

让我们从一些事实开始分析。大家都知道资本主义往往产生大规模的收入和财富的不平等，但除非你具备很敏锐的数学直觉，否则很难知晓这些不平等的确切轮廓。经济学家喜欢援引基尼系数，或者拿收入金字塔顶端的x%的人口所拥有的收入份额同底端的y%人口所拥有的份额做比较，但这些方法不太直观。当第一次开始研究不平等问题时，我想出了一种将收入分配形象化的有用方法，我称之为“侏儒和少数巨人的游行”①，是从某位经济学家那里学习借鉴来的。

现在运用这一方法来分析美国的情况。② 截至2009年，美国大约有1.2亿户家庭。这些家庭的平均年收入是6.8万美元。让我们想象一个由每个家庭的代表组成的游行队列。整个游行耗时1小时。代表们的排列顺序是这样的：来自最贫穷家庭的代表排在最前面，之后按收入由低到高依次排列。

假设有某种生物魔力可以让每个人的身高同其家庭收入成比例，那么，穷人将会非常矮，而富人则要高得多。让我们假设美国人的平均身高是6英尺（有些夸张，但它有助于简化计算）。这个身高代表6.8万美元的年收入。假设你的身高处于平均水平而且处于于游行队伍中的某一位置，你将看到什么？

正如你所设想的，走在游行队伍前列的是一些非常矮小的人，很多人仅有几英寸高。的确，近5分钟过去了，游行者的身高才达到**1英尺**——代表1.13万美元的年收入。在美国，大约有1000万个家庭的收入低于这个数字。13分钟之后，游行者的身高达到**2英尺**，代表他们的收入为2.26万美元，刚刚超过四口之家的官方贫困线。有2500万个家庭的收入低于这个数，牵涉到4500万人，其中一半是儿童。

你很快就意识到，这个游行相当无聊。参加者全都是小矮人，一拨又一拨，个头却不见长高。20分钟过去了，三分之一的游行队伍走完了，而你依然要俯身向下看。这时的游行者只有**3英尺**高，家庭年收入是3.4万美元。

---

① Jan Pen, *Income Distribution*: *Facts*, *Theories*, *Policies* (New York: Praeger, 1971).

② 以下数据分别来源于U.S. Census Bureau, “Current Population Survey (HINC - 01): Selected Characteristics of Households by Total Money Income in 2009” （详见 www.census.gov/hhes/www/cpstables/032010/hhinc/new01_007.htm）; Emmanuel Saez, “Striking it Richer: The Evolution of Top Incomes in the United States (Update July 2010) （详见Saez的主页 http://elsa.berkeley.edu/saez/）; *Forbes* (September 16, 2010); the AFL - CIO website, “Executive Pay Watch”; 以及 Nelson Schwartz and Louise Story, “Pay of Hedge Fund Managers Roared Back Last Year,” *New York Times* (March 31, 2010)。

你的注意力开始分散了，于是你走到街边小摊买了一瓶啤酒喝。10 分钟后你回到了原来的位置。现在游行队伍走完了一半，你期待着那个和你一样高的人的出现。但是没有，游行者仍然个头矮小，不及你身高的四分之三，他们的头顶位置仍然在你的胸部以下。

一位恰巧站在你身边的统计学家注意到了你的困惑。他向你解释了“中位数”和“平均数”（或“均值”）的区别。中位数收入就是把总人口一分为二时，处于最中间人口的收入。按照定义，一半家庭所挣少于中位数收入，另一半家庭所挣多于中位数收入。在美国，中位数家庭的年收入是 5 万美元，这意味着它们的代表稍稍矮于 **4. 5 英尺**。而平均收入就是加总所有家庭的年收入，再除以 1. 2 亿。收入分布曲线体现的是百分之多少的人占有百分之多少的收入。由于美国的收入分布曲线是头重脚轻，即收入分配偏向高收入组，因此平均收入要显著地高于中位数收入。也就是说（有些奇怪的是），大多数人所挣显著地少于平均收入。

游行队伍在谈话间继续行进着。你看了看表，又过了 8 分钟，近三分之二的游行队伍已经走过去。现在，平均收入终于来了，这个年收入 6. 8 万美元、身高 **6 英尺**的游行者从你身边走过，两眼傲慢地盯着你。（大多数情况下，6. 8 万美元是一个总收入的概念，是指家庭总收入。）

现在身高开始迅速提高，尽管算不上飞快。在 48 分钟时，游行者的身高达到 **9 英尺**——代表 10 万美元的收入，他们位于收入分布曲线的上五分之一分位（即收入金字塔顶端的 20%）。在 54 分钟的时候，上 10% 分位的游行者走了过来，他们年收入达 14 万美元，有 **12 英尺**高——是你身高的两倍。3 分钟之后，上 5% 分位的那群人出现了，他们的收入高达 18 万美元，身高 **16 英尺**，是你 6 英尺身高（还值得骄傲吗?）的 2. 5 倍多。

实际上你很难觉察到这些人，因为巨人们是突然间出现在你的视野里。现在游行开始变得有趣起来了。游行者开始快速变高。当上 1% 分位的游行者经过时，离结束还剩 36 秒，他们身高翻了一倍多，高达 **35 英尺**，收入达到 40 万美元。（美国总统的年薪，政府职员的最高薪水，正是 40 万美元。）

在这些年中，即便是美国总统 40 万美元的年薪也算不上什么大钱。2009 年，有 13. 7 万人的年收入达到或超过 160 万美元，这是上 0. 1% 分位人群的收入——是总统薪水的四倍。这些巨人中最矮的那个身高达 **140 英尺**，相当于 14 层楼的高度。

在最后的三分之一秒内，走过来的都是超级巨富，他们是最富有的0.01%的人口，其中不乏大公司的CEO们。这些超级巨富中最穷的也挣900万美元，高达**800英尺**。那些属于1500万美元收入组的人高高在上，身高达**1300英尺**，他们的头能触及世界最高楼的楼顶——比如芝加哥的威利斯大厦（原希尔斯大厦）以及更高一些的吉隆坡石油双塔。2009年，超过100位CEO的年收入高于1500万美元。挣钱最多的CEO是切萨皮克能源公司（Chesapeake Energy）的奥布里·麦克伦敦（Aubrey McClendon），年薪高达1亿美元——身高**1.6英里**。（你可以做个心算——每周40小时，一年50周，他每小时挣5万美元！也就是说，他一小时挣的钱比6000万个美国家庭——占一半人口——在一年中挣的还要多。）

游行还未结束。在最后的几微秒里，亿万富翁和对冲基金经理一闪而过。根据《福布斯》的报道，2009年美国拥有400位亿万富翁，其中204位身价达到或超过20亿美元。尽管不知道他们收入的确切数字，但我们可以进行推测。参照非常适中的6%的回报率计算，10亿美元的财富每年将带来6千万美元的收入，这使得亿万富翁的身高高出地球表面**1英里**，除几个CEO外，比所有人都高。那些收入多达或超过1.2亿美元的亿万富翁，从**2英里**甚至更高的上空向下俯瞰着其他游行者。（当然，他们需要使用望远镜才能看到像你这样的平均6英尺身高的人。他们也基本看不到麦克伦敦，因为他的头部位于他们下方2000英尺甚至更低的地方。）

对于公司CEO而言，1.2亿美元的收入看起来真是一笔大钱，但对成功的对冲基金经理来说，它根本算不上什么。2009年前25位对冲基金经理的平均收入是10亿美元。也就是说，前25位对冲基金经理的平均收入是薪酬最高CEO的10倍，平均身高达到**16英里**。2009年，阿帕鲁萨基金的创立者大卫·泰玻（David Tepper）是他们中最成功的一位。他一年能挣40亿美元，身高**64英里**。地球最高峰珠穆朗玛峰也仅5英里多高。大卫·泰玻比珠穆朗玛峰高12倍。他的收入比总统年薪高1万倍。（我认为）他是在游行队伍中最后一个通过终点线的人。[①]（可以用图4－1概述刚才所讲的这

① 2009年大卫·泰玻有可能不是最后一个通过终点线的人，也就是说他并不是收入最高的人。个人报税表并不向公众开放。例如，我们不知道比尔·盖茨的收入。《福布斯》的研究人员通过计算，认定盖茨是美国最富有的人。假如他被估算的540亿美元的财富以7.5%的回报率产生收益流——不是按照我分析亿万富翁时所用的6%回报率——那么盖茨的收入将超过泰玻。因此，可能有1个或更多身高超过64英里的巨人。

个故事。）

这就是美国的收入分配状况。更令人震惊的是，这个游行实际上低估了不平等程度，因为它只是刻画了收入的分配，而非财富的分配。正如所有经济学家都知道的，财富分配要比收入分配更为不平等得多。收入是指每年流入的现金，而财富是指所拥有的财产的价值——你的衣服、家具、汽车、住房以及所有股票和债券。对大多数人来说，“财富”仅产生有限的收入，但对少数富人来说，财富可以创造极其可观的财富。股息和利息合成更多的财富，后者又产生更多收入，如此循环往复，巨人由此诞生。

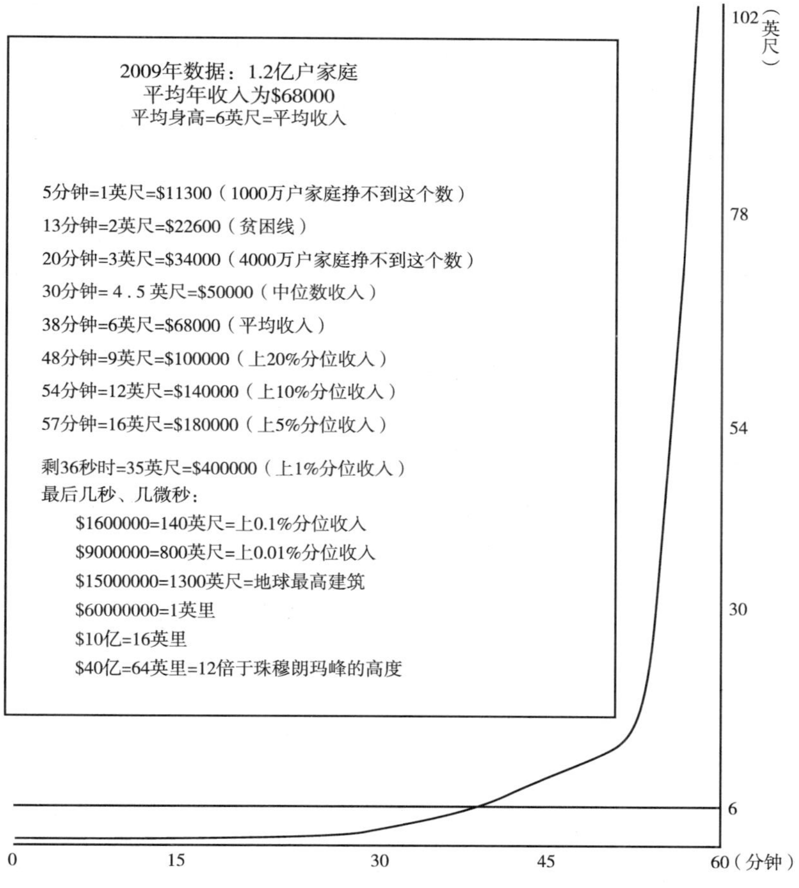

图 4－1　侏儒和少数巨人的游行

美国收入与财富分配的差距大体如下：假如把**收入**分割成相等的三份，我们发现**最富有的10%**人口得到一份，**接下来的30%**人口得到另一份，**最底层的60%**人口得到最后一份。假如同样将美国的**财富**分割成相等的三份，我们发现**最富有的1%**人口得到一份，**接下来9%**的人口得到另一份，**最底层的90%**人口得到剩下的那一份。假如举行的是财富游行而非收入游行，那么侏儒将会更多、更小，而巨人将会更少、更大。

这就是事实。我们应当怎样理解这些事实呢？对于一些人，这种分配荒唐透顶，让人怒不可遏。数千万人不足1英尺高，巨富们却能与最高建筑比肩，一些人甚至可以直入云霄。对于另一些人，这种分配非常美妙。想象着自己进入财富金字塔顶端是一件颇为享受的事情，从地表拔地而起数英里，由于太高以至于看不见那些对你崇拜有加而又愚蠢不堪的数千万侏儒们。谁对谁错呢？我们不能依靠感觉做出判断。我们必须提出一个基本的道德问题：不平等错在哪里？你将看到，这个问题并不容易回答。此外，正确的回答对于从资本主义向经济民主的过渡具有一定的指导意义。（不必将巨人们沿墙角排成一列，然后开枪射杀，或者强迫他们像侏儒一样生活。但是，他们必须从云端下来。）

为了回答这个问题，我们必须从本质上区分贫困问题和不平等问题。假如我们社会中的所有人都拥有**足够多的**收入或财富，我们还会关心不平等问题吗？假如游行队列前方的侏儒并不如此渺小，我们还会对巨人们忧心忡忡吗？我们对巨人的反感会不会只是出于嫉妒呢？

很久以前柏拉图就提出了反对不平等的两条最常见理由。第一，过度会滋生腐败——过度贫困会产生腐败，过多财富也会导致腐败。（我们很容易找到当代的例子来支持这一点。）第二，不平等会损害社会的统一，侵蚀人民"共同体"。①

最近的经验研究提供了第三条理由。即便没有贫困，显著的不平等也有害于公民的身体和精神健康。两位英国研究人员，理查德·威尔金森（Richard Wilkinson）和凯特·皮克特（Kate Pickett），通过大量的调查研究探寻不平等水平与众多医疗及社会指标之间的相关关系，这些指标涵盖：信任程度、精神健康、药品滥用、身体健康、平均寿命、婴儿死亡率、肥胖、教育表现、青少年怀孕、暴力、监禁率以及社会流动性等方面。他们对此进

---

① Plato, *The Republic*, books 3 and 8.

行了一一梳理。

在被调查的23个富裕国家中，日本和斯堪的纳维亚国家最平等，美国、葡萄牙和大不列颠最不平等。在被观察的美国50个州中，阿拉斯加、犹他、威斯康星和新罕布什尔最平等，纽约、路易斯安那、密西西比和康涅狄格最不平等。每次他们都发现了统计上显著的相关关系：越是不平等，社会问题就越严重。他们于是大胆提出了一种因果关系假说：总体上，压力水平和不平等程度成正比，而压力对个人和社会健康不利。这不单单指不平等不利于穷人，即越不平等的社会越是有更多的穷人，从而有更高的发病率，也指不平等不利于**所有的社会阶层**——更不平等的社会的病症要比更加平等的社会严重得多（也就是说，富人在更不平等的社会中也死得更早），这表明问题不仅仅在于贫困，而在于不平等本身。（这些相关关系不可能是完美的，但它们在统计上都是显著的。）①

因为所有的研究都在资本主义体制范围内，所以这些调查研究当然不会对资本主义本身提出控诉。然而值得关注的是，在最后一章写到“我们能做什么”时，威尔金森和皮克特建议：“可以解决部分问题的方法是民主型雇员所有制。”②

经济民主社会仍会有不平等。企业内部会有不平等，因为企业总是使用金钱激励来获得并留住优秀员工。工人们也希望最好能维持员工的资历差别、对工作期间的忠诚和服务给予物质奖励。除非特定企业中的工人要选择绝对的平等，否则车间不会是一个绝对平等的地方。

企业之间也会有不平等。经济民主是一种市场经济。一些企业会比其他企业经营得更好。尽管技能水平和勤劳程度可以解释一部分差异，运气也是一个因素——当市场需求朝有利于你的方向变化时，你恰好在正确的时间出现在正确的地点，或者你恰巧预测对了为人所需要的新产品。在市场经济

① Richard Wilkinson and Kate Pickett, *The Spirit Level: Why Greater Equality Makes Societies Stronger* (New York: Bloomsbury Press, 2009), pp. 33－34。或许比不平等和健康之间的关系更为令人惊讶的是，“经济不平等预示着生物多样性的损失”——引自麦吉尔大学三位研究人员最近发表的一篇论文标题。这三位研究者在观察了许多国家和美国的50个州后，得出结论：“除非当前日益不平等的趋势得以逆转，否则将越发难以保护我们世界丰富的多样性”（Gregory Mikkelson, Andrew Gonzales and Garry Peterson, “Economic Inequality Predicts Biodiversity Loss,” *PloS One*, May, 2007, 详见 www.plosone.org/article/info%3Adoi%2F10.1371%2Fjournal.pone.0000444）。

② Richard Wilkinson and Kate Pickett, *The Spirit Level: Why Greater Equality Makes Societies Stronger* (New York: Bloomsbury Press, 2009), p. 248.

中，运气始终扮演着一个重要的角色。因此，总是有一些“不应有的”不平等。

这并不意味着经济民主下的不平等结构会和资本主义一样。车间的民主往往能抑制企业内部的不平等。例如，在孟德拉贡，多年来企业内工人的最高工资和最低工资的比例始终维持在3∶1的水平。最近，由于和资本主义企业特别是欧洲跨国公司的竞争日益加剧，可允许的工资差距才扩大到了4.5∶1的水平，有时候更高一些。然而，MCC现在尽管已经是跨国公司，却并没有出现常见于资本主义企业中的高达400倍乃至更高的工资差距。

可以期待民主型企业将比资本主义企业更平等。民主一直都是对不平等的一种抑制。（即便在美国，直至最近人们在观念上也一直认为经济不平等不是一个问题，而政府官员的最高工资仅有40万美元——仅仅是私人部门最高薪水的冰山一角。）当管理者必须向工人证明其收入的合理性时，他们的所得往往低于CEO和其他高管可以自主决定自身薪水时的水平。（管理者也许要同主要股东们进行协商，而后者本身非常富有，并且这些管理者对大股东们十分慷慨，因此大股东们非常乐意投桃报李）。

企业**之间**的不平等有多大呢？鉴于所涉及变量的复杂性，不可能有确凿的和简易的答案，但经济民主与资本主义存在的结构差异表明，前者的不平等程度将大大小于后者。在经济民主社会，成功的企业不会快速扩张并逼迫其竞争对手走向破产。因此，产品设计或生产技术方面的成功革新假以时日就会扩散到竞争对手那里，由此产业内的平等就可以重新确立。只要某些产业比其他产业更加有利可图，市场力量就将驱使资源从利润率较低的产业转移到利润率更高的产业。可以预料投资银行会推动这种转移。由于经济民主下的企业规模比资本主义的小，而且竞争也没有那么激烈，因此新设立的企业（或经过重组的现有企业）比较容易进入利润率较高的产业。

假如作如下大致估计：经济民主中实力最强企业工人的收入是最弱企业工人的3倍，不存在资本主义企业用高薪引诱高级职员的压力，企业内的收入差距也是3倍，那么我们就能断定，经济民主社会中最高收入和最低收入的差距大致是10∶1。假如我们进一步假定，经济民主下的最低工资足以让你远离贫困（例如，在美国是每小时15美元），那么所有人的收入将处于3万美元到30万美元的区间。这一差距相当于一位获得2倍于最低工资的美国人收入和一个处于上2%分位的家庭收入之间的差距。这远谈不上完全平等，但与资本主义之下的不平等已是相去甚远。如果用游行的例子来说明，我们看到的是稍高于2.5英尺的侏儒和26英尺的巨人，而看不到仅仅离地几英寸的侏儒和脑袋高耸入云的巨人。在经济民主下，也许会看到少数几个硕大的身躯，他们是为制度所允许的企业家式资本家。但社会的平等主义特征将引致自我约束，也即多付工资给工人，少留利润给自己。少数人可以挣到100万美元，也即高达90英尺左右，或者说比合作企业中的任何人都高3倍以上，但是他们永远不会超越威利斯大厦或珠穆朗玛峰。此外，由于这些个体为数极少且广为人知，因此他们的财富不会轻易地转化为政治权力，他们的投资决策也不会置整个经济于险境。

在经济民主之下，更大的平等并不是有意设计的产物，而是某些制度结构的副产品。希望建立经济民主制度的我们想要的不是平等本身，而是一个真正民主的、充分就业的、稳定的、生态可持续的而且没有过劳和贫困的社会。假如在这个过程中我们实现了一定程度的平等，它有助于减少健康和社会方面的病理，我们欢迎这种意外的奖赏。假如我们中间仍然有几个巨人，这也不足以引起我们的担忧，因为他们的存在符合我们的基本价值观，也不会对我们的基本制度构成威胁。

三　失业

芝加哥有一份叫《读者》的免费周报曾经不仅刊登电影、音乐、戏剧和电话性爱的广告，而且每周都登载由查克·谢伯德（Chuck Shepherd）收集的新闻汇编“奇异新闻”。这是1994年的一段报道导读：“11月印度孟买市宣布提供70个捕鼠工作岗位，却收到了4万份申请简历，其中有一半来自大学毕业生。”①

失业问题至今并未改善。2010年1月，国际劳工组织报告全球失业已达到创纪录的2.12亿人，比2007年前所未有地增加了3400万人。失业和未充分就业的人数总计约为10亿人。②

就在不久之前，这类报道或许只能获得大多数美国人冷淡的回应：“是的，是的，那些穷国的失业问题很严重，但我们也帮不上什么忙，不是

① *Chicago Reader*, 14 January 1994.

② International Labour Office, *Global Employment Trends* (January 2010).

吗?”现在的反应就大不一样了。其他国家庞大的失业人口压低了工人工资，而低工资工人如今与我们争抢工作。受这些坏消息的直接影响，现在多得多的美国人感到焦虑担忧。

我们常听人说“共产主义已死！社会主义已死！”但被人忽视的是，导致东欧和苏联政治经济结构瓦解的正是如今令美国工人担忧的技术进步。这些进步也造就了西方消费社会的眩目图景，并使之穿透铁幕，引发了东欧和苏联人民的广泛不满，它使得**所有**国界形同虚设。通信和交通技术的革新给“全球竞争”赋予了强烈的、崭新的含义。

从某种意义上说，这个进程并没有任何新颖之处。正如马克思和恩格斯在150多年前指出的：

> 资产阶级，由于开拓了世界市场，使一切国家的生产和消费都成为世界性的了……古老的民族工业被消灭了，并且每天都还在被消灭。它们被新的工业排挤掉了，新的工业的建立已经成为一切文明民族的生命攸关的问题；这些工业所加工的，已经不是本地的原料，而是来自极其遥远的的地区的原料；它们的产品不仅供本国消费，而且同时供世界各地消费。①

的确，我们正遭受的紊乱局面，以前的人也同样遭受过。尽管如此，对大多数美国人来说，眼前正经历的却是前所未见的。在大部分时光里，我们受益于国外的低劳动力成本，它们转化成了低成本原料和大量物美价廉的咖啡、茶叶、巧克力和香蕉。当时穷国的工人为我们工作，而不是和我们竞争。现在游戏发生了改变。作为消费者，我们继续获益；但作为工人，我们受到了威胁。

为什么会发生变化呢？正是当前资本的**超高流动性**导致了我们大多数人正在经历和害怕的紊乱局面。最近的技术革新不仅使得“货币资本”（即金融投资资金）能够在转瞬之间从一地的资本市场转移到另一地，而且使得最新的“实物资本”（即建筑物和机器）可以在世界的任何角落落户。如今，工厂会“飘移”，商店会“出逃”。

① Karl Marx and Frederick Engels, *The Communist Manifesto* (London: Verso, 1998), p. 39。请参见《马克思恩格斯选集》第1卷，人民出版社，1995，第276页。——译者注

我们应当怎样理解资本的超高流动性呢？它合乎伦理吗？对于这一问题，伦理学通常从两个角度思考：从权利的角度（“义务论”视角）和从人类幸福的角度（“功利主义”视角）。它侵害了人们的权利吗？它违背了“最大多数人的最大幸福”的原则吗？

但是，假如我决定投资于新加坡股市，甚或假如我决定把位于芝加哥的玩具厂搬到华雷斯城，很难说我就侵害了别人的权利。工人们可能会主张如果公司雇用了他们，他们就享有某种就业的权利。但我很难认真对待这所谓的权利，因为我若这么做将导致公司破产，进而使工人们全部失业。

若从功利主义角度分析，结论也大同小异。可以肯定的是，失业对贫困的墨西哥人的伤害要超过对富裕的美国人的伤害。你很难从功利主义立场批评我的行为，因为我若不雇用这 300 个墨西哥人，那他们就只能继续邋遢过活，虽然我这么做是以 300 个美国人失业作为代价，但美国人是能够获得失业救济金的，而且还可以参加再就业培训计划。

要看清这种伦理分析的瑕疵，我们就只能借助于经济理论的透镜了，这一理论几十年来本应为众多经济学家所了解，但却被轻蔑地忽视了。它就是最重要的凯恩斯主义宏观经济学。［对凯恩斯主义的新古典反击开始于 20 世纪 70 年代。其领军人物是芝加哥大学的罗伯特·卢卡斯（Robert Lucas），他后来因此获得诺贝尔经济学奖。在 1980 年他得意扬扬地说道：“你在 40 岁以下的优秀经济学家中间已经找不到将自己或自己的著作标榜为‘凯恩斯主义’的人了。在研讨会上，人们不再严肃地讨论凯恩斯的理论了，而是往往报之以低声耳语和相互逗笑。”①］

由于没有任何一位新古典经济学家成功预见到本次全球大衰退，我们有必要揭示出凯恩斯理论的一些含义，相信人们不会再咯咯笑了。

没有人会反驳这一事实，即资本主义在生产商品上极其高效。的确，它能够生产的商品数量要远远多于现在所生产的。大多数工厂都存在过剩产能，却有很多工人失业了。过剩产能和失业是现实资本主义制度的基本特征。工人的充分就业和资源的充分利用（除了战时）仅仅是教科书的幻想。

正如凯恩斯指出的那样，资本主义生产的关键在于**有效需求**——由购买力支持的需要和欲望。只要有需求，就会有商品的供给。极少发生供给的短

① Robert Lucas, "Macroeconomic Priorities," *The American Economic Review*, Vol 93, No. 1 (March 2003), p. 1.

缺，即便发生了，也是短暂的。但如果需求不足，那么经济就会陷入萧条。有效需求有三个来源：私人消费、私人投资（指实际投资——建造新工厂、安装新技术设备等，并非股票市场的“投资”，那是储蓄，而非投资）和政府购买。

凯恩斯关注的可变因素主要是私人投资。资本主义经济的健康状况取决于“投资者的信心”，取决于投资者的“动物精神”（如凯恩斯喜欢比喻的）。于是他提出了著名的政策处方：一旦投资者的信心不足，政府就必须立即介入，弥补不足。为了对经济提供足够的刺激，政府必须支出大于收入。假如有必要，政府应该付钱让人将装满现金的瓶子埋入土中，然后再付钱让其他人将其挖出。这虽然不具生产性，但总比一味地向市场神明祈祷好得多。“当然大兴土木要比较合理些，但设有政治上或实际上困难，使政府不能从事于此，则以上所提对策，也聊胜于无。”①

疲弱的投资者信心将导致经济衰退，在这一点上凯恩斯肯定是对的。但为何投资者会失去信心呢？有时解释信心受挫的理由是十分充分的。假设消费者就是买不起所生产的所有商品，那么就没有理由继续投资。此处资本主义制度的核心矛盾赫然出现在我们眼前。工资既是生产成本的组成部分，**也是**有效需求的关键来源。资本主义企业从来都是对削减成本、扩张市场和开发新产品乐此不疲。但是一旦第一个目标即削减成本变得比另外两个更重要，那么消费者的有效需求往往被抑制，从而投资者的“动物精神”也将受到抑制。这可能意味着经济停滞、失业飙升，甚至可能演变成全球性问题。

这里的逻辑直截了当。假如对低工资的追求主导着资本的运动，那么平均工资将出现下降，这又将导致总需求下降，然后生产和就业也将下降。换句话说，假如对低工资的追求变成资本运动的支配力量，那么结果就不仅仅是全球工资差距的缩小——穷国工人以牺牲富国工人为代价而获益（这是一些经济学家所宣称的好处），而且还可能导致全球总收入的减少（这是功利主义上的绝对坏处）。

凯恩斯的基本论点肯定是有效的。自由放任的资本主义经济无论如何都

① John Maynard Keynes, *The General Theory of Employment, Interest and Money* (New York: Harcourt Brace, 1936), p. 129。请参见约翰·梅纳德·凯恩斯：《就业、利息和货币通论》，商务印书馆，1997，第 111 页。——译者注

不会带来充分就业。在任何一个失业水平上，经济都可以处于均衡状态。因此，资本主义经济很可能将大量的人群边缘化，假如没有政府干预，这些人将永远处于失业状态。在全球化的资本主义时代，这个世界的很大一部分地区可能会被边缘化。实际上，它们已经被边缘化了。即使是在发达地区，尤其是在美国，这一趋势看起来也日益明显。正如克鲁格曼已经指出的："越来越多的证据表明，我们的统治精英们根本不在乎这些，而从前不可想象的经济困境正在变成一种新常态。"[①]

如果这一"新常态"成为现实，那么对数百万人口、对整个社会来说，结果都将是残酷的。基于大萧条长期影响的研究，唐·派克（Don Peck）描绘了以下严峻的图景：

> 大衰退可能已经结束了，但高失业时代可能才刚开始。在这个时代结束之前，它可能将改变青年一代的生命历程和特征，它将在许多蓝领人士身上烙下不可磨灭的印记，它将破坏许多社区的婚姻制度，它正在将许多市中心贫民区推向几十年未见的绝望深渊。在若干年后，它将最终摧毁我们的政治、文化以及社会特质。[②]

为了应对失业问题，凯恩斯敦促政府采取行动，致力于实现充分就业。二战后，他的建议被广泛采纳，也曾一度奏效。但后来的事情就变得扑朔迷离了。我们现在已经知道原因了。只要政府实行赤字财政以刺激总需求从而成功降低失业率，那么经济往往处于"过热"状态。因为当劳动市场供不应求时，工人将要求提高工资。这些增加的成本将被转嫁给消费者，于是**通货膨胀**随之出现。工人感觉自己受骗了，因而又要求提高工资，于是通货膨胀进一步加速，直到资本家阶级"受够了"，决定踩下刹车。[20 世纪 70 年代的"滞涨"为保守主义的回潮提供了舞台，罗纳德·里根（Ronald Reagan）因此登上总统宝座。紧接着就出现了自大萧条以来的最严重衰退，它是由美联储主席保罗·沃尔克（Paul Volcker）精心策划的。]

这些年来，和美国民主党中左翼相联系的现代自由主义者不再像以前那样对凯恩斯主义的充分就业信心满满。经济学家已经不再谈论充分就

① Paul Krugman, "Defining Prosperity Down," *New York Times* (August 1, 2010).

② Don Peck, "How a New Jobless Era Will Tranform America," *The Atlantic* (March 2010), p. 52.

业。他们曾一度引入“自然失业率”一词，强调低于这一失业率将引致通货膨胀压力。当然，这完全是带有浓厚意识形态色彩的说法，因为失业根本就没有什么“自然”可言。或许是因为这个词的意识形态色彩太露骨了，他们继而用一对比较中性的首字母缩略词取而代之：“NAIRU”（非加速通货膨胀的失业率）和“LSUR”（发“lee - sur”的音，最低可持续失业率）。

不管它叫什么名字，它所指向的是某种真实的、很久以前就为马克思所强调却被凯恩斯所忽视的东西：健康的资本主义**有赖于**失业。恰恰是这些“失业人员后备军”发挥着约束工人的作用。假如失业率过低，工人就将变得骄横自大，就将要求提高工资，这要么侵蚀利润从而损害未来的投资，要么就被转嫁到消费者身上，从而产生通货膨胀的动荡局面。

对这一点，我们一定要清楚。失业不是资本主义的异常状态，就好像它不应当如此似的。失业是资本主义的必要结构特征。除了在极短的时期，资本主义不可能是充分就业的经济。失业是一只无形的手，它举着棍子，把工人教训得服服帖帖。

凯恩斯的解决方案还存在一个问题，如今这个问题比从前更加严重了。凯恩斯主义赤字财政的有效性取决于“乘数效应”。政府 x 美元的赤字支出将使得 y 个人重返工作岗位。这些人现在有了货币收入，因此对商品的需求增加了，这又带动了更多就业，然后又产生更多的需求，如此等等——一个积极的**向上**螺旋。x 美元的赤字支出将产生几倍于 x 美元的新增的有效需求。因此，财政赤字不可能过大。

然而一个经济体如果进口许多商品——当代资本主义经济在这方面日益明显，那么乘数效应就会被削弱。因为政府刺激支出的很大部分会被用于购买进口商品——这或许会增加外国的就业，但不会增加国内的。尤其是众多进口商品的价格如此低廉，对身处困境、生活不安定的消费者极具吸引力，在这样的情况下，乘数效应的漏出就特别严重。（想想沃尔玛吧!）因此，为了进一步刺激经济，政府必须背负比以前所需更多得多的债务。

这是个严重的问题。债务成本由一国纳税人负担，然而好处却被全球人口分享。因此，政府变得不太愿意全力实行凯恩斯主义救助方案，而如果政府真的采取刺激措施，效果又往往不尽如人意。因此，就出现了这个“新常态”的幽灵——持续的高失业。

经济民主之下又如何呢？它有自动实现充分就业的倾向吗，还是说会遭遇与资本主义完全一样的困难？初看起来，前景并不太妙。工人自我管理型经济不会比资本主义经济有更强的充分就业倾向。假如非要比较的话，前者的倾向倒是更弱些，因为正如我们已经说过的，工人自治型企业实际上比资本主义企业更不愿意招募新员工。只要企业的目标是最大化人均利润而不是总利润，那么就不会在规模报酬不变的产量区间扩大就业规模，而资本主义企业则会这样做。此外，由于工人一旦雇用就很难被解雇，因而它们不大情愿招募新工人，即便这样做能够短暂地增加收益。在这方面，工人合作社经济很像今天的许多西欧国家经济，这些国家的工会制度（这是劳工运动全力奋斗的产物）保证工人很难被解雇，因此，与实施"更有弹性"的就业规则的国家相比，这些国家往往失业率更高。

工人自我管理型企业本身不会自然地趋向充分就业状态。在其他条件相同的情况下，它在创造就业方面的表现不如不受约束的资本主义。然而其他条件并不相同。经济民主区别于资本主义的另一个结构性特征被称为投资的社会控制，它有助于弥补这一缺陷。经济民主下的投资银行是公共机构，专门负责全力扩大就业。这些银行并非毫不关心其所资助项目的赢利性，经济上不可行的项目不会得到资金资助。但是，赢利**能力**并非贷款与否的决定性标准。相对于保持雇员规模不变的现有企业，那些愿意通过雇佣更多工人以扩大生产的企业，那些有良好创业方案的工人群体，或者那些企业家式资本家新设立的企业，更有可能获得贷款。（现有企业并非毫无融资渠道。它们拥有可支配的折旧基金，而且也可以向投资银行申请贷款，但它们申请获批的优先性低于那些想要扩大就业规模的企业。）经济民主社会承认它与资本主义一样，都无法自然实现充分就业。但不同于资本主义的是，它专门设计了一套银行体系来弥补这一缺陷。

这些因素表明，经济民主社会的失业率会比资本主义的低，但也并不能保证充分就业的实现。在市场经济条件下，只有让政府扮演工作的最后提供者的角色，充分就业才能得以实现。在经济民主社会，政府正是扮演着这样的角色。普遍的"工作的权利"一直都是社会主义的要求，经济民主恰恰满足了这一要求。工作对维护一个人的自尊至关重要，除严重伤残者之外的所有人都应当有机会参与生产性劳动。假如市场部门无法提供足够多的就业岗位，公共部门就应当填补空缺。即使向人们直接提供福利补助所花费用更少（这是资本主义应对失业问题的"解决方案"），但金钱远不能提高我们的社会凝聚力。经济民主致力于为所有想工作的人们提供体面的工作，这意味着政府将向那些无法找到工作的人们提供工作。

如前所述，经济民主坚持代际团结原则：公民们照料孩子和老人，把它作为一种公共职责，而不是一件完全个人的事情。照顾孩子是我们的**集体**责任，他们年幼时得到我们的照料。到我们年迈时，他们将照料我们。由于护理行业——孩子看护、老人护理和健康医疗——是劳动密集型产业，因此坚持代际团结原则和实现充分就业是完全吻合的。经济民主将向所有有需求的人们提供高质量的儿童日托服务，失业率因此得以降低，国民生活质量也得以提高。（日托提供者可以是像公立学校一样的公共机构，或者也可以是接受代金券的合作企业或小型私人企业，又或者二者兼而有之。经济民主并不有意识地厚此薄彼。不管怎样，它确实强调为有需求的人提供照顾是一种公共责任，因此护理机构将享受国家补贴。）

保护我们的星球也是一项公共责任。失业人员可以从事维护公共场所的工作，协助清理环境，参加低技术要求的生态项目。这一领域有太多需要做的事情了。①

正如20世纪的社会主义试验（尽管缺陷也很明显）所表明的，充分就业并非不可实现的梦想。迫于同社会主义社会的意识形态竞争，资本主义国家的政府也曾一度雄心勃勃地瞄准充分就业。例如，美国1978年的汉弗莱－霍金斯法案（Humphrey - Hawkins Act）就要求联邦政府实行充分就业政策。这个提案的雏形甚至包括了和经济民主所主张的相同的一个条款，即政府作为工作的最后提供者。然而事实证明国会无法接受这一条款并最终抛弃，因此这个法案变成了一纸空文，很快就被人遗忘了。

我们很难对国会删除这一重要条款提出指责，因为正如我们已经知道的，资本主义根本无法与充分就业相互兼容，失业威胁仍然是这一制度的基本约束机制。资本主义下的工人并不认为自己和企业存在攸关的利益，而事实也的确如此。资本主义企业就是为所有者而非工人的利益服务的。降低技能要求、减少工资、提高工作强度，这些为人所熟悉的资本主义策略没有一个是有利于工人的，因此，为保障工作纪律，重要的是维持工人对失业的恐惧，而不是提高工人对公司利益的忠诚度。

① 有关这方面的更多建议，参见 Van Jones, *The Green Collar Economy: How One Solution Can Fix Our Two Biggest Problems*（New York: HarperCollins, 2008）。

经济民主与此不同。它不需要用失业来维持工作纪律，而是采取最根本的、积极的激励措施。你之所以努力工作是因为你和你工友的收入是和公司的利润直接绑定在一起的。你也知道自己不胜任或不负责的行为将极大地影响到工友们的福利。失业恐惧这根残酷的大棒被利润分享这根胡萝卜以及社会谴责这根更微妙的大棒所取代了。

由于失业对经济民主并非必须，而资本主义需要它，因此前者可以实现充分就业，而后者则不可能做到。

（一）关于通货膨胀的注释

失业对资本主义制度的正常运行具有十分重要的意义，资本家阶级及为他们发声的商业媒体对此是心知肚明的，然而却从未去说明失业对工人的约束作用。相反，他们往往用通货膨胀来掩饰对过低失业率的担忧。当劳动力市场供不应求时，工人就会要求涨工资。在失业率较低时，工人拥有较多的谈判筹码，并且充分地加以利用。因此，资本家被迫做出工资让步，然后以更高物价的形式转嫁到消费者身上。

通货膨胀通常被视为是一种祸害，新闻广播经常对物价指数上涨发出红色警报。这是很奇怪的事情，因为从整个社会的角度来看，通货膨胀并不显然就是糟糕的。假如物价走高，但工资也随之上涨，那人们并没有损失什么。是的，通货膨胀确实如价格机制中的某种“噪音”，使得长期计划的制订变得困难，但它通常并不造成实质性的影响。大多数经济学家私底下都承认这个事实，但很少公之于众。保罗·克鲁格曼是一个例外，他说：“在经济分析中有一个不可告人的小秘密。那就是通货膨胀被普遍当作可怕的灾难来看待，然而令人尴尬的是大量研究表明其所造成的损失是微乎其微的。”①

克鲁格曼的分析是保守的，通货膨胀通常伴随着相当好的经济表现。例如，日本在 1946～1976 年，消费者物价指数增长了 25 倍，这是很高的通货膨胀率，但在相同时期内它的经济实际增长了令人叹为观止的 55 倍。②

当然，工薪阶层并不喜欢通货膨胀，因为他们觉得自己的工作收入遭到

---

① Paul Krugman, *The Age of Diminished Expectations*: *U. S. Economic Policies in the 1990s* (Cambridge, MA: MIT Press, 1990), p. 52.

② Thelma Leisner, *Economic Statistics* 1900 – 1983 (New York: Facts on File Publications, 1985), p. 116.

了劫掠。但诸如高失业、快节奏的工作、被削减的福利等对工薪阶层的伤害更大，而政客或媒体却从未对此提出类似于通货膨胀的警告。事实是，在相对高通胀时期工薪阶层往往首当其冲受到冲击，而在低通胀时期他们常常处境更加恶化。

那么通货膨胀为何让人如此害怕呢？答案尽管很少被提及，但其实非常简单。真正不喜欢通货膨胀的是金融部门的资本家。诚然，那些依靠固定收入生活的人以及那些工资增长赶不上物价增长的工薪阶层都遭受到了通货膨胀的冲击，但损失最为惨重的却是货币放贷者。其中的道理不言而喻。假设我在某段时期借了 1000 美元，当时的年通货膨胀率是 10%，年底时我要偿还贷款。但是我偿还的这 1000 美元，现在能买到的东西要比我当初借钱时少 10%。我当然必须支付贷款利息，但假如利息率低于通货膨胀率，那我就从这笔借款中**获利**了，而货币放贷者则遭受了**损失**。因为他手里的这 1000 美元加上我所支付的贷款利息，其购买力低于一年前他借钱给我的时候。由于有钱可借的人往往比借钱者更富有，通货膨胀以收入再分配的形式使前者收入减少，这自然不为上层人士所欢迎，或者他们不会毫无抵制地接纳它。

我们不得不再一次惊叹，资本主义为资本家服务得多么周到。由于所有人都感受得到通货膨胀的负面影响，因此说服公众相信通货膨胀是一件可怕的事情并非难事。如此，人们就不会嘲笑福特总统（President Ford）的如下言论：“通货膨胀是我们的头号公敌，除非受到控制，否则它就会像全副武装的敌人一样，摧毁我们的家园、我们的自由、我们的财产以及我们的民族自豪感。”① 人们对此纷纷点头表示赞同。其中大多数人没有意识到的是——因为“负责任的”舆论制造者不会说——资本主义是用失业的办法来解决通货膨胀问题。1979 年，为管束工人、降低通货膨胀率和提高实际利率，吉米·卡特（Jimmy Carter）任命保罗·沃尔克（Paul Volcker）为美联储主席，后者很快就制造了自 20 世纪 30 年代以来最严重的衰退。（这次衰退使得卡特未能在第二次总统竞选中胜出，然后罗纳德·里根上台，继续实施卡特的放松管制政策，为公司继续打压工会开绿灯，给富人减税，以及终止实施反垄断法。）

① 转引自 Alan Blinder, *Hard Heads, Soft Hearts: Tough - Minded Economics for a Just Society* (Reading, Mass.: Addison - Wesley, 1987), p. 46。

我们说通货膨胀不是什么大恶魔，这并不意味着它就是好东西。无辜的人们的确受到了它的伤害，他们的储蓄贬值了。依靠固定收入生活的人也遭受了打击。虽然通货膨胀有利于借款人、不利于贷款人，并因此有利于缩小贫富差距，但受益最多的并非社会最底层的人们，而是那些特权阶层，那些可以获得信贷的人们，以及在同工人就工资和通胀同步的谈判中占尽上风的人们。当然，人们还是愿意生活在一个物价稳定的世界，只要其代价不要过于昂贵。然而不幸的是，资本主义往往要以严重的失业和激增的不平等为付出，代价不可谓不昂贵。

经济民主能够实现物价稳定吗？只要经济具有竞争性，通货膨胀就不会成为问题。工人不能一味地要求涨工资，因为工人们得到的并非工资而是利润的一部分。工人们可以执意提高自身产品的价格，但假如他们这么做时其竞争对手却按兵不动，那他们将受损而非获益。当然，经济民主下的各个竞争者会像资本主义企业那样相互勾结以便操控价格，因此必须制定出禁止这类行为的反垄断法。由于经济民主下的企业往往规模较小，因而在一个给定的行业，企业数目越多，共谋就越困难，越容易被发现。假如反垄断法被证明效果不彰，那么或许就应当采取一些价格管制措施。

四 过劳

假如作为资本主义的结构性特征失业问题注定越来越严重，那么作为失业的伴生物——过劳的命运也是如此。这是我们看到的又一个悖论。来自另一个星球的到访者肯定会迷惑不已，在一个宣称自由和理性的社会中，既有数百万的工人想工作得更多，又有数百万的工人想工作得更少。让这位到访者更加困惑的是，新技术虽然帮助人们用更少的劳动生产出更多的产品，然而那些有工作的工人的劳动强度却提高了。

当然，这个所谓的悖论对久居此地的人们来说并无神秘之处。工作越是不稳定，为了保住它你就越是必须全力以赴。竞争越是激烈，管理者越是要求他们——管理者之下的所有人——更努力地工作。这是一种跑步机效应：逆水行舟，不进则退。

失业的威胁是现实存在的。一度固若金汤的大公司职位现在也变得飘摇欲坠了，“裁员”已经不再是传说。例如在美国，资产占所有公司资产一半的最大 800 家公司，1993 年时比 20 年前少雇用了 150 万人。始于 2007 年的全球衰退进一步恶化了这一趋势，然而利润却大幅飙升。[①] 很明显，资本主义分配的极不平等不仅是指收入，也包括闲暇。对于那些工作不足和失业的数百万人来说，闲暇时间超过了他们所希望的。然而有为数更多的人希望放慢节奏、减少工作，但其愿望却难以实现——我怀疑我们中的大多数人就属于这种情况。

新古典经济学家往往否认在一个竞争性经济中会存在这种“非帕累托最优”（即无效率）。他们会说那些长时间工作的人是自愿这么做的，在闲暇和消费之间，他们选择了消费。对一些人来说，这无疑是真的。有些人债台高筑，为了还债就会身兼二职；有些人在可以选择加班的情况下会毫不犹豫地抓住这个机会；还有一些人在面临收入不变但工作时间减少和工作时间不变但收入增加这两种选择时，往往会倾向于后者。

但是“一些人”并不是“所有人”。（2004 年的一项研究发现，有 44% 的受访者经常或很经常地工作过度。[②]）资本主义大体上给予了我们真正需要的消费—闲暇组合，这样的断言是完全错误的。之所以下此结论，主要基于两点考虑。

第一点考虑显而易见。对于众多在职者而言，工作时间是固定不变的。一旦受雇，你就无法用一定的收入去换取更多一点的闲暇。你可以离职然后再找一份工作时间较少同时薪水也较低的工作，但实际上你不可能和现在的雇主就消费和闲暇进行折中的谈判。（当然也有例外，但很罕见。）

第二点考虑更为微妙。由于闲暇不是一种实物的选择，因此人们更习惯于相应地调整他们的消费。你几乎花光所挣的全部收入，因为除了被花掉，这些钱并无太多其他用途。实际上，你常常入不敷出，因为在一个工作过度的不稳定的社会，购物是一种地位的象征，也是快感（短暂快乐）的源泉。当然，你可以选择离职以便用大量减少的消费来换取大幅增加的闲暇，但是我们中极少人愿意这么做。这种选择完全不同于边际选择——用稍微减少的消费换取稍微增加的闲暇。由于缺少边际选择，你只好沉溺于消费，寻求着

---

① 关于早期的数据，参见 Andrew Hacker，Money：*Who Has How Much and Why*（New York：Simon and Schuster，1997），p. 46。关于当前的数据，参见 Andrew Sum and Joseph McGlaughlin，“The Massive Shedding of Jobs in America，”*Challenge*（November – December 2010），p. 62 – 76。

② 转引自 Juliet Schor，*Plentitude*（New York：Penguin Press，2010），p. 106。

物质享受，即使明了消费本身不可能带来满足感，但为了填补空虚，你甚至背负上了债务的负担。

经济学家和社会学家朱丽叶·肖尔（Juliet Schor）测算出提高的生产率事实上可以支撑多少的闲暇。假定在1948年的美国，我们满足于当时的生活水准（它为全世界所羡慕），并选择用提高生产率的方式来增加闲暇而非消费，那么：

> 如今的我们只要用一半的时间就能维持1948年的生活水准（用市场上的商品和服务衡量）。实际上，我们完全可以选择一天只工作4小时，或者一年只工作6个月。或者，美国的每一位工人都可以每工作一年就休假一年，而且是带薪休假。①

让我们对此内容多作一些阐发。1948年的美国挺适合我们生活的。人们拥有洗衣机、电冰箱、汽车（尽管数量不如现在多，但那时却有着更多的公共汽车和有轨电车）、电话、留声机、电视机（必须承认它们是黑白的而且不是大屏的）、打字机以及众多剧院。确实，那时没有智能手机、激光唱片、个人电脑和数字影碟机，但是生活不能说不舒适。（这里我所指的是中产阶级的生活，而穷人的生活正如现在一样是悲苦的。）假如当下的我们可以有两种选择：要么继续现在的生活，要么过着1948年的生活外加每隔一年的全薪休假。或许我们还有第三种选择：把消费维持在1949年和当下某个年份的中间点（比如1980年）水平，外加每天6小时工作时间，或者每隔三个月的休假。如果可以有选择，目前的消费－闲暇组合还仍然是我们确定无疑的选择吗？但是，我们并没有被赋予这样的选择。

技术进步本该给我们带来更多的闲暇，但事实上如肖尔的研究所表明的，那些有工作的人的工作时间却在稳步**增加**：

> 与30年前相比，现在雇员每年的工作时间要多出200小时，或者5周。50年前，美国人的工作时间大大少于西欧人；但现在我们每年要

① Juliet Schor, *The overworked American: The Unexpected Decline of Leisure* (New York: Basic Books, 1992), p. 2.

> 比他们多工作300小时（8周左右）。即使是日本——当我于20世纪80年代开始我的研究时它还是个以狂热工作闻名全球的国家——现在的年工作时间也要少于美国。[1]

从整个社会来看，我们当然希望有所选择，但事实是我们别无选择。这不是一个可以轻易修复的偶然性问题。对消费的偏爱根源于资本主义的内部结构。即使企业内的工人们愿意用一部分提高了的生产率来增加闲暇而非收入，但是企业所有者却从这种替代中得不到半点好处。因此，资本家所希望的就是工人们尽可能多地工作。除非能证明这种替代可以显著地提高劳动生产率，否则资本家绝无理由予以考虑。说工人将会更为幸福，这是完全无用的。

从整个资本家阶级的立场看，允许用闲暇替换消费就显得尤为荒唐。资本主义企业只有通过销售商品才能获得利润。如果要保持较高的利润率，那么就需要不断地增加对商品和服务的消费。任何一种从强调消费到强调闲暇的文化变革都预示着暗淡的商业前景。诚然，个别企业可以通过迎合人们的闲暇需求而获利，但假如这种闲暇是以收入减少为代价的，那么总需求将会下降，利润也将减少，经济将陷入停滞或者衰退。消费有利于商业，而闲暇假如不会引致消费则不利于商业。

自19世纪中叶以来工作日的长度确实已经减少（它在资本主义的初期阶段曾急剧增加）。但是逐步减少工作时间，对于资本主义而言，并不是正常不过的事情，而是阶级斗争的结果。19世纪中叶的工人为争取10小时工作日而斗争。工人阶级的首次五一游行（芝加哥，1886年5月1日）则进一步提出8小时工作日——这一要求直到半个世纪后才在美国得到实现。（44小时工作周于1933年被写入法律，但很快就被最高法院驳回，直到1938年才重新生效。要从资本主义制度中争得闲暇绝非易事。）

从那以后，美国的工作日长度就再也没有减少过。事实上，近年的工作日反而延长了。例如，制造业的加班时间已经从1982年的2.2小时增加到

---

① Juliet Schor, *Born to Buy* (New York: Scribner, 2004), p. 10。肖尔在另一书中指出，“30%的美国男性大学毕业生和20%的全职男性工人每周的工作时间通常超过50个小时”（Juliet Schor, *Plentitude* (New York: Penguin Press, 2010), p. 105）。

了现在的 3 小时。总的说来，近四分之三的美国工人一周工作超过 40 小时。[①]（与美国相比，欧洲工人组织更强大，因此在削减工作时间的斗争中已取得节节胜利，大多数人得到了 4 ~6 周的带薪休假。1998 年法国工人赢得了 35 小时工作周，他们为此而在工作进度的安排上给予了资本家更大的灵活性。）

原则上，劳动节约型技术改进如果被引入车间，就既可以用于增加产量，也可以用于增加闲暇。我们是想用等量的劳动生产更多的商品，还是用较少的劳动生产等量的商品？又或许是二者的某种折中：多一点的商品和多一点的闲暇。原则上，商品和闲暇的替换是可能的。工人自我管理型企业会考虑到所有这些选项，不存在对何种选择的厚此薄彼。挣更多的钱始终都很有吸引力，但减少工作也具有同样的吸引力。一般而言，增加生产要比重新调整工作来得容易。然而增加生产就意味着有更多的待售商品，以及由此可能产生的卖不出去的风险，因此和从前生产得一样多并增加闲暇会更稳妥些。（生产力的提高也可表现为工作环境质量的改善。但由于这方面的论证逻辑和前面的工作闲暇替代并无二致，因此下文我将只论及闲暇问题。即便在利润并无增加的情况下，有意义的工作如同闲暇一样也是工人所追求的。这意味着对工作意义的追求在经济民主下是工人的真正选择，而在资本主义下则并非如此。）

在资本主义下，劳动节约型技术不会为工人提供增加消费或是增加闲暇的选择机会。资本主义下的“闲暇”，其实就是解雇工人。资本主义下的消费，其实就是为企业主增加生产从而增加利润。长期来看，增加的生产会导致商品价格的降低，从而提高工人的消费，但在这个过程中并不存在工人们自主选择的余地。

由于经济民主下的工人可以自由选择消费或者闲暇，因此我们有理由期待，只要假以时日，将出现各种各样的选择模式，一些企业选择更多的闲暇，一些则选择更多的收入。实际上，只要总生产能够有效地协调，特定企业中的工人是可以自由选择闲暇—收入组合的。加薪和增加奖金也可以按照

① 数据来自 Bureau of Labor Statistics and from the International Labour Organization，转引自 Lonnie Golden and Deborah Figart ，“ Doing Something about Long Hours，” *Challenge*（November/December 2000）：25，17。关于更近期的数据，参见 Susan Fleck，“International Comparison of Hours Worked：An Assessment of the Statistics，” *Monthly Labor Review*（May，2009）：3 - 31。

收入—闲暇组合的形式来制定。同样可以实现的是，在减少工作时间的同时，保证小时工资率和全职工作时一样的水平。

经济民主社会不会在政治上保持中立，然后作壁上观，而是会敦促企业以闲暇替代消费。至少有两个非常充分的理由支持我们选择更少的工作时间而非更多的个人收入。第一，正如我们已经知道的，经济民主下仍然存在失业问题。从理论上看，如果削减 x% 的周工作时间，就能增加 x% 的就业，同时产出水平仍然不变。相同的工作现在被更多的工人分摊。我们也实现了对闲暇的再分配——在拥有过多闲暇的失业者和终于可以工作得少一点的工人之间。第二，从生态角度看，用闲暇替代消费也是很有意义的。资本家让消费保持不断增加，其实就是对我们的自然环境施加深重的、或许是不可承受的压力。富国的消费需要被抑制。选择闲暇而非消费就是朝这个方向迈出的重要一步。

为了增加同胞的就业机会、为了和生态环境和谐相处，经济民主社会中的公民会选择用闲暇替代消费吗？我想会的，尤其那些关心公共利益的环保主义者及其他公民也应当义不容辞地劝告同胞们做出这样的选择。有诸多理由让我们对这一劝说的有效性保持乐观：

· 我们知道一般而言增加消费不会使人更幸福。贫困是痛苦和可耻的，但是一旦你达到了某一水平的物质享受和安全感，再消费就很难提高你的福利感受了。实际上，可能适得其反。

· 我们知道很多人，或许大多数人，都感觉到自己缺少空闲时间。为了从事那些赋予人类生命以和谐、意义和真正快乐的事情，除了工作本身以外，我们还需要真正的闲暇：去培养友谊，去维系家庭的代际联系，去从事社区服务工作，去发展我们的艺术、音乐、文学或戏剧能力，去培养一种爱好或运动兴趣，去阅读，去欣赏电影、音乐或舞蹈，去倾听买来的音乐唱片，去玩电脑，去沉思。时间已经成为极其昂贵的商品了。

· 最后，存在一种伦理诉求，要求我们按照一种更符合地球公平和生态正义的方式来生活。使用超过我们应有份额的地球稀缺资源或制造超过我们可承受范围的污染，这些都是不对的。毕竟，对其他人类成员和后代，我们是承担一定义务的。无论资本主义如何竭力阻止我们看清这一基本的道德责任，在内心深处我们是知道这一点的，大多数人都知道。

在发达的工业化国家，并非所有人都清楚，伴随技术进步我们需要放慢脚步、消费得更少并且选择更多的闲暇或有意义的工作。但是总有一些人是对此明了的，而且假如人们普遍地享有选择消费或闲暇的机会，那么应该会有更多的人清楚这一点。但是，只要资本主义依然占据主导，就永远不可能有这样的机会。

五 贫困

失业和贫困之间的联系要比失业和过劳的联系更为显而易见。发达国家的绝大多数穷人都是身体健全的，他们要么失业，要么从事法定最低工资的工作。（如果一份全职工作只能领取法定最低工资，那么其年薪仅为 14500 美元，而一个四口之家的贫困线是 22000 美元。）但二者的联系要远远超过这个表面上的关联，因为贫困不仅仅是物质匮乏问题。一首古老而激进的歌曲唱出了问题的关键所在："灵魂和身体一样饥饿，我们既需要面包，我们也需要玫瑰。"

重要的是，我们要区分"活在贫困中"和"贫困"本身。例如，古巴人民是贫困的。古巴的人均收入只是美国的一部分（仅是五分之一，根据中央情报局的《全球国情报告》[①]），但古巴基本没有营养不良或无家可归的情况，而且所有人都可享受基本的健康医疗。以下结果更令人叹为观止：古巴的婴儿死亡率和人口平均寿命和美国的基本一样。古巴人民是贫困的，但他们并未活在贫困之中。

物质贫困的煎熬是可怕的：饥饿和营养不良，无家可归，疼痛和疾病（胃胀、牙齿疼痛溃烂且得不到治疗，还有其他病症折磨着业已脆弱不堪的躯体）。但贫困不仅仅是一种物质现象。贫困既蚕食着身体，又腐蚀着灵魂。如果你因交不起房租而被逐出公寓，那会是一种什么样的感受？你的孩子会怎么看待你？如果你只能眼巴巴地看着自己的孩子因为饥饿、牙疼或某种疾病而大声哭泣，虽明知是可以治愈的，但又负担不起治疗费用，那又将是一种什么样的感受？

---

① U. S. Central Intelligence Agency，*The World Fact Book*，详见 www. cia. gov。据资料显示，2000 年古巴的人均收入为 9700 美元（购买力平价），美国则达到 47000 美元。

（一）富国的贫困问题

富裕国家尽管已经消除了阻碍实现平等的法定障碍，但在这些国家中贫困对人类灵魂的摧残更为严重。这些国家传递出这样的信号：如果你没有功成名就，那是你自己的问题。贫困变得令人难以忍受，它摧毁着自尊。如果你很穷并且毫无前途，那么你加入黑帮并到处为非作歹又有什么好奇怪的呢？你从酒精、可卡因、冰毒及其他一些能够给你快感并减轻痛苦的化学药物中寻求安慰，这又有什么好奇怪的呢？你试图贩卖毒品，视其为赚大钱并因此得享幸福（尽管是虚假的幸福）的唯一希望（尽管是渺茫的希望），这又有什么好奇怪的呢？当然，你很可能因此获罪入狱，但那又如何？对你而言，监狱内外并无太大差别。（在过去的四十年里，美国的监狱人口翻了近五倍。尽管人口不足世界的5%，但目前美国的收监犯人数量却占到世界总数的25%，总计230万，还有730万人处于缓刑期，这些数字令人震惊。①）

要真正治愈由贫困造成的身体和精神摧残，众所周知，唯一的良方就是体面的工作。自由主义和社会民主主义的社会福利措施无法真正解决问题，有时反而弄巧成拙，正如保守主义者乐于指出的那样。人类需要工作。工作——好的工作——赋予生命以内容和意义。作为一个活着的人，你必须消费，否则你将不再是活着的存在。假如消费了，就意味着其他人是在为你工作。自尊要求你对他们有所回馈。

但是一个正常人仅能承受有限的羞耻和内疚，如果不能回馈他人，心理防守机制就开始起作用：自欺欺人、愤世嫉俗、铁石心肠、不顾基本人伦的肆无忌惮。一旦缺少由好工作灌输的自豪和自律之液，人类灵魂之花终将枯萎。②

资本主义无法为所有人提供工作——哪怕是间歇性的工作，更不用说好工作了。失业对于资本主义的正常运作是必不可少的。正常运作的资本主义不仅需要穷人，而且还需要贫困——一个人们努力避免的、令人痛苦、丢脸和可耻的条件。雇主还能用其他方法管束工人吗？你可以毒打奴隶或农奴，但不能对“自由”男女做同样的事情。（美国曾一度梦想着消

① United States Bureau of Justice Statistics, “Total Correctional Population,” (2009).

② 一个关于失业型贫困带给我们内陆城市痛苦和灾难的有力说明，参见 William Julius Wilson's classic indictment, *When Work Disappears: The World of the New Urban Poor* (New York: Vintage, 1997)。

灭贫困。在凯恩斯式自由主义的全盛时期，“充分就业”被郑重其事地作为一项可以实现的目标。约翰逊总统曾对贫困宣战，用他自己的话说就是：“本届政府、国会以及整个国家共同承诺，将尽全力战胜贫困这个人类最古老的敌人。”①）现在不会再有主流思想家和政治家发出这样的倡议了。虽然都知道它是不可能实现的愿望，但是没有人指出资本主义是其中不可逾越的障碍。

为消除国内贫困，经济民主可以而且也将会实施充分就业政策。这并不意味着这项政策很容易设计和实施，尤其是在过渡时期，资本主义在其身后留下了一片狼藉。整个国家（我是指美国，但大多数富国也一样）和大多数城市的大片地区长期饱受贫困的摧残。各种各样的“贫困文化”由此产生，它们剥夺了当地居民从事生产性工作所必需的技能、习惯和态度。毫无疑问，为消除业已造成的破坏，社会必须做出承诺，发动那些乐于奉献的人们。我们要对问题的严重性保持清醒，但这是一项值得我们为之奋斗的使命，它无法在资本主义下完成，但可以在经济民主下实现。

（二）穷国的贫困问题

我们已经了解了富国的穷人——他们数量众多。但众所周知，整个世界的情况就更严重了：近一半人口活在世界银行划定的每天 2.5 美元的贫困线以下；8.8 亿人口每天的生活费用不足 1 美元。

关于贫困的统计数字更为触目惊心。彼得·辛格（Peter Singer）是一位长期关注世界贫困问题的哲学家，他指出 2001 年 9 月 11 日有 3000 人在世贸大厦的恐怖袭击中丧生，而两天后的 9 月 13 号，联合国儿童基金会发布报告说 2002 年总共有超过 1000 万不足 5 岁的儿童死于可预防的疾病（比如营养不良、不干净的水源、匮乏最基本的健康保护等），这个数字相当于 9·11 那天有 30000 名儿童死亡。②

托马斯·博格（Thomas Pogge）是另一位把注意力转向全球贫困问题的

① Lyndon B. Johnson, "Special Address to Congress," March 16, 1964, in *Public Papers of U. S. Presidents*, *Lyndon B. Johnson*, 1963 – 1964 (Washington, DC: Government Printing Office, 1965) 1: 375 – 80.

② Peter Singer, *One World*: *The Ethics of Globalization*, (New Haven, CT: Yale University Press, 2002), pp. 150 – 51.

哲学家，他在2005年指出：

> （在冷战结束后的15年里）每年大约有1800万人因与贫困相关原因而过早地死亡，整整占到所有人类死亡数字的三分之一。这15年的死亡总数为2.7亿人，大大超过20世纪死于世界大战、内战、种族屠杀和其他政府镇压的2亿人。①

对这些数字持怀疑态度的人——开始时我也不相信——博格提供了一个细目列表，汇总了20世纪大约284次“暴力和镇压导致百万死亡事件”的死亡人数，其中包括第一次世界大战、第二次世界大战、斯大林等的暴行以及280次其他灾难。结果表明，上述事件导致的**整个世纪**死亡人数比冷战后因贫困死亡人数还少四分之一。

全球化资本主义的倡导者乐于指出，近年来极度贫困人口的比例已经下降了。他们没有指出的是，这主要归功于中国没有拥抱自由贸易（当然是在加入世贸之前），实行市场社会主义，从而成功地减少了数亿的贫困人口。另一方面，当苏联放弃社会主义制度之后，苏联人民的生活水平出现了自人类和平时期以来最急速的下降。②

关于全球贫困的最令人气愤、悲哀、伤心、痛苦（你可以选用任何这类形容词）的事实是，要消灭贫困，我们其实只需要花费如此之少的物质资源。有如此之多的人英年早逝，有如此之多的人因食不果腹或疾病缠身而身陷囹圄，有如此之多的同胞无缘人类幸福，然而结束这一梦魇需要多少钱呢？牛津大学的经济学家帕萨·达斯古普塔（Partha Dasgupta）做了如下计算：

① Thomas Pogge, “Real World Justice,” *Journal of Ethics* 9, nos. 1－2 (2005): 31. 详见英文纸质版第216页。

② 关于中国是否配得上“市场社会主义”的称号是存在争议的。这个问题留到第六章研究。所不容争辩的事实是，中国穷人经济福利的大幅改善是发生在1978年市场化改革之后的十年时间里，那时中国经济的社会主义性质是没有争议的。同样不容争辩的还有苏联所发生的事情。正如普林斯顿大学教授斯蒂芬·科恩（Stephen Cohen）指出的，“1991年以来，俄罗斯发生了20世纪和平时期最严重的工业萧条；农业和畜牧业在某些方面的退化程度甚至比20世纪30年代斯大林推行灾难性的农业集体化还要严重；整个国家约有75%或更多的人口处于贫困或接近贫困的状态；新产生的孤儿数量比二战期间3000万人伤亡而产生的孤儿数量还要多”［Stephen Cohen, *Failed Crusade: America and the Tragedy of Post－Communist Russia* (New York: Norton, 2000), 28］。

在撒哈拉以南非洲和印度次大陆，消除贫困所需资源差不多相当于它们自身国民收入的10%……假定人均收入每年增长1%（这个增长率通常高于印度和巴基斯坦的），那么这些地区原则上将在10年内根除贫困。①

彼得·辛格提供了自己的一些计算结果。他查看了联合国千年发展目标——它是在2000年历史上最大规模的全球领导人聚会时制定的。在这些目标中，189位政要认为应在2015年之前实现的目标包括：

·将受饥饿人口比例减少一半。

·确保所有地方的儿童都能学完所有小学课程。

·将五岁以下的婴儿死亡率减少三分之二。

·将缺乏安全饮用水的人口数量减少一半。

·终止然后逐渐阻止艾滋病病毒/艾滋病、疟疾以及其他主要疾病的扩散。

在联合国一个特别行动组估算了实现上述目标需要花费的成本之后，辛格对比了估算成本和美国前0.1%纳税人的收入，得出的结论让他本人都十分吃惊：假如前0.01%的纳税人捐出他们年收入的三分之一（平均每户家庭仍有800万美元可供花费）、前0.1%中的剩余纳税人捐出他们收入的四分之一（平均每户家庭仍有150万美元可供花费），那么那一年（2006年）我们将得到50亿~1260亿美元，**超过**为完成上述目标所需要的金额。也就是说，不需要来自任何政府（包括美国政府）、任何非美国公民以及任何来自99.9%的美国底层人口的额外捐助，我们就能实现千年目标。

全球贫困是可以被根除的。不幸的是，只要全球资本主义仍然大行其道，它就不可能在10年或15年之内被根除，甚至永远都不会。相比于资本主义和富国贫困问题的关联，资本主义和穷国贫困问题的关联更为复杂，且更不确定。国内失业以及令人沮丧的贫困，是资本主义经济正常运作的必要条件，劳动力必须受到管束。而穷国的贫困问题，与其说是该国资本主义结

① Partha Dasgupta, *An Inquiry into Well-Being and Destitution* (Oxford: Clarendon Press, 1993), 80。他指出，极度的贫困有望在4年内根除。

构的必要条件，不如说是全球资本主义的副产品。诚然，穷国资本家也需要管束他们的工人，但这些国家的贫困程度远远超出了资本家的这一结构性要求。资本主义需要的是贫困，但不是大多数人的贫困。

历史地看，目前世界上的大多数穷国都曾受到资本主义殖民帝国的劫掠，其自主发展进程也因此被阻断。[①] 资本的中心国需要廉价的原料和剩余产品的销路，武力确保了这一目标的实现。掠夺的作用就是肥强贫弱。正如马克思所发现的：

> 美洲金银产地的发现，土著居民的被剿灭、被奴役和被埋藏于矿井，对东印度开始进行的征服和掠夺，非洲变成商业性地猎获黑人的场所——这一切标志着资本主义生产时代的曙光。[②]

这是那时的情形，现在又如何呢？资本的中心国仍然需要廉价的原料和剩余产品的销路，但武力已不再是必要。富国的资本家并没有从全球贫困的增加中获得利益，由于穷人要比富人消费得少，因而贫困的增加反而让资本家的利益受损。资本家喜欢低工资，但他们也同样喜欢健康的工人和有消费能力的消费者。即使是对资本家而言，极端的贫困也是毫无吸引力的。尽管如此，理性资本家却在无意中增加而不是减少了全球贫困。

资本主义如何增加贫困并无神秘之处。在《资本论》中，马克思描绘了印度纺织工人由于本国市场向英国纺织品开放而遭遇的可怕后果，人力织布机根本无法与英国的机器织布机竞争。他引用了印度总督 1834～1835 年的报告："这种灾难在商业史上几乎是绝无仅有的。织布工人的尸骨把印度的平原漂白了。"[③]

这一场景已经在穷国重复了无数次：当地的农业和工业被廉价的进口商品所摧毁。资本主义带来的技术进步，在理论上本来是可以在不损害任何人的情况下改善所有人的生存条件，但实际上却摧毁了数百万人的生活，撕裂

① 对某个大陆详尽的、煽动性的分析，参见 Olufemi Taiwo, *How Colonialism Preempted Modernity in Africa*（Bloomington, IN: Indiana University Press, 2010）。

② Karl Marx, *Capital*, vol. 1（New York: International Publishers, 1967）, 751。请参见《资本论》第 1 卷，人民出版社，2004，第 860～861 页。——译者注

③ Karl Marx, *Capital*, vol. 1（New York: International Publishers, 1967）, 432。请参见《资本论》第 1 卷，人民出版社，2004，第 497 页。——译者注

了广大地区的社会组织结构。

上帝保佑不要让穷国试图保护自己！当中国试图阻止鸦片的进口时，英国用它的炮艇让中国臣服——以自由贸易的名义。（需要注意的是，1839～1842 年的鸦片战争——这场资本主义的首次“毒品战争”——是一场**促进了毒品交易**的战争。）此后的运作机制变得更加巧妙，但目标依然保持不变：让所有国家保持“开放”——并不是对自由和民主开放，而是对西方的资本和商品开放。

大多数穷国目前已被亲西方的精英们所掌控，与之相伴随的是收入差距不断扩大，而它们中的小国对于全球资本主义的健康和福利已经越来越不重要了。尽管他们仍然是富国产品的不重要市场及廉价原料的来源地，但由于穷国失业者的有效需求相当有限，因此除了作为廉价劳动力（现在几乎用之不尽）的来源地，它们中的大多数很少能吸引到全球资本。在接下来的数十年里，假如资本主义继续在全球占据主导，那么少数穷国或许可以进入中等收入国家行列，但大多数国家不会。对于那些广受好评的“新兴市场”（这是对先前“第三世界”的委婉称谓），很少有国家能够“摆脱”贫困。大多数将在贫困中越陷越深，因为廉价的进口商品和新技术将促使越来越多的工人变得多余。年轻的工人，尤其是男人，将日益卷入犯罪和自相残杀式的内战，为了面包屑和短暂的暴力快感而相互厮杀。少数人可能会到富国搞点小破坏——尤其针对那个向他国发号施令的国家。

一些多余的穷人将移民到发达资本主义国家。从资本家阶级的角度看，这是一件好事：廉价的保姆和管家，更勤劳而且工资比本国工人更低的工人，还有强烈的足以使工人阶级迷惑并且分裂的种族仇恨。（难怪资本家喜欢无形的手。这只手如此精明地代表着他们来行事，却同时解除了他们所有的个人责任。）

没有移民的人们必须向那些坚称穷国应当吸引更多外资的国际机构乞讨。统治精英们顺从了，尽管事实是这种蠢人玩的以邻为壑的游戏，其结局注定是赢家少（如果有的话）、输家多。精英们对此是明了的，但是他们会说“已经别无选择”。于是，口号变成了“四散逃命，各管各的”。精英中的最幸运的（而且/或者是最腐败的）人们将会成功“逃命”。目前世界上的主要城市都有飞地，在那儿穷国的富人们过着和富国的富人们相差无几的生活，却对他们高墙耸立、戒备森严的大院之外的超大型贫民窟不闻不问，更不用说去关注境地更悲惨的乡下地区了。至少现在是这样的情形。

经济民主如何看待穷国的贫困问题呢？如果世界上所有或大部分地区都是走经济民主路线，那我们可以做些什么呢？

到目前为止的分析提供了一些基本的解决方案。让我们从两个角度考虑这一问题，即富国应当怎样帮助穷国？穷国应当怎样帮助他们自己？

假设一个富国被重组为经济民主社会。假如这一转变是社会运动的结果，而运动又是为深厚的人文理想所激发（这是出现这一转变的唯一途径），那么这个富国将愿意采取一些行动，以减轻资本主义既从中受益也使其恶化的全球贫困。当务之急是终止对穷国的掠夺。以下三个步骤将把我们引向这个并不容易实现的目标：

· 豁免穷国欠其银行的所有债务。

吸干穷国的稀缺资源用于偿还永远都无法还清的贷款，这是犯罪行为。而且，这些贷款的收益往往被贪污挥霍，或者常常用于那些使得大部分人的生活变得更为糟糕的项目。（这些项目由富国的顾问们推荐。）[①]发达资本主义国家的个人和企业，在面临困境时可以宣布破产、从头再来。穷国也应当享有相同的特权，而不是无休止地偿还贷款。由于经济民主下的银行是公共的而非私人机构，而且它们的资金来自资本资产税，因此债务豁免对这些发达国家的经济没有或者只有很小的负面影响。

· 将本国跨国公司设在穷国的分支机构改组为工人自我管理型企业。

假如在经济民主下跨国公司已经被国有化并被移交给工人管理，那么其所有权仍然属于政府。（要记住：工人从社会**租赁**他们的企业，以资本资产税的形式支付租赁费用。）在满足按民主方式管理企业的前提条件下，可以把设在海外的分支机构转让给那儿的工人，或者也可以移交给那儿的政府。新成立的公司将和母公司签订合同，承诺像分支机构那样向母公司提供现在所提供的所有商品和服务，以最大限度地减少经济动荡。

· 逐渐导入社会主义的公平贸易政策。

---

① 一个知情人对此进行了生动阐述，参见 John Perkins，*Confessions of an Economic Hit Man*（San Francisco：Berrett - Koehler，2004）。另一个很有说服力的分析，参见 Noreena Hertz，*The Debt Threat：How Debt Is Destroying the Developing World ... and Threatening Us All*（New York：HarperCollins，2004）。

公平贸易通过确保穷国出口商品的高价格让穷国获益。公平贸易的结果就是，更少的本地资源被用于出口，更多的资源供国内使用。公平贸易政策必须逐渐地导入，一方面是为了给予富国调整消费模式的时间，以应对穷国进口商品价格的提高；另一方面是为了给穷国提供调整生产能力的时间，以适应已发生了改变的需求。

除了消灭内在于资本主义金融、生产和贸易三者中的剥削机制之外，富裕的经济民主国家还能为穷国提供怎样的帮助呢？这些穷国肯定会欢迎自由的技术转移，比如消除专利限制，所有的“知识产权”都可为穷国自由使用。假如富国能将相当部分的研究开发经费用于解决穷国的问题，并使穷国的研究人员能够参与其中，那么穷国也能受益。（疟疾每年杀死近 100 万人，而且造成数百万人伤残，但全球每年花在疟疾控制上的经费只有 18 亿美元——不到大卫·泰珀 2009 年收入的一半，也不到 2009 年美国 7000 亿军费的 0.25%。[①]）

无论穷国自身的内部结构怎样，以下举措都应当付诸实施。假如穷国自身就是经济民主社会，那它应当如何应对贫困问题呢？显然，政府应当把基本的教育和健康医疗放在首位。这些都是劳动密集型的领域，成本不会太高。古巴、印度的喀拉拉邦（1957 年该邦选举了一个共产主义政府，自那以后共产党多次掌权）以及其他地方的经验显示，如果能制定并实施合适的制度，那么就能以较小的成本获得较大的收益。[②] 穷国可以借助富国的援助来推进这一进程，并发展基础设施，但这些援助只能是短暂的。为了保证经济的自主发展，穷国必须要避免对富国的经济依赖——不论这种依赖是叫“外国援助”、“外国直接投资”还是“赔款”。穷国的领导阶层应当知道现

---

① 世界卫生组织《2010 年疟疾报告》显然发出了乐观的信号。疟疾死亡人数从 2000 年的 985000 人减少到 2009 年的 781000 人。尽管如此，这份报告显示，经费一直停滞不前，远远少于每年 60 亿美元的需要量。（这份报告可详见 www. who. int/malaria/world_ malaria_ report_ 2010/en/index. html）。

② 有关古巴的较好分析，参见 Julia Sweig, *Cuba: What Everyone Needs to Know* (Oxford: Oxford University Press, 2009)。更多关于喀拉拉邦的论述，参见 Richard Franke and Barbara Chasin, *Kerala: Radical Reform as Development in an Indian State* (San Francisco: Institute for Food and Development, 1989)，或者 Bill McKibben, *Hope, Human and Wild* (St. Paul, MN.: Hungry Mind Press, 1995) 的第 3 章。一个既承认喀拉拉邦业已取得的成功，但同时提供更具批判性视角的分析，参见 K. Ravi Raman (ed), *Development, Democracy and the State: Critiquing the Kerala Model of Development* (New York: Routledge: 2010)。

金和信贷的大量流入将导致腐败，而且常常使问题变得更糟。此外，这种资金转移容易产生一种幻觉，即富国的发展模式和消费方式是最优的，而实际上肯定不是如此。①

治理良好的穷国，不论是单个国家还是与发展水平相似国家的联合，都应当致力于实现基本的可持续的自给自足。一些国际分工也许是有利生产的，但由于新技术往往使在任何地方生产任何产品成为可能，因此这些国家和地区应该实施“进口替代战略”，以使用本地资源和适宜于当地环境的技术来进行生产。这些国家应当明确他们需要确立自己的发展模式和消费方式。这些做法或许对富国也有一些重要的借鉴意义。［即便在极其不利的条件下，当地科学家、工程师和工匠，与农民、城市街头的孩子以及土著居民共同努力建设了一个试验性的、可持续的、美丽的社区，艾伦·魏斯曼（Alan Weisman）有关戛沃塔斯（位于哥伦比亚东部气候恶劣的荒原）的报告对此进行了鼓舞人心的描述。想一想那些富有想象力的创意是如何将巴西的库里塔巴变成一个现代都市，我们就明白在条件成熟时渐进的城市规划所能发挥的作用。②］

（三）关于种族主义的注释

在多民族混合杂居的富国，贫困问题往往不成比例地落在少数民族的头上。这在美国表现得非常明显。2009 年，黑人家庭的中位数收入是 32500 美元，非西班牙裔白人家庭则是 54000 美元——在过去的 40 年间这一比例基本没变过。③

为什么贫困主要集中于少数民族呢？正如我们已经知道的，资本主义不仅需要失业，而且需要让失业令人难受，但这些要求看起来和种族并没有任

---

① 对现有援助项目的批判和一种替代方案的介绍，参见哲学家、数学家兼世界银行内部人士 David Ellerman, *Helping People Help Themselves: From the World Bank to an Alternative Philosophy of Development Assistance*（Ann Arbor: University of Michigan Press, 2006）。

② Alan Weisman, *Gaviotas: A Village to Reinvent the World—10th Anniversary Edition*（White River Junction, Vt.: Chelsea Green Publishing Company, 2008）。有关库里塔巴的较好分析，参见 Bill McKibben, *Hope, Human and Wild*（St. Paul, Minn.: Hungry Mind Press, 1995），第 2 章。也可参阅 Steven A. Moore, *Alternative Routes to the Sustainable City: Austin, Curitiba, and Frankfurt*（Lexington Books: 2007）。

③ U. S. Census Bureau, *Income, Poverty and Health Insurance Coverage in the United States*, 2009（Washington, DC: US. Census Bureau, 2010）（可详见 www. census. gov/prod/2010pubs/p60 - 238. pdf）。

何关联。诚然，资本主义在历史上是和种族主义存在关联的。欧洲在非白人世界的殖民化和暴利的奴隶贩卖商业化都极大地推动了资本主义的腾飞，而种族主义则为他们提供了意识形态的辩护。但那是很久之前的事了。我们在此谈论的是成熟的资本主义。随着时间的流逝消灭种族主义难道不是资本主义进步的特征吗？正如它消灭封建农奴制以及（最终）消灭奴隶制——尽管它最初对资本主义是极有价值的。

自由市场的支持者乐于宣称，资本主义在本质上是反种族主义的。他们说资本家需要最好的工人，因此任何人为地限制劳动力流动都是和他们的利益冲突的。至于种族主义在资本主义下的持续存在，应该受指责的是白人工人而非资本家，因为这些白人工人为获得更好的薪酬而限制竞争。①

这一论点并非完全没有道理，工人确实希望将工作竞争限制到最低程度。当工作岗位有限时——资本主义几乎总是如此，工人阶级的种族主义偏向就有了客观基础。此外，种族主义也不符合资本家阶级的某些利益。资本家希望劳动力队伍是大规模的、高质量的，但是就业的种族障碍限制了这样的劳动力队伍的形成。资本家也希望劳动后备军能很好地胜任工作，但种族贫困使这一要求无法满足。

尽管种族主义带给资本上述坏处，我们必须指出一个大好处——种族主义维持了工人阶级的分化。在美国，从内战后的重建开始，南方财团就竭力阻止——不惜一切代价——跨种族阶级联盟的形成。与此同时，北方工业资本家通过从南方进口黑人的方式来破坏罢工、阻挠早期劳工组织的形成，从而加剧了种族仇恨。尽管现在的离间方法更为微妙，但是和财团联系紧密的政党（即共和党）最经常打“种族牌”，这绝非偶然。由于劳动人民不会自发地把自己的利益与财团利益紧密联系起来——人民有充分的理由这样做，因此，那些最露骨地代表财团的政客就必须依靠其他办法来吸引选民，再也找不到比种族主义更好的办法了。（茶党运动背后的种族主义暗流已经昭然若揭。②）

---

① 关于这一论点的经典阐述，参见 Milton Friedman, *Capitalism and Freedom* (Chicago: University of Chicago Press, 1962)，第 7 章。

② 一位同茶党活动家有过接触的新闻记者做了如下直率的评价：“如果给茶党下一个宽泛的定义，它就是少部分银行和投资公司通过在 FOX 和 CNBC 做广告，怂恿数百万愤怒的白人在医疗补助问题上抓住墨西哥人不放……不是茶党成员讨厌黑人，只是他们非常愿意相信一个弥天大谎，那就是在奥巴马时代白人成了被压迫的少数民族。” Matt Taibbi, “Tea and Crackers,” *Rolling Stone* (October 1, 2010)。

在这里，贫困的种族化是有利于资本家的。尽管政客无须直接诉诸种族问题——现在这样做会疏远许多选民，但是他们可以站在反对“犯罪”和“福利”的立场。他们的政策一旦实施，将使种族问题更加恶化，不过就算恶化了又有什么关系。他们这样做只会在下一轮诉求“法律和秩序”时获得更多支持，由于支持力量如此巨大，以致作为反对党的民主党必须与以往的“自由”立场划清界限，并承诺更强硬地对付犯罪和“终结我们所知道的福利”（这是克林顿在 1992 年大选中的一个核心承诺，试图让人民脱离福利转到工作中去。——译者注）。

由于种族主义在破坏阶级团结方面如此有效，你永远也看不到资本家阶级（即统治阶级）作为一个集体去努力消除种族主义。这一阶级的部分成员将会改善种族主义较为丑陋的方面，尤其是那些干扰车间的效率或消极地影响社区、区域和国家商业氛围的种族主义，但富人们却可以明哲保身，使自己免受种族分层带来的不良社会后果。而且他们知道，一旦质疑公司（资本家）利益的、以阶级为基础的政治运动出现，他们需要煽动选民群起反对。而长期的实践告诉这些政治活跃分子种族主义在这方面是多么的有用。

如果说在资本主义之下消灭种族主义是不合理的期望，那么是否该对经济民主抱有更乐观的态度呢？答案是肯定的，有两点原因：

· 由于在经济民主下工作竞争不会那么激烈，所以工人间产生种族主义的客观基础将被削弱。经济民主可以实现充分就业，而资本主义则不可能。

· 不存在一个政治上势力强大的阶级，它在维持工人阶级分化方面享有既得利益。因此，终结种族主义的政治承诺面临着较少的障碍。

种族主义并不会随着经济民主的到来而自动消失。经济民主的两大基本制度（车间的民主和投资的社会控制）并不能确保少数人的利益不被牺牲——为了换取多数人的利益。在经济民主下，消除种族主义具有客观上的可能，但要把可能变为现实还需要勤勤恳恳的努力。

因此，期盼将来超越资本主义的任何人当下就应直面种族主义问题。反对种族不公正的斗争不能推迟到“革命之后”。（反对性别歧视和同性恋歧视的斗争也是如此，至少上述部分分析也适用于它们。）

（四）关于移民的注释

我们必须谨慎小心，不要将种族主义问题本身和由穷国到富国大量移民所产生的问题混为一谈，后者正在全球的许多地方给种族主义问题火上浇油。显然，合法入境者的权利应当得到尊重。目前条件下，“非法”移民的权利也应得到保护。但我们不能忽视以下三个重要观点。

第一，如果一国希望限制移民入境，那么这本身并没有错，也没有什么种族主义色彩。

对共同文化和共同身份的认同对一个健康社会是极其重要的，但如果走得太远——不允许和而不同，这种认同就会变得丑陋不堪、变成沙文主义，这是对集体－个人辩证关系的一种破坏。而构成这一关系的另一个极端——激进个人主义也是有问题的。受控制的移民将使得社会生机勃勃，但不受控制的移民则将导致诸多不良后果，并且这些后果主要由一部分人承担。这种移民有利于资本家阶级及其他高收入阶层，他们享受了好处但承担极少的成本。然而成本却是真实存在的，它们主要由下层人民负担——工资下降的压力、房租上升的压力以及使业已贫乏的社会服务问题雪上加霜。（人们常说移民们愿意从事当地工人不愿做的工作。这只说对了一半。当地工人或许不愿意从事那些低工资工作，而移民愿意。但问题在于，如果没有移民，在劳动力出现短缺的条件下，工资就会上涨，或者工作就会重新设计安排。市场经济就是这么运作的。）

第二，大规模向外移民对穷国产生了消极影响。

虽然“人才外流”一词已经过时了，但真实情况并未改变。穷国流失了大量最好的、最聪明的劳动力，不仅仅是那些受过教育的“优秀人才”，而且也包括那些最具勇气和进取心的年轻人。毕竟，一个穷人很难去到国外，而且即便到了也不容易生存下去。在那异国他乡，风俗、法律和语言都同你的祖国迥然不同，更不用说许多当地人还敌视你的到来。通常来看，这些移民会将大量收入汇回家乡，这虽然弥补了国家的一部分损失，但不可改变的事实是，他们再也无法为解决自己国家的问题而随时奉献精力、才智和技能了。

第三，只要全球化资本主义的重负依然重重压在穷国身上，那么向外移民的压力就只会强化。

很少有人仅仅因为富国很富有，就离开祖国，艰苦跋涉地前往他国。他们往往是受了绝望的驱使。正如之前已经分析的，全球资本主义的发展常常使得穷国的形势愈加恶化。商品和资本的自由流动备受全球化公司及其政府、学界和媒体同盟的青睐，但却造成了极其恶劣的后果。小企业被摧毁了，劳动密集型的粮食作物种植被资本密集型的经济作物种植取代了。人们被告知这些“破坏”只是暂时的，但即便是讲这话的人也不会真正相信这样的说辞。没有人会指望这些神秘的资本流动，在看不见的手的驱使下，会使南亚、撒哈拉沙漠以南非洲或拉丁美洲恢复活力。极少数幸运的国家或许能成功，但是经过了数十年的努力，大多数国家依然缺少先进榜样，依然希望渺茫。如果资本主义持续存在下去，那我们的儿辈和孙辈几乎将肯定活在一个可怕的世界，数百万绝望的人们为了逃避贫困、疾病和社会瓦解，不得不到富国寻求避难所，然而在那儿，当地人不会张开双臂拥抱他们。

第五章

资本主义或社会主义：经济动荡、环境退化和民主缺失

上一章分析了国内和全球资本主义面临的四个基本问题：惊人的不平等、广布的失业、在职者工作强度的增大以及难以解决的贫困。我们已指出，这些问题的根源在于资本主义的深层结构，因此很难用简单的改革来解决。我们还指出，在经济民主之下这些问题将不复存在，或者远不会如此严重。这一章要讨论与此类似的另外三个问题：经济动荡、环境退化以及真正民主的缺失。同样地，我们也将指出这些基本问题和资本主义深层结构之间的关联，以及在经济民主之下它们会有怎样的不同。

一　经济动荡

2003 年，诺贝尔经济学奖获得者罗伯特·卢卡斯在担任美国经济协会主席的就职演讲中宣称："预防经济萧条的核心问题，不论为了怎样的实际目的，已经有了答案，实际上在数十年前就已经被解决了。"他宣称是时候让经济学科继续前进了。正如保罗·克鲁格曼所评论的："短短几年之后，一场惨烈的金融与经济危机便笼罩了世界大片地区，令人恍若回到了 20 世纪 30 年代，在这样的背景下回头看，上述乐观的宣言简直是不可思议的夸夸其谈。"①

从历史来看，资本主义制度特别容易发生危机，这些危机在种类上不同

① Paul Krugman, *The Return of Depression Economics and the Crisis of* 2008 (New York: Norton, 2009), p. 10. 请参见保罗·克鲁格曼：《萧条经济学的回归和 2008 年的危机》，中信出版社，2009，第 2 页。——译者注

于以往经济制度所爆发的危机，它们并非源于外部事件——干旱、洪涝、瘟疫或战争，而是根源于资本主义制度自身的内在特征。正如马克思和恩格斯所指出的："在危机期间，发生一种在过去一切时代看来都好像是荒唐现象的社会瘟疫，即生产过剩的瘟疫。"①

但怎么可能会发生生产过剩的危机呢？假如风调雨顺，我菜园里的南瓜获得了特别好的收成，那么这并不成为问题。因为我可以把剩余的送人。当然，假如我是为了在农贸市场出售而生产的，而且其他种植者也比往常收获得多，那么竞争将压低我们所有人的售价。这对于我们这些南瓜的种植者来说是个问题，但对整个社会不构成威胁。我们口袋里的钱变少了，从而无法从别人那里购买和以前一样多的东西了，但那些偷着乐的消费者口袋里的钱变多了，因此他们可以弥补我们减少的消费。

只有雇佣劳动在经济中占据主导时，整体上的生产过剩才构成经济的主要威胁。因为当某一产业过度生产时，价格开始下降，**生产将被削减**。也就是说，**工人会被解雇**。但这些工人同时也是消费者。一旦被解雇，他们将无法购买以前购买的那些商品，因此这些商品的需求将会下降。因此，生产这些商品的产业也出现了"生产过剩"，他们的工人也将遭到解雇，这进一步减少了需求，从而影响到越来越多的产业。

我们之前就遇到过这个矛盾：一方面，工资是一项生产成本，从而资本家（生产资料的所有者）有压低工资的动机。另一方面，资本家只有出售他们的商品才能挣得利润。假如工资过低，那么工人将无力购买全部的商品。

你会说："不是只有工人才消费，资本家也是消费者。"没错，但问题是他们人数太少以至于无法消费所有的剩余商品。无论如何，消费所有剩余商品，不是资本主义而是封建主义的运作方式。封建领主消费了农民生产的剩余产品，过着奢靡的生活，相互攻伐。与封建社会的领主不同，资本主义的一个基本特征是资本家阶级并不消费所有的剩余，而是把剩余的很大部分用于投资，从而给予了资本主义非凡的经济活力。["资产阶级在它的不到一百年的阶级统治中所创造的生产力，比过去一切时代创造的全部生产力还

① Karl Marx and Frederick Engels, *The Communist Manifesto*, (New York: International Publishers, 1968), p. 15. 请参见《马克思恩格斯选集》第1卷，人民出版社，1995，第278页。——译者注。有关最近的一个调查，参见 Carmen Reinhart and Kenneth Rogoff, *This Time Is Different: Eight Centuries of Financial Folly* (Princeton, NJ: Princeton University Press, 2009)。

要多、还要大。”这是马克思和恩格斯的评价，而不是米尔顿·弗里德曼（Milton Friedman）的评价。[①]]

但是，从现实和物质的角度看，“投资”意味着什么呢？它是指将一部分劳动力投入于生产更多的厂房和其他生产资料，以便企业或产业可以扩大生产规模。它是指开发新技术以便提高生产率，而这一提高了的生产率将使所有人有可能过上更好的生活。

这一可能性仍然仅仅是可能性。假如生产率增进的好处仍然全归资本家阶级（马克思就是这样认为的），那么社会作为一个整体并不能从中获益。确实，当工资赶不上生产率的提高时，生产过剩的威胁以及随之而来的经济危机可能性就提高了。

但也有许多时期，新技术的成果**曾经**普遍惠及千家万户。美国的战后“黄金时代”（1945～1975年）就是这样一段快乐时光：实际工资稳步提高，大多数美国人的生活水平大幅度提升。“我们生活得比我们父母好；我们的孩子又将好于我们。资本主义就是这样运作的。”只有在那个时代，这些话才不属于陈词滥调。

“黄金时代的增长”是在资本主义下有可能实现的一种稳步增长，它提高了社会中大多数人的生活水平。但要使可能变为现实，它必须至少满足5个条件：

1. 资本家必须投资于实体经济。
2. 这些投资必须提高生产率。
3. 总产量必须提高。
4. 工人们必须有足够多的钱购买所增加的产品。
5. 工人们必须愿意购买所增加的产品。

让我们详细分析这些因素：

1. 资本家必须投资于实体经济。健康的资本主义要求实体经济中的投资必须稳定，以弥补以下不足：（a）工人们自身没有足够多的资金用于购买所生产的商品和服务；（b）资本家阶级的个人消费难以弥补消费不足。

① Karl Marx and Frederick Engels, *The Communist Manifesto*, (New York: International Publishers, 1968), pp. 13－14. 请参见《马克思恩格斯选集》第1卷，人民出版社，1995，第277页。——译者注

投资必须通过购买物品（不是消费品，而是“资本品”——机器、原料和其他中间产品，它们将在下一阶段被用于生产比现阶段更多的商品）的方式，以填补以上消费空缺。假如投资减少了，那么这些资本品产业的工人将被解雇，需求下降将波及整个经济，更多工人将被解雇，如此等等。

因此一个健康的、稳定的资本主义需要**投资者信心**。假如资本家只是把利润储存起来，那么储蓄将超过投资，商品将难以出售，工人将被解雇，经济进入衰退。（这就是凯恩斯的核心命题：一旦储蓄超过投资，衰退就发生了。）

2. 这些投资必须提高生产率。要保持投资者信心，投资必须获得回报。当然，不是所有投资都得有回报，但大部分应该有的。也就是说，所预期的生产率收益必须真的能实现。假如不能，那么投资者将对经济失去信心，手里攥着钱不愿意进行投资，或者到海外寻找新的投资领域。

投资是否总能够带来足够多的生产率收益以使投资者感到满意呢？这里有一种信念在发挥作用，即相信人类的聪明才智总能想出更好的方法、生产更多的产品，以诱使人们购买，以及这些投资机会多到足以吸引资本家手中拥有的投资资金。

[赢利性投资机会减少的可能性是第一代凯恩斯主义者非常关心的问题。例如，美国的凯恩斯主义者阿尔文·汉森（Alvin Hansen）就在1930年代末提出了“停滞理论”。凯恩斯主义兼马克思主义经济学家保罗·斯威齐和保罗·巴兰（Paul Baran）使这一问题成为极具影响的批判焦点。但是，“军事凯恩斯主义”拯救了那时的资本主义。在汉森出版《全面复苏还是停滞?》不久之后，第二次世界大战就爆发了。紧随巴兰和斯威齐《垄断资本》的问世，越战不断升级。[①] 这种“军事—工业综合体”看起来为技术革新提供了无穷无尽的机会，后者再转化为私人部门的高利润产出，从而保证了工人就业和经济增长。伴随着冷战的全面升级和“军备竞赛”的全面展开，投资机会十分充裕，经济学家们的担心不复存在。]

3. 总产量必须提高。不断提高的生产率是资本主义经济稳步增长的必要条件，但并不是充分条件，因为更高的生产率并不一定转化为更多的产量。生产率的提高意味着**能够**生产更多的产品，但并不意味着**将会**生产出更

① Alvin Hansen, *Full Recovery or Stagnation*?（New York: Norton, 1938）; Paul Baran and Paul Sweezy, *Monopoly Capital*（New York: Monthly Review Press, 1966）.

多的产品。当企业家们关注于销售他们所能生产的商品时，他们是（而且经常这样做）把生产率的提高用于削减成本，而不是用于扩大生产，而削减成本就意味着**削减劳动力**——这将减少工人总的消费，从而减少有效需求，引致经济落入困境。

4. 工人们必须有足够多的钱购买所增加的产品。资本主义经济的稳定增长要求保持较高的有效需求。特别地，工人们必须有**足够多的钱**不断增加消费。当工人消费出现了下降，资本家可以增加自身消费以弥补一部分不足，但他们人数太少以至于无法完全补偿下降的工人消费。[近年来，富人已经大量增加了他们自身的消费，比如购买私人飞机、更大的游艇、更豪华的别墅等等，建造了华尔街日报记者罗伯特·弗兰克（Robert Frank）所称的“富人国”。这是一国内部的独立王国，这个国中国的三位匿名成员向弗兰克提供了他们的年开支账单。其中一位的账单如下：游艇——2000 万美元；飞机包租/私人飞机——300 万美元；家庭佣人——220 万美元；个人美容、美发、温泉疗养——20 万美元，内含 8 万美元的按摩费用。[1]]

增加有效需求的一个方法是，资本家支付给工人更高的工资。这是“黄金时代“的解决方案，实际上，也是唯一可行的长期方案。然而还有另一种增加工人消费的方法，那就是贷款给工人，而不是支付高工资。资本家问工人：“你们现在没有足够多的钱购买我们打算出售的商品。没关系的，我们会先**借钱给你**消费。即使你的工资没有提高，你也能不断增加消费。”对资本家而言，这个方案看起来比支付高工资要好。不仅因为他们售出了产品，而且还因为他们从贷款中挣取了利息。这实在是最好不过了。

或者说它看起来确实不错，直到你做了个计算。如果你的工资保持不变，但消费越来越多，那你就必须借越来越多的钱，用于支付那不断增加的消费**以及**日益增长的债务利息。(任何人，只要经历过由于仅偿还最低还款额而导致的信用卡债务攀升，都会认同这一现象。)

不必说，这是难以持续的。当银行认定你无力还钱时，银行不愿意再贷款给你，你的信贷来源枯竭了，你的消费急剧地下降了，那些曾经向你售卖商品的人不再向你出售商品了……由此形成了螺旋式下降。

5. 工人们必须愿意购买所增加的产品。有人可能会问：为什么人们

---

① Robert Frank, *Richistan: A Journey Through the American Wealth Boom and the Lives of the New Rich* (New York: Crown Publishers, 2007), p. 151.

即便没钱也要不断地消费？或者为何有钱就要消费呢？常识和主要的宗教传统告诉我们，金钱买不到幸福。科学也告诉我们同样的道理。近来，关于幸福的研究有很多。比尔·麦吉本（Bill McKibben）引用了一些研究成果：

> 现在的一个普通美国家庭拥有的汽车数量、使用的塑料以及飞行里程分别是1950年的2倍、21倍和25倍。美国的国内生产总值自1950年以来已经增加了两倍。显然，我们摄入了更多的卡路里，但是满足感看起来并无增加。有越来越多的美国人抱怨婚姻不幸福、工作令人生厌、不喜欢住的地方。把各方面的因素综合考虑，认为生活“非常满意”的人数在此期间稳步下降……在英国，1973~2001年人均国内生产总值增长了66%，但人们的生活满足感一点都没变。日本人的满足感也没有变化，尽管人们的收入在战后增长了5倍。[①]

但假如生活常识、宗教内容和科学知识都转化为一种广泛的行为方式，那么资本主义就大难临头了。如果人们不需要越来越多的商品和服务，那么投资者怎样持续地用钱生钱呢？资本家又该拿每年搜刮来的、远超过个人消费的那些钱做什么呢？“投资者信心”这个绑架了资本主义经济的心理状态又将发生什么变化呢？

在资本主义框架之内只有一个解决方案——推翻常识，**劝说**人们购买商品。在美国，2007年的广告开支为3000亿美元（大约是国防开支的一半，或者相当于所有的初中级教育经费）。不仅如此，广告仅仅是“销售努力”的一个方面，广告开支只占“市场营销”的30%左右，后者共计1万亿美元。[②] 这一努力取得了巨大的成功。正如朱丽叶·肖尔所说：

> 50年前这个国家就已经非常繁荣了，即便从那时的角度看，之后的消费扩张也是令人震惊的。1960年一位普通人的消费数量只有他或她2008年的三分之一。1990年以来，在经通货膨胀调整的人均消费方

① Bill McKibben, “Happiness Is.” *The Ecologist*, (January 2, 2007), p. 36.

② 关于分析的细节，参见 Robert W. McChesney, John Bellamy Foster, Inger L. Stole and Hannah Holtman, “The Sales Effort and Monopoly Capital,” *Monthly Review*, April, 2009。

面，家具和住房相关商品增长了300%，衣服增长了80%，汽车、住房和食物增长了15%～20%。总体上，人均实际消费增长了42%。①

肖尔还指出，富国的消费现在越来越少受需求甚或便利性驱动，而是越来越多的基于它的象征意义："他们用品牌、风格和独占性来表现社会地位，构建认同感、差异性，或建立与他人的关联。消费的这些象征意义越来越被重视。"② 自不必说，如此多的商品之所以被赋予显著的象征价值，完全是因为营销宣传的成功。

经济学家深知这种非理性的必要，尽管很少有人公开地说出来。保罗·克鲁格曼（又一次地）是一个例外：

> 有一个非常强有力的论点可以代表美国近来的消费主义。并非因为它有利于消费者，而是因为它有利于生产者。你知道，消费或许并不能带来快乐，但确实能创造工作岗位，与之相反，失业是制造痛苦的有效制剂。因此，与其陷入日本式的低迷消费，不如制造美国式的疯狂消费……在美国式的消费者拉动型经济繁荣中，的确存在明显的激烈竞争元素，它保证了商业的正常运转。如果美国人还在为谁拥有最多玩具而相互攀比，那是可耻的，而最糟糕的事情莫过于竞争的戛然而止。③

鼓励消费者为**拥有最多玩具**而相互攀比的广告和相关市场营销技术，有利于维持有效需求，从而保证就业。而强调**低价**的市场营销类型却起着相反的作用。只要企业强调更低的价格，他们就必须更竭力地压低工人的工资，而且也必须对供应商施压以压低**他们的**生产成本，从而也迫使这些供应商的工人工资降低。假如消费者发生了从购买更多玩具向购买更便宜玩具的转变，那么持续而稳定增长的前景就变得黯淡了，失业高企的阴影就进一步笼罩，这不仅仅是因为总需求没有增加，还因为（而且更直接地）越来越多的小企业相继破产了。

① Juliet Schor, *Plenitude: The New Economics of True Wealth* (New York: Penguin Press, 2010), p. 16.

② Juliet Schor, *Plenitude: The New Economics of True Wealth* (New York: Penguin Press, 2010), p. 27.

③ Paul Krugman, "Money can't buy happiness. Er, can it?" *New York Times*, June 1, 1999.

总之，尽管相对持续、稳定的资本主义黄金时代的增长是可能的，但要使可能变为现实，还存在诸多障碍，包括：

- 实体经济中的投资不足。
- 预期的生产率提升没有发生。
- 生产率提升被转化为解雇工人，而非制造更多的商品。
- 通过债台高筑而非增加工资来维持有效需求。
- 市场营销从关注质量提高转向降低成本。
- 消费者对市场营销的抵抗力越来越增强。

到目前为止，我们关注的是由经济衰退引起的不稳定一面，但还存在另一方面的问题：严重脱离经济现实的过度乐观——飙升的股票市场、飞涨的住房价格，也就是频繁地引致衰退的经济“泡沫”。正如投资者的悲观情绪会自我实现一样，投资者的乐观情绪也是如此：一旦资产价格上涨，越来越多的资金将涌向这些资产市场，从而进一步推高这些资产的价格。（请注意金融市场和普通商品市场的不同：当商品和服务价格上涨时，人们倾向于减少购买量——亚当·斯密的看不见的手会指导他们这么做。但当资产价格上涨时，人们做的事情刚好相反，他们买进更多的资产。这种现象应当让我们对金融市场上看不见手的“有效性”产生怀疑。[①]）

当资产泡沫在膨胀时，人们感觉自己更富有了，因此消费起来也更加大手大脚，经济看起来蓬勃发展。但正如现在众所周知的，股市泡沫、互联网泡沫还有房地产泡沫，它们统统都破裂了。有起必有落，而且当资产价格严

① 近年，一种新的经济学范式——“行为经济学”已经发展起来，对主流的（自满的）新古典范式形成挑战。比如，George Akerlof and Robert Shiller, *Animal Spirits: How Human Psychology Drives the Economy, and Why It Matters for Global Capitalism* (Princeton, NJ: Princeton University Press, 2010)。请参见乔治·阿克洛夫和罗伯特·希勒：《动物精神：人类心理如何推动经济变化，它对全球资本主义为什么重要?》，中信出版社，2012。——译者注。尽管对新古典经济学持强烈的批评态度，但阿克洛夫和希勒仍然相信恰当监管的资本主义“能够给予我们所有可能的世界中最好的一个”（乔治·阿克洛夫和罗伯特·希勒：《动物精神：人类心理如何推动经济变化，它对全球资本主义为什么重要?》，中信出版社，2012，第133页。——译者注）。尽管如此，他们确实承认（可能并非有意地）资本主义经济深层的非民主本性：“国家的未来就掌握在做出投资决策的商人们手里，而投资又在很大程度上取决于他们的心理。”（乔治·阿克洛夫和罗伯特·希勒：《动物精神：人类心理如何推动经济变化，它对全球资本主义为什么重要?》，中信出版社，2012，第110页。——译者注）。

重偏离其内在经济价值时，它们的下跌就更是不可避免了。正如当市场价格上涨时人们纷纷跟随别人买进一样，当市场价格迅速下跌时，同样的一群人也将跟随别人大肆抛售。

虽然相互关联，但泡沫和萧条之间存在着一个巨大的、根本的非对称：**泡沫总会破裂，但衰退不见得会结束**。当股票价格越来越脱离它所代表的资产实际价值时，聪明的股东开始密切关注形势的变化。（由于一股股票代表了对实体经济中实物财产、实物设备和实物存货的所有权，因此我们至少可以近似地计算出公司实际资产的真实价值。）他们应当在何时出手呢？当手中股票的价格上涨时，他们的账面财富也急剧地增加。但他们知道自己的账面财富也会以同样快的速度或更快的速度贬值，因此为了把账面财富转化成现金，他们必须在某一个时刻把股票卖出，而且必须赶在别人争相抛售之前。因此，早晚有一天，聪明人必然要开始卖出。股票价格先是停止了上涨，接着出现了下跌，然后就是惊天大逃窜。这一幕持续不断地上演着。

但是当泡沫破裂、衰退随之出现时，我们现在已经知道该如何应对了，不是吗？回忆一下卢卡斯自信满满的宣言："预防经济萧条的核心问题，不论为了怎样的实际目的，已经有了答案，实际上在数十年前就已经被解决了。"它是怎样被解决的呢？当然，**政府**应当介入。自由放任的资本主义将陷入长期萧条，而我们不能袖手旁观。这正是凯恩斯的基本观点。

政府的经济复苏工具箱中有四件工具，两件属于**货币政策**（由政府的中央银行掌控），另外两件属于**财政政策**（由立法机构掌控）。工具Ⅰ是指降低利率以鼓励借贷和消费。工具Ⅱ指印刷钞票（或与此等效的行为）并将其注入经济体——或者用新创造的货币赎回政府债券或直接将其打入受困银行的账户。

维持银行系统的正常运转是非常重要的。假如这意味着政府要时不时地拯救银行，那就拯救吧。因为一旦银行陷入困境，它们将停止放贷。而实体经济中的企业急需这些贷款，因为一般来说，这些企业在销售其产品**之前**必须购买原料并支付工人工资。假如无法借到资金，那么它们将削减生产，解雇工人，如此等等。这就加剧了经济不景气。

但单单拯救银行还不足以保证经济复苏。消费者必须多消费以使投资者多投资。记住，投资者信心是经济增长的关键。除非投资者信心得以恢复，否则经济困境仍将持续。

假如货币政策无法奏效，那就运用财政政策。从本质上讲，财政政策要求政府有意维持财政赤字。经济衰退期间，为刺激经济，政府必须支出大于收入。工具Ⅲ是减税，这是一个受欢迎的选择。虽然会增加赤字，但由于直接增加了消费者的收入，它比降低利率更好地刺激了消费。

但假如消费者并不把这些钱花掉而是存起来，或者用来偿还债务，那么凯恩斯主义的这一刺激手段也将失败。还剩最后一种选择，工具Ⅳ就是开展或扩大政府开支项目。政府可以直接创造工作岗位，通过发债借钱或印刷钞票来支付工人工资。（想想凯恩斯的办法：把钞票放入瓶子，雇人埋起来，再雇人挖出。这总好过什么也不做，尽管这些工人肯定能做一些更有意义的事情。）

如果这也无法奏效呢？好吧，到目前为止它都管用的。卢卡斯向我们保证说："预防经济萧条的核心问题……已经被解决了。"克鲁格曼说："让我们祈祷吧！"

在经济民主之下情况将有极大改观。投资的社会控制可以减缓资本主义在遭受"非理性繁荣"和衰退时的持续脆弱性。正如我们已经知道的，"非理性繁荣"是指投资者把大笔的钱投入预期增值的资产，也即投入土地、住房或者证券——股票、债券、商品期货以及其他五花八门的金融"衍生品"。衰退是指投资者对投资于实体经济并获利已经失去信心。他们不再投资，工人被解雇，需求因而减少——这就发生了螺旋式下降。

经济民主之下不可能有投机泡沫，原因很简单。除了以社区为基础的储蓄和贷款协会，经济民主社会**不存在其他金融市场**：没有股票市场、债券市场、期货市场、外汇市场、以抵押贷款支持的证券市场或任何其他金融"衍生品"市场。筹集并配置投资资金的制度简单而透明，没有给投机（即金融赌博）提供任何机会，也没有给"钻制度空子"留下多少空间。（2009年，美国超过四分之一的总利润是由金融产业——"不设计、建造或销售任何有形产品的产业"——创造的。[①]）

经济民主也不容易受到经济衰退波动的冲击，原因有三：

① John Cassidy, "What Good Is Wall Street?" *The New Yorker*,（November 29, 2010）: 51. 在这篇出色的文章中，卡西迪采访了约翰·伍利（John Wooley）——伦敦经济学院的伍利资本市场异常研究中心的主任。伍利问道："金融只不过是和污水处理及天然气一样的公共事业，它到底凭什么规模最大而且收入最高？"在对神圣不可侵犯的金融业提出质疑后，伍利承认"我们正在做的事情具有革命性意义"。

·最重要的是，经济民主并不依赖私人投资者。不存在对经济“失去信心”的阶级，也不存在把资金存在储蓄机构或投资海外的情况。假如经济民主下新的商业投资需求减少了，那么投资基金中过度积累的资金将以退税的形式返还给企业，然后立即返还给工人们，这样后者就有更多钱用于消费，总需求不会有任何减少。

·社会主义的贸易保护政策也抑制了衰退倾向的产生。不仅投资机会减少时不会发生资本外逃，而且社会主义的贸易保护政策能有效避免本国工资下行的压力——在自由贸易资本主义下从低工资国家进口商品必然带来的压力。工作更加稳定，有效需求保持在高水平。

·最后，民主型企业不情愿招募新工人的做法具有积极影响。当形势不妙时它也同样不情愿解雇工人。可能所有工人的收入都会减少，但不会有突然的、大规模的裁员。这种不情愿有效阻止了螺旋式下降。

这样一个稳定的经济会不会太过乏味了？在经济民主社会，你仍然可以致富的。你可以创立一家企业，或许将获得极大的成功，这种兴奋感还是存在的。但是，那种看着股票组合价值暴涨的兴奋，以及暴跌的痛苦，呜呼，不可能再体会到了。

关于当前危机的注释

让我们根据前述分析来思考一下当前的经济危机，它于 2007 年末爆发于美国。它为什么发生？我们能做些什么？

以下有关不道德和不合法的因素已获得相当多的关注，让我们先放置一旁：

·无良的房地产经纪人怂恿人们签订他们无法理解的合同；

·腐败的评级机构给那些高风险证券 3A 评级；

·马虎松懈的监管者；

·投资银行虽然心知肚明，但仍然炮制出垃圾证券，之后为转移风险而买入“信贷违约掉期”。

让我们先看一下关于危机原因的标准解释：当前的危机是由房地产泡沫的破裂导致的，而泡沫的破裂使得“抵押贷款支持证券”（该种证券是这样产生的，它将众多抵押贷款合并，然后将其分割为许多具有不同风险的部分，再将各部分分别卖给投资者）变成了“有毒资产”，即无法出售的资产，从而导致了信贷市场的冻结。由于无法得到贷款，企业不得不削减生产、解雇工人，这又减少了消费者需求，然后又引致更多失业，需求进一步减少，如此等等。

这个解释听上去很好，但它没有回答一个更为基本的问题：为什么开始时会发生房地产泡沫？为什么会同时发生股票市场泡沫？（美国股价是和房价一起蹿升的，2007 年道琼斯指数超越 14000 点。）

让我们想一想上一节讨论过的马克思主义与凯恩斯主义的基本分析。正如马克思指出的，资本主义社会容易发生在以往的社会形态看来是很不可思议的危机——生产**过剩**危机。在之前的所有时代，经济危机都是源于短缺——没有足够多的东西。但资本主义下的危机却是源于东西过多——不是相对于人的需要或欲望的过剩，而是相对于消费者购买力的过剩。马克思将危机的原因归咎于资本主义的基本制度，在雇佣劳动制度下，工人工资既构成生产成本，又是有效需求的来源。资本家努力压低工资，但要使工人买得起所生产的商品，又必须让工资不断上涨。

凯恩斯同意马克思有关资本主义自由市场经济容易爆发危机的观点。他还特别指出资本主义经济不具有实现充分就业的内在倾向，事实上，小于充分就业的均衡是其常态。然而，凯恩斯指出，自由市场这只**看不见的手**不能让我们走出衰退，但是政府这只**看得见的手**可以进行干预。万一出现最坏的情况，政府可以让人们投入工作，这些人将花掉他们的工资，从而创造出对商品的更多需求，这又可以让更多人重返工作岗位，从而推动经济复苏。

凯恩斯主义经济学诞生于大萧条期间，那时马克思关于资本主义不仅将面临重复出现的危机而且这些危机将日益严重的预言，似乎正以更猛烈之势变成现实。凯恩斯看起来已经拯救了资本主义。二战后的 30 年，生产率稳步提升，收入紧随生产率而增长，越来越多的人生活得越来越好。

但是接下来，突然间就上演了“天堂里的烦恼”。图 5－1 向我们讲述了这一幕。

工资的走向变平缓了。1973 年以来，家庭收入仅增长了 16%，而且这一增长几乎完全是妇女涌入劳动力市场的结果。正如克鲁格曼指出的：“考察 35～44 岁男性的收入——在一代人之前，这样的男子往往已在养活守在家里的妻子了，我们会发现，他们按通货膨胀调整后的工资，在 1973 年要比在今天高 12%……普通工人每小时创造的产值，即便在经过通货膨胀率调整之后，也比 1973 年提高了将近 50%。"①

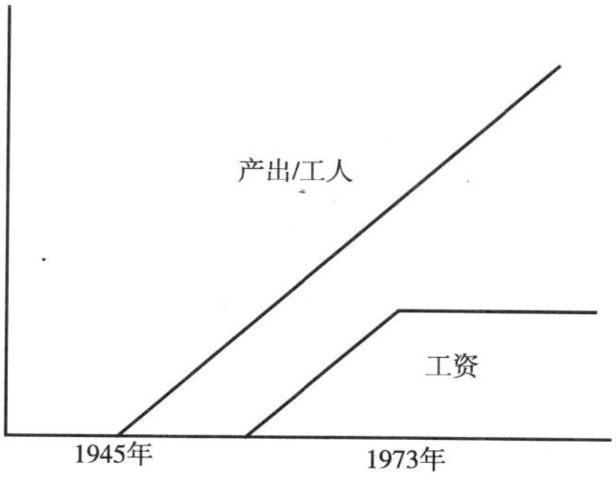

图 5－1　天堂里的烦恼

上面的这幅图向我们提出了一个问题。假如工资并未和产出同步增加，那么是谁购买了多生产出来的东西？为什么在过去的约四分之一世纪里，经济没有如马克思所预测的那样陷入衰退呢？

回想上一节的分析，我想我们知道答案：不是通过付给工人更高工资，而是通过**贷款**给工人消费。考虑以下两组统计数据：②

1. 1975 年，美国家庭债务余额占 GDP 比重为 47%，现在达到 100%。也就是说，扣除通胀的影响，人们的债务数量是 30 年前的两倍。

2. 1981 年，个人开支占可支配收入的份额为 88%，也就是说，一个普通家庭把其收入的 12% 储蓄起来。现在个人开支比重达 100%——这意味着零储蓄。（这不是说没有人储蓄，而是说大部分社会剩余都被借贷出去，以鼓动消费者敞开消费。）

在过去的几十年时间里，增加了大量的住房贷款、信用卡负债、学生贷款和汽车贷款。这么多人借了这么多钱，这是前所未有的。实际上，我们的资本家阶级选择了上一节所提到的第二种方法来维持有效需求。他们并未提高工资，而是将他们利润的很大一部分借给了工人，然后坐享利息收入。这

① Paul Krugman, *The Conscience of a Liberal*, (New York: Norton, 2007), pp. 124 – 127. 请参见保罗·克鲁格曼《美国怎么了：一个自由主义者的良知》，中信出版社，2008，第 97、95 页。——译者注

② Barry Cynamon and Stephen Fazzari, "Household Debt in the Consumer Age—Source of Growth, Risk and Collapse," *Capitalism and Society* 3, no. 2 (2008) pp. 18, 8.

相当聪明，但有一个难以忽视的真相：这是不可持续的。当收入停滞不前时，债务水平不能无限增长。很快地，借款人甚至都无法支付债务利息，更别提偿还本金。贷款人开始紧张，信贷来源干涸了，违约和破产事件大量涌现。

那么为什么会发生资产价格泡沫呢？一方面工资走平，另一方面销售上升，所以资本家阶级在此期间挣了一大笔钱。这些钱用来做什么？一些被用于个人消费，经常是挥霍浪费，一些被投资于实体经济（因此生产率继续提高），但大部分被“投资”于房地产或股票市场。（记住，因为期望升值而“投资”于固定资产，其实是一种储蓄，而不是真正意义上的投资——雇用工人劳动以生产新的生产资料。）随着这些资金的涌入，资产价格直线上升，直到泡沫破裂。

我们能通过改革回到高工资、社会民主的战后型经济吗？我们能回到黄金时代吗？这些可能性看起来微乎其微。我们现在是生活在全球化经济中，高工资会将企业驱赶到海外。确实，这种保持国际竞争力的需要首先是终结社会民主的“阶级妥协”的关键因素。［回想一下布鲁斯·斯普林斯廷（Bruce Springsteen）录制于1983年的那首“我的家乡”：“工头说我们失去这些工作了，孩子们，它们再也回不来了。”是的，它们再也没回来，也没有被其他更好的工作替代。］

我们该怎么办呢？必须清醒地认识到标准的凯恩斯主义刺激方案，即罗斯福政府采取的那些办法，**没有**终结大萧条。虽然正式的复苏开始于1933年3月，当时经济再一次开始扩张，但是失业率在从1933年的25%下降到1937年的14%之后，于次年又攀升到19%。（1929年时只有3.2%。）

结束大萧条的并非罗斯福的福利和就业政策。正如克鲁格曼提醒我们的：“结束大萧条的是第二次世界大战，这一规模宏大的社会工程最终于战胜了吝啬鬼。”①

但对我们而言，不会有第三次世界大战了。核战争的破坏力是如此巨大，即便是我们最好战的新保守主义者也不会予以考虑。而我们在伊拉克和阿富汗的惨败和尴尬局面则清楚地表明了常规战争的局限性。对我们人类而言，这不是什么坏消息，但它确实关闭了一条摆脱当前危机的凯恩斯主义道路。此外，即便作为一种凯恩斯主义刺激手段，现代战争的有效性也大大减

① Paul Krugman, “Back to What Obama Must Do,” *Rolling Stone* (January 14, 2009).

少了，因为较之越战以及之前的战争，现代战争更具资本密集性，更少劳动密集性。由于美国的军费已经超过了全球其他国家的总和，所以即便右翼阵营也难以提出一个政治—意识形态的理由来大举增加军费开支，尽管“军事凯恩斯主义”曾经为支撑黄金时代立下汗马功劳。

还有全球化带来的问题（在第四章第三节讨论过了）。凯恩斯赤字财政的有效性取决于“乘数效应”——带动一些人就业使得他们有钱消费，然后又带动更多人就业，依此类推。这是和衰退的下降螺旋相反的趋势。但全球化削弱了这一乘数效应。当新就业的人花钱时，他们往往省着花，他们会到沃尔玛超市购买廉价的进口商品，而这带动的是更多中国工人就业，对他们自己同胞的就业却毫无帮助。

在前一节，我们指出了阻碍资本主义实现健康稳定发展的六个要素。这一节分析了其中的一种：**通过负债消费而非增加工资以维持有效需求**。然而，当代还有其他两个问题也在阻碍着经济复苏。

20 世纪早期和中期的主要技术进步改变了我们的日常生活，它所新建的大型工业和提供的工作岗位数量要远远多于它所替代的。汽车产业雇佣着大量的工人，它还促进了高速公路和城郊住房的建设，后者雇佣着更多的劳动力。电气化不仅促进了收音机和电视机的大量生产，还带动了包括洗衣机、烘干机以及无数的家用和办公设备的生产。信息技术是当今时代伟大的技术进步，它带给我们个人电脑、因特网、智能手机、电子书、GPS 系统，诸如此类，但是整体上并没有创造更多的工作岗位。① 也就是说：**生产率提升被用于削减就业而非制造更多的商品**。

其次是“新垄断”问题。这些垄断企业更强调低价，这压低了工资并迫使规模较小的竞争者走向破产。近年美国经济发生的一个主要变化，就是从通用汽车型经济（高工资）转变为沃尔玛型经济（低价格），这一转变有着很可怕的后果。② 也就是说：**市场营销已经从强调高质量转变为强调低成本**。

---

① 关于这一论点的早期阐述，参见 Jeremy Rifkin，*The End of Work*：*The Decline of the Global Labor Force and the Dawn of the Post – Market Era*（New York：G. P. Putnam's Sons，1995。较近期的论述，参见 Martin Ford，*The Lights in the Tunnel*：*Automation*，*Accelerating Technology and the Economy of the Future*（Acculant Publishing，2009）。

② 有关这一不知名现象的有力分析，参见 Barry Lynn，*Cornered*：*The New Monopoly Capitalism and the Economics of Destruction*，（Hoboken，NJ：John Wiley and Sons，2010）。

因此，假如传统的凯恩斯主义货币和财政政策无法终结这次衰退，假如不再有战争提振经济，假如新技术毁灭的工作多于其创造的，假如“新垄断”意欲压低工资，那我们该怎么做呢？老实说，因为缺乏基本经济制度的重组方案（该方案远远超出了当下最激进观点的思考范围），我不认为有什么办法可以使我们走出目前的经济困境。

我可能是错的，或许明智的政策和好的运气能使我们摆脱衰退。但即便如此，我们也远远谈不上高枕无忧，因为下一次危机已经悄然临近。

二　环境退化

马克思说过：“人类始终只提出自己能够解决的任务，因为……任务本身，只有在解决它的物质条件已经存在或者至少是在生成过程中的时候，才会产生。”① 这一极其乐观的断言是真的吗？我们已经从核毁灭的边缘被拉了回来，在有可能自我毁灭时，我们急忙踩了刹车，这证明新武器一定被使用的格言是错误的（至少现在如此）。②

虽然已经脱离了核毁灭的危险，但还有一个定时炸弹在嘀嗒作响。在过去的数十年里，我们对自然环境的担忧与日俱增，我们比以前更为清醒地意识到当前生活方式对地球自然环境所带来的威胁。为应对正面临的各种各样危险，我们在全球各地动员了数百万人，并腾出资金用于大规模的科学研究。

或许马克思将再次被证明是对的。这些研究已经取得成果——至少在知识层面。事实是，我们现在所掌握的知识足以应对所面临的问题。我们了解眼前的行为和深层的结构如何加剧了生态压力；我们也知道必须做出怎样的改变才能维持地球的基本完整。这确实是好消息，但坏消息是，只要资本主义制度仍然占据主导地位，这些知识就不会被付诸实践、被有效应用。

让我们先看一下好消息：我们的基本问题已经有了解决方案。

---

① Karl Marx, “Preface to *A Contribution to the Critique of Political Economy*,” in *Karl Marx: Selected Writings* ed, Lawrence Simon (Indianapolis: Hackett, 1994), p. 211. 请参见《马克思恩格斯选集》第 2 卷，人民出版社，1995，第 33 页。——译者注

② 为了避免历史健忘症，我们也许可以认为是共产主义的崩溃拯救了我们。我们必须记住正是发生在 20 世纪 80 年代早期的两件事情，即如火如荼的核裁军运动和米哈伊尔·戈尔巴乔夫关于 2000 年前消灭核武器的卓越提议，使日益危险的军备竞赛遭到强烈质疑。现在看来，苏联解体减缓而非加速了核裁军进程。

（一）人口过剩

20世纪初，全世界有16亿人口，如今达到了68亿，增加了44亿。增加的大部分人口（35亿）都是1950年以后出生的。如果目前的趋势持续下去，那么2050年的人口将达到120亿，而21世纪末将达到240亿。当然，目前的趋势不会延续，因为它不可持续。问题是，我们怎样来逆转这一趋势——是通过战争、饥荒、疾病，还是通过理性的、人道的行动？

很清楚，人口增长并非不可抑制的生物学现象。排除人口迁移因素，世界上工业化国家的人口基本没有增长或者正在下降。我们已经掌握了限制人口增长的技术手段。为什么这些手段在世界的大部分地区都没有发挥作用？为什么生活在贫困中的人们却生育着这么多的孩子？回答是显而易见的：在穷人中间，尤其是在穷国，孩子是父母收入的来源之一。在很小时，他们就是家庭收入的重要来源，而且当父母年老时，他们又是父母生活的保障。此外，鉴于大多数穷国的高婴儿死亡率，妇女必须生养很多孩子以确保有足够多的孩子最后生存下来。还有其他因素（缺乏教育、缺乏避孕手段以及〈最重要的〉男权统治）和这些纯经济因素相互交织。（男人和女人都从孩子身上获得经济收益，但男人往往收益更大，而女人却承担了绝大多数成本。）贫困加剧了所有这些因素的负面影响。可以确定地说，贫困是人口问题的根源。

第四章对“贫穷”和“生活在贫困中”所做的区分是十分重要的。一个国家并不是只有在富裕的情况下才能实现人口的稳定（至少富裕不是用人均GDP来衡量的）。举一个最广为人知的例子：虽然中国的人均GDP只有美国的七分之一左右，但她的生育率已经减少到美国之下了。或者再举两个没有采取强制手段的例子：古巴的人均收入只有美国的五分之一，但它的人口增长率和美国的一样。喀拉拉邦的社会项目以及比印度其他地区远为平等的性别关系，使这个印度最穷省份的公民的识字率、婴儿死亡率、人口平均寿命都达到世界一流的比率，而其人口增长率仅仅略高于美国（而且正在快速下降）。一个**穷国**同样可以实现人口的稳定，但如果它的大部分人口**活在贫困中**时就不可能实现这一目标。

贫困不应该持续下去。正如我们已经知道的，无须花费大量资源就能消除贫困。事实是——而且这是一个重要的事实——采取措施确保一国的所有公民，不论男女，都能享有教育、基本的健康医疗和显著的经济保障，所花的费用并不昂贵。例如，教育和公共健康项目都是劳动密集型服务，而且穷国不存在劳动短缺的问题。正如中国、古巴和喀拉拉邦的例子已经表明的，人口问题并非不可解决。

（二）食物匮乏

假如人口不是问题，资源短缺或许是个问题。最基本的资源发生了最严重的潜在的短缺。尽管自20世纪50年代以来农业生产率已经大大提高，并且高于人口增长率，但在过去的十年间增长已显著放缓了。此外，大量耕地被用于城市建设，而且更多的耕地已经因过度使用而退化了。水也变得稀缺了。70%的人类用水被用于灌溉庄稼，在过去的一个世纪里水需求的增长翻了三番，全球范围的地下蓄水层正濒临枯竭。全球的粮食生产看起来已经接近生产能力的极限。确实，如果不作出大的改变，粮食生产或许会大大下降，因为生产出如此多食物的“绿色革命”不仅严重依赖灌溉用水，而且也极度依赖石油——用于开动大型农业机械以及卡车、火车和飞机，以在大陆内与大陆间运输粮食。正如比尔·麦吉本所指出的：“送到美国人嘴边的每一口食物平均要行进超过1500英里，这个数字令人震惊。”①

目前一个重要而充满希望的事实是，假如我们不吃得过多，粮食供给根本不成问题。莱斯特·布朗（Lester Brown）——地球政策研究所主席、当代社会最重要的环保思想家和作家——提供了一些数据：

> 人们经常问我：“地球能养活多少人口？”我则反问道：“是在哪种食物消费水平上呢？”以约整数来计算，美国每人每年用于食品和饲料的粮食为800千克，在这一消费水平上，全球每年20亿吨的粮食收成可以养活25亿人。在意大利近400千克的消费水平上，目前的收成可以养活50亿人。在一个普通印度人200千克的消费水平上，目前的收成可以养活100亿人。②

① Bill McKibben, *Deep Economy* (New York: Henry Holt, 2007), p. 64. 这是一本令人恐惧、启发思考、充满希望的书，此节参考了其中第3章“The Year of Eating Locally”，以及生态学家 Lester Brown, *Plan B 4.0: Mobilizing to Save Civilization* (New York: W. W, Norton, 2009) 第9章“Feeding Eight Billion People Well”。

② Lester Brown, *Plan B 4.0: Mobilizing to Save Civilization* (New York: W. W, Norton, 2009), p. 233.

目前的世界人口是68亿。假如所有人的消费都略低于意大利现在的水平，那我们每个人就有足够的粮食吃。此外，假如把工业化农场或食物工厂农业转变为更小规模的、更人性化的、更面向本地的、更为劳动密集型的农业——能够提供好的、有意义的工作，那么我们就能够生产出更多、更好的食物。正如麦吉本发现的，“不管用吨、卡路里还是美元来衡量，小规模农场的每英亩产出更高。它们更高效地使用土地、水和石油；假如它们养殖动物，那么动物粪便就是自然的馈赠，而不是对公共健康的威胁”，而当今许多大型养猪厂和养鸡厂正制造着这样的威胁。小规模农场对可持续的食物生产很可能是极为重要的。①

营养不良不应该总伴随着我们。现有资源足够所有人体面地生活。但前提是，必须从根本上改变目前的生产、消费和分配方式，而且人口增长也必须得到抑制。再一次地，我们知道该怎么做了。不必寄希望于新技术（尽管它们中的部分或许会有帮助，尤其是当它们是被用于促进小规模的、可持续的生产时），我们有足够的粮食可供消费，但必须经过努力才能达成。

（三）污染和气候变化

人们可能会说，对未来最严重的环境威胁并非来自我们所消费的，而是来自我们未能消费的——每天排放到河流、海洋、地表水和大气中的废水、废气，特别是和全球变暖有关的温室气体。地球的再生能力是否足以化解生产和消费所产生的副产品呢？

让我们来考虑两个关于大气污染的特殊案例。所得出的一般经验也同样适用于其他形式的污染。

首先，请看一个成功的例子。1987年，经过穷国和富国、东方和西方代表的协商，《关于臭氧层消耗物质的蒙特利尔议定书》正式生效。该协议由24个国家和欧共体在蒙特利尔市签署，并已被150多个国家批准。它要

---

① Bill McKibben, *Deep Economy* (New York: Henry Holt, 2007), p. 67. 关于在非洲开发有机农业之可能性的乐观评估，参见 UNEP - UNCTAD Capacity Building Task Force on Trade, Environment and Nations, “Organic Agriculture and Food Security in Africa” (New York: United Nations, 2008)，书中总结道：“在非洲，有机农业比大多数传统农业生产方式更有助于实现食物安全，而且它在长期也更具可持续性。”另参见 Roger Thurow and Scott Kilman, *Enough: Why the World's Poorest Starve in an Age of Plenty* (New York: Public Affairs, 2009)，该书也特别关注非洲。

求各国严格限制破坏臭氧层化学物质（主要是含氯氟烃）的生产和使用。这些限制性规定大部分得到了遵守，并取得了引人注目的成果。到1995年，破坏臭氧层化学物质的生产已经从1995年的峰值下降了76%。最近的科学测算表明，臭氧层已经大体稳定，未来假如所有国家继续遵守该协议，那么臭氧层可望在未来的数十年内恢复。①

鉴于所涉因素的复杂性，我们不能肯定地说臭氧层问题已经被完全解决了，但《蒙特利尔议定书》的成功确实鼓舞人心。至少在生态灾难这个方面，我们人类似乎再次证实了马克思的乐观判断。

这种成功能在全球其他主要的大气问题上——比如导致"温室效应"从而全球变暖的二氧化碳的排放——被复制吗？1992年，里约热内卢的地球首脑会议确立了《气候变化框架公约》［当时的美国总统乔治·H. W. 布什（George H. W. Bush）及其他领导人签署了这项协议］。1997年，美国和其他100个国家签署了《京都议定书》，规定在2012年之前工业化国家——它们对现有二氧化碳含量负主要责任——的温室气体排放量要在1990年的基础上减少5%~7%。

有两种方法可以实现这一目标，一是提高能源利用效率以减少能源总量的消耗，二是从利用高碳能源转为利用低碳或无碳能源。我们怎样激励生产者和消费者做出这些改变呢？以下是基本的、多方面的解决对策：

> ·停止补贴煤和石油的生产。（全球来看，目前对化石燃料的补贴每年超过5500亿美元，与之相比，可再生能源只有430亿~460亿美元。②）
>
> ·对汽车、发电站和其他重污染源施加严格的排放限制。
>
> ·对所有化石燃料征收严厉的碳税或建立总量控制系统。
>
> ·资助清洁技术的研究和开发。

《京都议定书》的目标能实现吗？很不幸，不能。签署《里约协定》的

① Intergovernmental Panel on Climate Change, *IPCC/TEAP Special Report on Safeguarding the Ozone Layer and the Global Climate System* (Cambridge: Cambridge University Press. 2005).

② 数据转引自Bradford Plumer, "Fossil - Fuel Subsidies Still Dominate," (August 3, 2010)（可详见www. tnr. com/blog/the - vine/76750/fossil - fuel - subsidies - still - dominate）。原始数据来自国际能源机构的一份报告。

那位总统的儿子乔治·W. 布什让美国退出了《京都议定书》。世界银行2010年的一份报告指出，《京都议定书》对限制全球温室气体的排放只起到了很小的作用。2005年，即承诺减排的协定签署8年之后，相关气体的排放增加了24%。[①] 尽管目前大多数专家认为《京都议定书》2012年的目标定得太低，但它仍然不可能实现。

为什么我们甚至都无法向前迈进一小步呢？一个完全依靠可再生无碳能源的可持续世界经济应该不是绝对办不到的。罗斯基勒大学的本特·索伦森（Bent Sørensen）已经制订了在2050年之前实现这一美好场景的各种方案。正如世界观察研究所的塞思·邓恩（Seth Dunn）所报告的：

> 罗斯基勒的研究结论是：通过一种分散的和更为集中的设备组合——在建筑和汽车内安装太阳能电池板和燃料电池，在建筑旁和农场上安装风力涡轮发电机，再加上众多的大太阳能电池板阵列、海上风电场和水力发电装置，可以构建一个“强大的”系统，足以满足整个世界的能源需求。[②]

我们不能因为《蒙特利尔议定书》的成功就误认为资本主义易于接纳所有合理的环境解决方案。对于生产企业来说，逐步淘汰含氟氯烃几乎是不需要付出代价。主要化学公司并不反对这一协议，因为它们有可用的化学替代品，或者这些替代品正在研制中。1998年，杜邦化学公司宣布，它正在逐步淘汰价值6亿美元的含氟氯烃业务，以便集中精力开发和营销替代品，而后来它确实成功做到了。

不幸的是，达成全球变暖协议所面临的障碍远比达成臭氧层协议所面临的障碍巨大得多。因为它广泛牵涉到世界上最强势的一些产业，包括石油和汽车业，而这些产业已经做好了抗争的准备。（1998年，耗资数百万美元的抗争已然开始，纽约时报以“工业集团计划对抗气候公约”为标题进行了

① World Bank, *World Development Report* 2010: *Development and Climate Change* (Washington, D. C.: The World Bank, 2010).

② Seth Dunn, "Decarbonizing the Energy Economy," in *State of the World*, 2001, ed. Lester R. Brown, Christopher Flavin, and Hilary French (New York: W. W. Norton, 2001), p. 95。参见 Lester Brown, *Plan B 4.0: Mobilizing to Save Civilization* (New York: W. W, Norton, 2009)。

报道。[①] 而他们的抗争取得了胜利。）当然有比石油更清洁的能源，也有比私人轿车更环保的出行方式，但是要在向更清洁模式过渡的同时不改变这些巨型产业的地位和收入，是异常困难的。

问题绝不仅限于公司抵制。尽管逐步淘汰含氟氯烃对消费习惯没有直接的影响，但向无碳能源的过渡肯定会产生影响。无论宣称自行车、公交车、电车或火车有多么得好，但拥有私家车一定来得方便——尤其是在下雨天，尤其是如果你有孩子，尤其是最近的公交站离家很远。

还存在另一个困难：不仅富国的人们要大幅削减石油能源的消费，而且要阻止穷国人民盲目模仿富国的消费习惯。这不是一件容易的事情，尤其是穷国有许多人正被鼓励这么去做。鉴于令人浮想联翩的富国生活图景，以及对消费的无止境宣传——它已成为目前世界各地大众传媒的核心内容，奥地利新闻记者汉斯 - 彼得 · 马丁（Hans-Peter Martin）和哈拉尔德 · 舒曼（Harald Schumann）的如下论述或许是对的：

> 假如地球上近60亿居民真的可以通过全民公投决定自己的生活方式，绝大多数人将选择旧金山市郊的中产阶级生活。此外，少数高素质的见多识广的人士会选择柏林墙倒塌前联邦德国的社会福利。加勒比别墅和瑞典社会福利保障的豪华组合，将终结以往的所有美梦，成为所有人的最后梦想。[②]

这个梦想是不可能实现的，并且极其危险。马丁和舒曼把这个梦想贴切地描述为："无处不有、应有尽有。"但令人着急和抓狂的是，大多数人是无法得到所谓"应有尽有"的东西，而且永远也得不到。我们的地球不可能让所有人都维持这种水平的消费。

你能想象所有甚或大部分的环境问题能得到解决吗？我们可能知道怎样一个一个地解决环境问题，但我们不可能同时解决全部问题，因为它们以矛盾的方式相互交织。为了解决人口问题，我们必须消除全球贫困。但一旦消除了全球贫困，人们将比现在消费更多的东西，从而增加食物紧张和碳排

① John H. Cushman Jr. , "Industrial Group Plans to Battle Climate Treaty," *New York Times*, April 26, 1998.

② Hans - Peter Martin and Harald Schumann, *The Global Trap* (London: Zed Books, 1997), p. 14.

放。假如我们试图通过征收能源税来减少能源消费，那么食物和能源价格的高企将使贫困问题趋于恶化。假如我们尝试以某种形式的配给制来分配食物和能源……那么，谁能够制定出一份完整的方案？怎么管理？怎么实施？

实际上，设计出一套可行的解决全球生态问题的全面方案**是可能的**。许多生态理论家已经这么做了。大多数人认为可以在资本主义框架内解决问题，但是所有严肃的思想家都承认现存的资本主义结构必须做出实质性的改变。

我们来看一下十年前出版的《自然资本论：关于下一次**工业**革命》一书，作者是保罗·霍肯（Paul Hawken）、艾默里·洛文斯（Amory Lovins）和亨特·洛文斯（Hunter Lovins）。作者们赞同需要一场革命，但这场革命不是反对资本主义的。书的副标题是“关于下一次**工业**革命”①（粗体是引者所加）。据说，克林顿总统称它为当今世界最重要的五本书之一。

霍肯和洛文斯夫妇承认：“现今实行的资本主义，是一种在财政上有利可图而在人类发展过程中不可持续的畸变。”② 但他们并不把问题归结为资本主义自身。他们认为，当前资本主义模式的问题在于对“自然资本”的根本的错误定价。目前的市场价格严重低估了自然资源和生态系统——它“使生命成为可能并且在这颗星球上获得生存的价值”③ ——的价值，甚至经常没有给予定价。

所有经济学家，不论是保守主义者、自由主义者还是左翼分子，都承认市场交易存在“外部性”——交易双方没有支付（或取得）成本（或收益）。他们都同意政府应当矫正这些缺陷。标准的补救措施通常是对负外部性征税和对正外部性进行补贴。最近，经济学家又设计出“总量管制与交

① Paul Hawken, Amory Lovins and L. Hunter Lovins, *Natural Capitalism: Creating the Next Industrial Revolution* (Boston: Little, Brown, 1999), p. 5. 请参见保罗·霍肯、艾默里·洛文斯和亨特·洛文斯：《自然资本论：关于下一次工业革命》，上海科学普及出版社，2002，第 1 页。——译者注

② Paul Hawken, Amory Lovins and L. Hunter Lovins, *Natural Capitalism: Creating the Next Industrial Revolution* (Boston: Little, Brown, 1999), pp. 5, 2. 请参见保罗·霍肯、艾默里·洛文斯和亨特·洛文斯：《自然资本论：关于下一次工业革命》，上海科学普及出版社，2002，第 5 页。——译者注

③ Paul Hawken, Amory Lovins and L. Hunter Lovins, *Natural Capitalism: Creating the Next Industrial Revolution* (Boston: Little, Brown, 1999), p. 1. 请参见保罗·霍肯、艾默里·洛文斯和亨特·洛文斯：《自然资本论：关于下一次工业革命》，上海科学普及出版社，2002，第 3 页。——译者注

易”规则来限制碳排放。

霍肯和洛文斯夫妇认为，税收和补贴的正确组合将使我们的经济走向一条可持续的道路。他们提出，第一步，要消除目前存在的不正当激励因素。政府目前为生态破坏行为提供了大量补贴，例如，高速公路的建设和维修鼓励了郊区的无序扩张和低效的交通运输方式；农业补贴导致了土壤退化和水资源浪费，此外还有对采矿、石油、渔业和林业的补贴。

第二步，为反映“自然资本”的真实成本，要征收资源和环境污染税。通过逐步取消对劳动征税（这应能增加就业）和收入所得税，可以做大收入蛋糕。关键是要实现竞技场上的公平，以保证更多的可持续能源技术和节能工艺可以和破坏性的“工业资本主义”公平地同场竞技。

《自然资本论》一书列举了许多例子，有些是关于现行的生产和消费方式所固有的惊人浪费，有些是关于现有的技术和程序，它能将我们对环境的影响减低到目前的很小部分。许多这类改变已经在进行中。作者们认为，假如政府推行恰当的政策，更多的改变将会随之出现。霍肯和洛文斯夫妇展望了一个前途光明的未来：

> 让我们来想象一下，由于这样一些原因，那里的城市已变成安宁和平静的世界：小汽车和公共汽车悄悄地行驶，交通工具排放出来的只是水蒸气；公园和林荫道已取代了不必要的城市高速公路；石油输出国组织（OPEC）因石油价格已降低到每桶 5 美元而停止起作用（虽然还有少数买主需要它，因为一旦人们需要石油供应时，现在的这种获得服务的方式仍然是较便宜和较好的）。所有的人，尤其是贫苦人和发展中国家的人民的生活水平已大大改善；非自愿的失业现象已不复存在，而且所得税已大部分免除；住房，甚至是低收入者的住宅区都能通过他们生产的能源来支付他们部分的抵押成本。①

他们认为，假如能够利用资本主义的创造性能量并让市场施展其魔法，我们可能实现这样一种美好未来。

---

① Paul Hawken, Amory Lovins and L. Hunter Lovins, *Natural Capitalism: Creating the Next Industrial Revolution* (Boston: Little, Brown, 1999), p. 1. 请参见保罗·霍肯、艾默里·洛文斯和亨特·洛文斯：《自然资本论：关于下一次工业革命》，上海科学普及出版社，2002，第 1 页。——译者注

耶鲁大学森林和环境学院的院长詹姆斯·古斯塔夫·斯佩思（James Gustave Speth）在新近出版的《世界边缘的桥梁：资本主义、环境以及从危机走向可持续》（2008 年）[①] 一书中，提出了相似的观点。他也承认，“现代资本主义对环境的破坏并非微不足道，而是严重威胁到我们的地球”。但他认为可以在“改造过的资本主义”框架内，“采取一系列革新手段来改造市场和消费主义，重塑公司结构，并使增长优先考虑人类和环境的需求”。[②]

莱斯特·布朗提出的方案或许是最完整的。他在《B 计划 4.0：全球动员拯救文明》［金融时报的克里斯·斯旺（Chris Swann）评价此书：“这是我所读过的关于环境问题的最好的书。”］一书中提出了一个解决前述**所有**问题和矛盾的全面的、全球性的方案。《B 计划 4.0》同时是一个行动方案，其目的是为了稳定气候、稳定人口、根除贫困，并修复地球的自然支持系统。布朗指出，这四个目标是相互依赖的，并且“对于恢复食物安全至关重要。在没有实现其他目标的情况下要成功达到某一个目标，这是值得怀疑的”。[③]

假如知道如何解决基本的环境问题，我们为什么不认真地着手去做呢？答案一目了然。这些基本的环境问题不可能在全球化资本主义下得到解决。（这与“绿色”资本主义所倡导的恰恰相反。）

乍看起来，这一断言并不可信。毕竟，在坚定的环保人士努力下，几乎所有发达资本主义国家的空气质量都好于三十年前，而且河流和湖泊也变得更干净了。很多国家制定并通过了环境保护法并开始征收“绿色”税收，以至于德国和日本的人均碳排放量只有美国的一半，这仅是其中一例。难道真的不可想象这样一种未来，类似的限制和税收在全球各地广泛应用，从而推动生态友好型技术在全球范围的采用？如果这种税收和限制同西欧及日本的资本主义是兼容的，那它们为什么不能和全球化资本主义兼容呢？

---

① James Gustave Speth, *The Bridge at the Edge of the World: Capitalism, the Environment, and Crossing from Crisis to Sustainability* (New Haven, CT: Yale University Press, 2008).

② James Gustave Speth, *The Bridge at the Edge of the World: Capitalism, the Environment, and Crossing from Crisis to Sustainability* (New Haven, CT: Yale University Press, 2008), p. 194. 他确实说过：“这一新制度是否超越了资本主义，或者只是经过改造了的资本主义，这一问题在大体上是明确的。”（第 194 页）

③ Lester Brown, *Plan B 4.0: Mobilizing to Save Civilization* (New York: W. W. Norton, 2009), p. 242.

根本问题不在于市场。诚然，不受管制的市场价格不能反映真实成本，但可以向对环境产生负面影响的商品和生产工艺征收绿色税收。税收的多少因影响的不同而作相应调整。这些税收可以阻碍环境破坏型产品的生产和消费，与此同时，筹集到健康补偿和环境清洁资金。这些税收也可用于更清洁技术和更具生态友好型消费替代品的开发。这种价格管制是完全可以和资本主义兼容的。

对市场失灵的关注将使我们错失真相。资本主义的三个特征共同作用导致了制度性的生态破坏。成问题的不是市场**本身**，而是：

· 资本主义的扩张性，
· 源于雇佣劳动的资本主义特有的危机趋势，
· 资本这一关键要素具有不受约束的流动性。

这些元素以如下方式相互作用：资本主义拥有巨大的生产力。每年，大量的商品被生产出来，当它们以预期的价格售出时，就产生了大量的利润。大部分利润被资本家再投资于实体经济，期待着更大的产量和更多的利润。在竞争压力下，资本主义制度下的每一家企业都按照一模一样的方式运行：生产、获利、投资和增长。

需求不足对资本主义制度的稳定性构成经常性威胁。一旦供给超过需求，经济就低迷了。如果商品卖不出去，生产就被削减，工人就被解雇，需求进一步下降。正如我们都知道的，经济萎缩是一件坏透的事情。企业破产，失业增加，政府的税收收入也减少。在资本主义之下，经济增长——简单地用 GDP 衡量的增长——符合社会中所有部门的直接利益。至于这种增长是否让人们更幸福，或者是否在整体上改善了生活质量，就无关紧要了。

资本主义要么增长，要么衰退，但是没有人想要衰退。于是，就采用了两种平行的增长策略：一方面，通过宽松的信贷和日益精巧的市场营销来刺激国内需求；另一方面，生产日益变得出口导向。两种策略很快不谋而合，因为出口的商品也是要出售的。如果没有需求，那就创造需求。因此，在国内市场上已经被打磨得近乎完美的现代资本主义营销利器，又在国外市场施展神威，消费文化在全世界得以扩散。

但发达资本主义国家的企业并不满足于商品输出，它们还希望在海外生产。穷国的资本家和企业家因此有机会和发达资本主义国家的跨国精英们联手合作。资本流动的障碍由此被移除，在（一些）穷国，劳动密集型制造业企业遍地开花，它们的生产主要面向富国市场。

现在比赛正在进行。每个穷国都努力变得富有，通过出口拉动型增长实现和富国完全一样意义上的富有。商业媒体、大多数可敬的经济学家、富国的政府、国际借贷机构以及穷国自己的（受过西方教育的）技术官僚，都鼓励穷国追求这样的富有。出现的任何质疑很快就被置之不理。这是一个全球化的经济，不增长，就只能停滞、倒退、滑入混乱的深渊。TINA（资本主义无可替代）。

从生态的视角看，这太疯狂了。保护环境的理智做法是富国减少消费，而穷国则将资源用于消除贫困。而全球化资本主义的要求则恰好相反，从他们的角度看，富国必须增加消费，因为它们是“欠发达”国家商品的关键市场，而穷国必须削减公共开支、压低工资、开放经济，而对暴露出的生态问题睁一只眼闭一只眼，因为吸引外国投资是头等要紧大事。

只要全球化资本主义的结构保持不变，这种疯狂就不会停止。假如富国持续增长，穷国的精英们就会效仿富国富人的消费模式，而且会以本国资源来满足富国市场的需要，这些都对地球有限的食物和自然资源供给施加了更大的压力，使环境遭受越来越多有毒废物的伤害。假如富国停止增长，他们的经济将停滞或崩溃。穷国经济一旦停止增长，就会增加贫困，进而加剧环境恶化，减少环境保护资金。

（必须指出的是，资本主义的健康运转不仅依赖于不断增加的消费，而且依赖于稳定的**增长率**。一旦**增长率**下降，投资者就撤资。但稳定的增长率意味着**指数式**的增长，而这样的增长让任何稍懂数学的人都深感不安。假如经济每年增长3%——这是美国在20世纪的平均增长率——那么消费每24年就增加一倍，这相当于在一个世纪之内消费增长**16倍**。也就是说，假如增长率只有3%，那么2000年为10万亿美元的美国GDP，到2100年时将达到160万亿美元。回忆一下本书早些时候曾引用过的肯尼斯·鲍尔丁的一句话：“只有狂人和经济学家才会相信，指数式的经济增长能在一个资源有限的世界中永远持续下去。”[①]）

① 一国在增长GDP的同时，对不可再生资源的消费以及对全球污染的贡献出现下降，这仅仅在理论上具有可能。然而，鉴于富国巨大的消费规模，以及穷国消费正迎头赶上的现实，以为物质替代和清洁技术能够让富国继续乃至增加当前水平的消费，这是近乎于自欺欺人的幻想。

经济民主占主导的世界会有怎样的不同呢？

为了弄清我们面临的环境窘况，我们既要考虑“过度发展”问题，又要考虑发展不足问题。赫尔曼·戴利（Herman Daly）为前者下了一个简明的定义：“一个过度发展国家就是指该国的人均资源消费水平如此之高以至于，如果将它推广到所有国家，它将不可能无限期地维持下去。”（假如把碳排放量作为衡量发展的指标，那么美国的过度发展程度是400%。[①]）

过度发展和发展不足都在危害着我们的环境安全。一些国家所消耗的不可再生资源超过了它们应占有的可持续份额，而温室气体和其他污染物的排放量也超过了可持续份额。这些经济体需要收缩，而非扩张。其他国家由于深陷贫困，所以其居民会从事破坏生态的活动，比如过度放牧、过度开垦、采伐森林。这些经济体需要扩张。

我们已经研究过贫困这一发展不足问题。在经济民主世界，穷国有权按照自身的优先需要自主发展经济。他们将努力开发适宜技术，他们将投入资源用于降低全球资本主义所造成的损害，他们将发挥聪明才智设计出既健康又人道的生活方式，而不至于像过度发展国家那样对当地和全球环境造成难以承受的压力。在这一过程中，富国可以通过提供科技资源和一些物质援助来帮助穷国，但穷国将主要与处境相似的国家联合起来，主要依靠自身的人力和物力资源来重建社会。没有理由认为它们做不到这一点。穷国消除贫困的阻碍主要是社会性的、制度性的，而非物质性的或技术性的因素。

矫正发展不足虽然并非易事，但相比于戒掉过度发展国家的消费上瘾症，这一任务就不是那么令人望而生畏了。这并不是说为实现可持续发展而进行的消费改变一定会降低过度发展国家的生活质量。恰恰相反，如果过渡恰当，生活质量以及人们的幸福水平有望得到明显改善。[②] 总体而言，消费上瘾症无助于整体幸福感的提升，因此，无论多么困难都要努力加以戒除。

---

① Herman Daly, *Beyond Growth* (Boston: Beacon Press, 1996), 106. 尽管美国人口数量不到世界的5%，但其碳排放量占世界的20%。假如目前的全球二氧化碳排放量已经达到或超过可持续临界水平，那么美国的排放量超过其应占有的可持续份额的4倍。因此，在碳排放方面，美国的过度发展程度至少是400%。与之对比，虽然中国刚刚超过美国而成为碳排放的世界第一大国，但它的排放量只是略高于其人口份额；而印度的排放量还不到其人口份额的一半。

② 最近有两个关于这一说法的强有力论证，参见 Juliet Schor, *Plenitude: The New Economics of True Wealth* (New York: Penguin Press, 2010)，以及 Frances Moore Lappé, *EcoMind: Reframing Six Disempowering Ideas That Keep Us From Aligning With Nature—Even Our Own* (New York: Nation Books, 2010)。这些书写得极好，强烈推荐。

必须指出的是，经济民主结构并不能保证环境问题的必然解决。经济民主是市场经济社会，因此刺激消费需求符合所有企业的利益，这方面和资本主义并无二致。没有一家企业，不管是工人自我管理型企业还是资本主义企业，希望顾客减少消费。所有企业都希望保持强劲的需求。

尽管如此，经济民主的一些特征使得它比资本主义更有可能实现生态的可持续。资本主义与经济民主最重要的差别是，前者需要经济增长才能实现稳定，而后者则不需要。避免市场份额流失是健康的工人自我管理型企业的主要动机，而规模扩张并不是它所关心的。当一家工人自我管理型企业（收益为工人们所共享）通过新技术的利用来增加闲暇并使工作本身变得更有趣的时候，它尤其会对零增长感到心满意足。一叶知秋，见微知著。消费模式长期稳定的稳态经济与健康的经济民主是完全可以并存的。

经济民主并不像资本主义那样有潜在增长的内在要求，但还不足以实现生态的可持续，至少富国还需要削减它们的物质消费。正是在这一点上，投资的社会控制可以发挥重要的作用。削减消费不是一件轻而易举的事情，它至少会带来严重的社会扰动。要调整消费习惯以及与此相适应的生产设施，必须假以时日。此外，在我们业已塑造的环境结构下，多数的过度消费已经变成“必需品”，需要通过投资来改变这些模式和结构。

例如，所有环保人士都知道私家车是大气污染的一大元凶。之所以这么多人必须依靠私家车度日，是因为我们所设计的社区使人们不得不如此。因此，社区设计的改变就显得必要了。我们完全可以在住处附近修建更好的公交设施、更多的自行车道和更多的小型市场，也完全可以在工作场所附近建造更体面、价格更适中的住房。但我们必须有足够多的投资资金才能重新设计并改造我们的社区。

在经济民主之下，我们可以获得这些资金。每年，国家、区域和社区立法机构会决定投资优先项目——怎样在公共部门和市场部门之间分配投资资金，以及选择哪一个公共部门项目。在做出这些决定时，它们无须担心“金融市场”的反应，也不必担忧企业会搬离本地区。如果某些为实现可持续发展而做出的决定对当地产业造成了不利影响，那么可以用投资资金帮助它们实现改组或调整。为使社区与生态可持续的理性标准相一致，需要重新设计社区，这一过程不会一帆风顺，但可以大胆尝试，把成功的例子加以推广。

当然，尚不能确定人们一定会努力致力于实现生态理性。毕竟，经济民主是民主社会，“整体意志”的品质取决于单个公民的个别意志。但是大多数居民的两个条件如果得到满足，即享有基本的生存保障和享有更多的闲暇并从事更有意义的工作，那么他们会同意采取生态可持续的行动，我认为这不是过度乐观的看法。资本主义不具备这两个条件，而在经济民主之下，二者都能得到满足。

三　民主缺失

一直以来，政治平等和物质不平等共存的现象一直是政治理论上的未解之谜。柏拉图很理智地指出，民主将肯定发生退化，原因在于民众坚持再分配社会财富，将引发统治阶层的反击，最终导致专制独裁。[①] 所有生活在资本主义兴起时代的古典自由主义哲学家都很担心，民主向无产阶级大众的扩展必然导致对财产的威胁。［即便像约翰·斯图亚特·穆勒（John Stuart Mill）这样正直、进步并倡导全民选举权的思想家也建议，赋予银行家、商人、工厂主及其他雇主以多数投票权，以抵消劳动阶级的巨大影响力。[②]］

为什么上述人士所担心的威胁并没有成为现实呢？为什么现在的政治民主看起来就像是资本主义的自然伴生物，而不是它的对立面呢？在我们这样1%的人口拥有三分之一或更多财富的民主社会，怎么可能没有试图实现财富再分配的义举呢？

答案非常简单明了：我们的社会并非民主社会。资本主义和民主并不兼容，发达工业社会所言的民主根本是另一回事。

耶鲁大学的政治科学家罗伯特·达尔（Robert Dahl）和查尔斯·林德布洛姆（Charles Lindblom）很久之前就指出，我们应当区分民主和多头政治。**多头政治**是指广大选民通过诚信的选举从相互竞争的候选人中选出政治领袖的制度。用达尔的话说，多头政治就是一种政治秩序，其中“较高比例的成年人拥有公民身份，而且公民权利包括反对并选下政府最高官员

① Plato, *The Republic*, book 8.

② John Stuart Mill, *Considerations on Representative Government* (Indianapolis: Bobbs - Merrill, 1958), p. 138. 穆勒坚持每个人都应当有权表达自己的心声，但“每个人都应当有相同的表达心声的权利就是一个完全不同的命题了”。

的机会”。[①]

和大多数国家一样，现在世界上的所有发达工业国家都实行多头政治制度。在过去的数十年间，多头政治（如果不是民主制度的话）已经在全世界迅速传播。它不仅使得苏联和东欧的共产主义政权垮台，而且终结了拉美的军事独裁和南非的种族主义统治。

多头政治并非坏东西，它比独裁要好，但多头政治不是民主。参照达尔和林德布洛姆的研究，让我们将“民主”还原为其语源学的本意，即“民治”。让我们将民主定义为这样一种制度，其中：

· 成年人普遍享有投票权，而且
· 选民“至高无上”。

如果满足以下条件，那么选民就是“至高无上”的：

· 选民相当清楚政治程序所要决定的议题并相当积极地提出自己的解决方案，而且
· 不存在“享有特权”的、持久存在的少数阶级。

如果满足以下条件，那么一个阶级就“享有特权”：

· 它所拥有的政治权利至少和被选出的官员不相上下，并且让其他阶级望尘莫及。

一句话，**民主就是广大选民信息充分、行动积极并且不为少数特权阶级妨碍的制度。**

但资本主义社会中的资本家阶级是少数特权阶级。而且“这个持久存在的少数阶级拥有的政治权利至少和被选出的官员不相上下，并且让其他阶级望尘莫及”。因此，我们的社会不是民主社会。

如今并不流行谈论阶级，更不用说“资本家阶级”，但它确实存在。作

① Robert Dahl, *Democracy and Its Critics* (New Haven, CT: Yale University Press, 1989), p. 220.

家戈尔·维达尔（Gore Vidal）就属于这一阶级并因此最有发言权，他说：

> 那是统治阶级的特征。他们是如此聪明以致无人知晓他们的存在。当我谈及美国的统治阶级时，心智健全的政治科学教授们都奇怪地打量着我。他们对我说："你是阴谋理论家。你真的相信有一个大本营，他们在波西米亚树林聚首，并统治着美国。"是的，他们的确聚首于波西米亚森林，而且深度地参与美国国务卿人选的确定。但他们无须密谋，因为他们的想法极其相似。这和他们的成长方式、所上的学校有关。你不必给《纽约时报》的编辑下达命令，因为他在这个位子上的原因是他能如你所期望的那样对危机做出反应，正如美国总统和大通曼哈顿银行的头头一样。①

维达尔把处于我们社会顶端的1%的人口划为"统治阶级"。这1%人口组成了我们所定义的"资本家阶级"，即拥有足够多的生产性资产以致可以依靠这些资产所带来的收入舒适地生活的人们。

"所拥有的权力至少和所选出来的官员相当"，从这方面来看，这个阶级真的"享有特权"吗？如果资本家阶级是统治阶级，那它是如何统治呢？维达尔认为资本家们都很有默契。这个回答过于简单了，无论如何，我们需要了解得更多。资本家的态度是如何转化为公共政策的？到底是什么机制使得这个人数极少、近乎无形的阶级能够在"民主"社会中行使决定权？

在这些机制中一部分是相当显而易见，另一部分则隐晦得多。至少在美国，最昭然若揭的非竞选筹资莫属了。竞选活动在技术层面上已经极为精巧，它们利用特定人群的访谈和民调数据来确定主推的热点议题，并通过选择性的邮件和铺天盖地的电视宣传来传递精心裁制的"信息"。这些活动耗资甚巨。2010年，拉斯·范戈尔德（Russ Feingold）在参议员竞选中耗资1300万美元，但还是输给了花钱更多的对手。梅格·惠特曼（Meg Whitman）在竞选加利福尼亚州长时花费13000万美元——10倍于参议员竞选的1300万美元，但还是输给了杰里·布朗（Jerry Brown）。即便是地方选举，所需要的资金也是惊人的。2010年，候选人在伊利诺伊州州长竞选中耗资3300万美元。在该州，15个立法席位的竞选耗资达100万美元或者更

① 这是对戈尔·维达尔（Gore Vidal）的一篇采访，载于*Playboy*，December 1987，p. 53。

多，最高法院的首席大法官托马斯·基尔本（Thomas Kilbane）为了连任，耗资320万美元。[①] 因此，必须向富有的“捐助者”献殷勤以争取他们的支持。也就是说，必须确保这些捐助者的利益得到关照。当然，从小额捐助者那里筹集到大笔竞选经费，在理论上是可能的，但是考虑以下两种情况，你就明白这仅仅是理论上的可能。为了筹集到100万美元，你需要说服5万人每人向你捐助20美元，而如果有富人相助，仅需50位富人每人向你捐助2万美元，你就可达成目标。顶端1%的人口包括了120万个家庭，对他们而言，2万美元只是零花钱，所以理性的政客大多放长线钓大鱼就不足为奇了。［最高法院最近就联合公民诉联邦选举委员会案（Citizens United v. Federal Election Commission）做出了裁决，已然把跨国公司这些大鱼放入池中。现在公司可以像个人一样自由地向政客捐款。通过公司高管及其说客们的联名捐赠，公司早已在美国国会占据主导地位。而现在，那本已名存实亡的限制——包括披露要求——也已经被取消了。］

某些资本家花费在政治上的数额之巨令人震惊。现举一例加以说明。大卫·科赫和查尔斯·科赫（David and Charles Koch）在继承了他们父亲的石油和能源生意之后，现在拥有的总财富仅次于比尔·盖茨（Bill Gates）和沃伦·巴菲特（Warren Buffett）。正如《纽约人》的职业撰稿人简·迈耶（Jane Mayer）所报道的：

> 只有科赫兄弟才清楚知道自己到底在政治上花了多少钱。公开的税收记录显示，查尔斯·G. 科赫慈善基金会在1998～2008年间政治上的花费超过4800万美元。由查尔斯·科赫夫妇和两名公司雇员及一名会计师共同控制的克劳德·R. 拉姆慈善基金会的花费超过2800万美元。大卫·H. 科赫慈善基金会的花费超过1.2亿美元。同时，自1998年以来科赫工业集团在政治游说方面已经花掉了超过5000万美元。另一方面，公司的政治行动委员会——科赫政治行动委员会——向政治竞选活动捐赠了约800万美元，其中超过八成给了共和党候选人。2010年，科赫工业集团在政治捐赠方面遥遥领先于其他能源公司，这一情形自2006年以来就一直保持……在2010年第二季度，大卫·科赫是共和党

① Patrick Yeagle, "Record Breaking Year for Campaign Spending." *Illinois Times* (*Springfield*), November 4, 2010.

州长协会最大的个人捐助者，捐款达100万美元。联邦税法允许个人以匿名方式向非营利性政治团体捐赠，科赫兄弟的其他捐赠或许也就无迹可寻了。[1]

以上数字的总和达到了2.55亿美元，这仅仅是两个人的捐赠额，而且只是通过公开记录可以查询到的数额。[2]

我几乎不必啰唆地指出金钱对政治的影响，因为证据比比皆是。这里有一个2002年版的《超越资本主义》引用过的典型案例，尤其考虑到"特立独行"的主人公后来的职业生涯轨迹，这个案例或许现在更说明问题：

1999年2月，由于消费者对航空旅行的抱怨空前高涨，亚利桑那州的共和党人、参议院商务委员会主席约翰·麦凯恩（John McCain）发起了一场保护乘客权利的运动。他提出了一项《航空旅行者公平法案》，要求航空公司改正它们的行为，并举行了许多引人关注的听证会，曝光了很多关于受困、颠簸致伤和其他欺负乘客的故事……然而，到了6月份，在航空产业宣布了一项改进消费者服务的自愿计划，并且匆忙地向两党捐赠了大量政治"软钱"之后，问题看起来一下子烟消云散了。麦凯恩先生提出了一个更加不中用的版本以取代原先的法案。这个替代版本只是鼓励航空公司遵守它们自己的计划，却获得了委员会成员们一边倒的支持。

对于这一改变，航空消费者行动项目主任彼得·哈德逊（Peter Hudson）说："我们都目瞪口呆，这不只是友善的交易，它是免费的美食。"在委员会投票的前一周，航空业送出了22.6万美元的政治软钱……在1999年的前6个月，航空业在政治捐赠上的花费超过了130

① Jane Mayer, "Covert Operations: The Billionaire Brothers Who Are Waging War Against Obama," *The New Yorker*, August 30, 2010. p. 49.

② 尽管大卫·科赫（David Koch）在左右政治上显得严肃而老道，但必须承认他具有一定的幽默感。在高中母校迪尔菲尔德学院——他刚许诺捐赠2500万美元——的校友会演讲中，他说："你可能会问：大卫·科赫是怎样变得这样富有以致可以出手这般阔绰呢？好吧，让我给你讲个故事。那时我还是一个小男孩。有一天，我爸爸给了我一个苹果。我很快就以5美元价格把它卖掉，然后买了两个苹果，以10美元价格卖掉。接着又买了4个苹果，以20美元价格卖掉。是的，就这样日复一日，月复一月，年复一年，直到我爸爸去世并留给我3亿美元。"（Jane Mayer, "Covert Operations: The Billionaire Brothers Who Are Waging War Against Obama," *The New Yorker*, August 30, 2010. p. 48.）

万美元。[①]

对竞选筹资活动的实际控制还不足以维护阶级统治。在资本主义的多头政治中，一个政党对基本制度提出挑战只是存在理论上的可能，重要的是用论点和数据阐明和支持资本家阶级的利益，使其看起来和大众的利益完全一致。而达到这一目的的最重要手段是大量的“私人”（即由资本家资助的）基金会，从“自由主义”即适中的保守主义基金会（如福特、洛克菲勒、卡内基）到极右翼基金会（如布拉德利、斯凯夫、奥林）。这些基金会转而又资助许多的智库和圆桌会议，从适度保守的布鲁金斯研究会、兰德公司和外交关系委员会，到诸如胡佛研究所、卡托研究所和美国企业研究所这样的右翼营垒。这些研究所从事政策研究，提出模型化法案，并召集自商界、政界、可敬的（即非激进的）学术界和有影响力的媒体界的代表们一起辩论、讨论并完善提案的内容。这些研究所也源源不断地派遣可靠的“专家们”去国会作证、去参加大众媒体的新闻节目。

巨头基金会名下拥有数额巨大的资产。以下只是冰山一角：美国国家慈善事业响应委员会（the National Committee for Responsive Philanthropy）报告称，在1992～1994年，12家主要右翼基金会（共拥有11亿美元总资产）向保守政治团体和教育机构捐赠了约2.1亿美元。[②] 相较而言，在同一时期，一家标榜为社会主义的全国新闻周刊杂志《这些年》因为无法清偿10万美元的债务余额——不到主要右翼基金会捐赠额的0.05%——而处于破产的边缘。(《这些年》杂志确实生存了下来，但不再自称为社会主义杂志了。)

科赫兄弟卓有成效地建立了许多“智库”，包括常被引用的卡托研究所和莫卡特斯中心，后者位于乔治·梅森大学，被《华尔街日报》评为“你所不知道的最重要的智库”。他们还出资建立了司法研究所（该所提起多项诉讼反对联邦和州法规）、人道研习所（该所资助自由主义方面学术活动）和权利法案研究所（该所推动宪法的保守倾向）。除此之外，他们建立和/或资助了大量的“公民团体”：“繁荣美国人协会”、“健全经济市民委员会”和“市民环境委员会”。毫不奇怪，它们成为茶党运动背后的主

① *International Herald Tribune*, 21 October 1999.

② Vince Stehle, “Righting Philanthropy,” *The Nation* (30 June 1997), 15.

要力量。[1] [科赫兄弟有一些位高权重的朋友。最高法院法官安托宁·斯卡利亚（Antonin Scalia）和克拉伦斯·托马斯（Clarence Thomas）投票促成了有利于联合公民的裁决，他们至少参加了一次由科赫兄弟在棕榈泉市举办的政治静修活动。[2]]

资本家们不仅要清晰地表达本阶级的利益，而且要将它们广而告之。因此，主要媒体的作用就很重要了。它们几乎都是私人所有的，也就是被掌控着社会大部分生产性资产的阶级所控制。此外，这些媒体的经济存亡有赖于广告收入，因此就要仰仗于企业赞助商的好心肠。在美国，即便是“公共”广播和电视也是极度依赖企业赞助的，在每一次播报中它们都“公开地”向赞助商表达感激之情。此外，许多公共电视频道的焦点节目如“PBS 新闻”和“晚间财经报道”都是向私人购买的。[3]

在美国，没有一家新闻报纸或电视台是以发表有条理的、一贯的、反资本家的言论为主要内容，也就毫不奇怪了。

虽然金钱左右着我们的政治，但也不应认为大笔资金的单个捐赠者总能如愿以偿。所有富有的捐助者无不希望自己的利益得到保护，但这些利益并不总是和谐一致的。富有的捐助者们在许多问题上（不仅限于狭隘的经济利益问题，而且包括具有广泛的社会影响的问题）都有不同的看法，而这些问题属于当选官员管辖的范围，所以在资本主义内部就存在真正的选举竞争的空间——从而就有了多头政治。尽管如此，由于这些捐赠巨头们只有借助资本主义本身的基本制度结构，才能保住自己的财富，所以他们不会支持任何削弱这一基本结构的政策主张。

除了这些能够确保资本家的利益得到当选官员保护的机制外，资本家阶级还有另一个强大的武器，或许是军火库中最具威力最令人印象深刻的一件武器。一旦新选出的政府提出被认为不利于资本家利益的政策，资本家们就

① Jane Mayer, “Covert Operations: The Billionaire Brothers Who Are Waging War Against Obama,” *The New Yorker*, August 30, 2010. pp. 44 - 55.

② Eric Lichtblau, “Scalia and Thomas' Retreat with Koch,” *New York Times* (January 21, 2011).

③ 网站 fair. org 于 2010 年 10 月 19 日发布了一则令我相当震惊的趣闻：“Taking the Public Out of Public TV”。“PBS 新闻”由麦克尼尔/莱勒公司出品，这是一家由麦克尼尔、莱勒和传媒巨头“自由传媒公司”联合所有的公司，后者拥有 65% 的股份。“晚间财经报道”原先是由一家公共电视台出品，最近被卖给了一家私人公司。有关媒体问题的重要解决方案，参见 Robert McChesney's classic, *Rich Media, Poor Democracy*. (Champaign: University of Illinois Press, 1999). See also his more recent *The Political Economy of Media: Enduring Issues, Emerging Dilemmas* (New York: Monthly Review Press, 2008)。

举行“投资罢工”，把这件武器投入使用。这的确是一件威力无比的武器，因为它无须计划、无须协调就能开动。实际上，一旦被认为对“商界利益”不友好的政府掌权，它就会自动投入使用。

个中道理，异常简单。众所周知，资本主义的大部分投资资金要依靠上层阶级的储蓄。由于这些资金是私人性质，所以它们的所有者可以任意处置它们。投资者现在拥有了更多的投资机会，既可以投资于本国，也可以到其他地方。既可以在日经股票交易所购买股票，也可以投机拉美货币。他们可以在这个“自由和开放的”世界任意支配自己的资金，因为这些资金**属于他们**所有。因此，一旦大量投资者对政府失去信心，他们将停止在该国的投资，这是不无道理的。正如凯恩斯主义通常所推断的，这种信心缺失变成了一种可以自我实现的预言。当投资者不再投资，有效需求就减少了，失业也随之出现，需求进一步下降，从而引发更大的投资削减——这个常见的恶性循环就构成了经济衰退。

我们都知道接下来会发生什么。在多头政治的政府中，领导人要对国家的经济福祉负责。在困难时期，所有反对派候选人都呼喊着大体相同的口号：“笨蛋，问题是经济！”（比尔·克林顿1992年竞选美国总统时的口号。——译者注）由于多头政治的要旨在于允许选民选掉那些被认为表现不好的官员，因此不被商界喜欢的在位政客将被迫下台，那些被认为有问题的政策也将被推翻。

显然，只要投资决策仍然掌握在私人手中，希望执政的政府——也就是所有政府——除了去迎合资本家阶级的感情需要外就别无选择。

问题远不止如此。不仅仅是当选官员的利益，而是几乎所有人的利益都被牢牢地和资本家阶级的利益绑在一起。一旦经济不景气，私人部门的工人将被解雇。政府的税收收入下降，因此公共部门的工人也被排挤，同时受害的还有那些依靠福利救助生活的人们，他们的救济金在不景气的情况下显得如此昂贵。所以我们看到，资本主义经济体制真是一个天才般的构造，维持统治阶级的动物精神几乎是所有人的利益所在。这个特征赋予资本主义制度以巨大弹性。只要资本主义的基本制度继续存在，取悦资本家是几乎所有人为自身利益所做出的理性选择。

在真正民主的社会，选民可以改变这些基本制度。由于不难理解资本家利益是如何不同于大多数人利益，英明的选民很可能会去尝试一些不同的东西。这就是资本主义能容忍多头政治却不能容忍民主的原因。（除非资本主义的基本制度受到威胁，否则资本主义社会往往是“宽容的”社会。而一旦受到威胁，伪善的面具就被摘下，随之出现了暗杀小组、军事政变和法西斯主义。至少，这些都已为迄今为止的历史记载所证实。）

顾名思义，经济民主极大地扩大了民主制度在社会中的作用：

·民主最明显、最巨大的扩展发生在车间。资本主义专制制度的基石被“一人一票”的民主所代替。相比于古希腊城邦的规模，车间的民主是一种小规模的民主。（与大多数城镇与城市相比，即便是大公司的规模也是小的。）虽然大多数企业是以工人代表委员会的形式来进行治理，但这种民主形式和直接民主的古代理想相差不是很远。

·经济民主保留了“市场民主”（即个人通过购买来“投票”决定经济应该生产什么），但降低了市场民主最令人讨厌特征的不良后果。市场民主是“一元一票”，不是“一人一票”。“一元一票”的特征尽管在经济民主下仍然保留，但由于收入不平等程度已大大地降低，因此该特征的危害已经大大减少。实际上，要使不平等在社会中发挥激励的作用，那么就应该使生产量根据货币需求来决定。（假如没有东西要用多赚来的钱购买，那么让一些人赚得比其他人更多是没有意义的。）

·在经济民主之下，为人所熟悉的代议制民主也得到扩展。人们共同关心的许多问题在资本主义下不能获得投票表决的机会，但在经济民主下这些问题将得到国家和地区立法机构的定期审议。这一年国家要启动多少的经济投资？这些资金应当在国家性和区域性项目上如何分配？应当在社区内的公共资本支出和市场部门之间如何分配投资资金？这些事关经济未来的决定将由选举产生的负责任的代表做出，而不是由市场这只无形的手来操控。

·依照法律规定，所有社区根据人口比例获得相应的国家投资基金。地方政治突然间就变得有趣了。现在公民们终于有机会去塑造自己社区的一般结构，而无须担心他们的决定会抑制新资本流入或吓跑当地企业。可以预期的是，在经济民主下公民参与公共事务的比率会比资本主义下更高。

这些都是经济民主的好处。经济民主还可以避免或大大减少资本主义多头政治所带来的坏处。更大程度的经济平等减轻了金钱对选举过程的扭曲性影响，媒体不再被经济精英们所把控。最重要的是，经济民主社会不再有这样的一小撮人，当他们对政府政策不满时就通过投资罢工来使经济陷入衰退。如果我们回顾一下早先对民主的定义——普遍的选举权、公民信息充分且行动积极以及没有特权阶级，那么显然经济民主实际上是真正的民主，而非仅仅是多头政治。

（一）关于反共产主义的注释

回顾20世纪的历史，我们不难发现反共产主义的意识形态是如何改变了西方外交政策。从一开始，共产主义就激起了社会上层人士的敌对情绪。早在俄国革命之前，早在苏联具备重要的军事能力之前，社会的主流政治、教育和经济制度就不断宣扬着共产主义的恐怖之处。共产主义被憎恶的程度要远远超过法西斯主义、纳粹主义或其他非民主性质的政权。实际上，当两次世界大战期间民主制度在意大利、德国和西班牙消失时，多头政治的西方势力并未介入干预，反而对新政府相当的“宽容”。毕竟，墨索里尼的意大利、希特勒的德国和弗朗哥的西班牙都强烈地、残暴地反对共产主义。

为什么资本主义能够容忍其他形式的专制的反民主政权，而唯独对共产主义这般深恶痛绝呢？初看起来，答案和经济利益直接相关：资本主义需要廉价原料、外国市场和廉价劳动，而共产主义国家则完全拒绝这些。

这一回答表面上可信，但问题在于现存的共产主义国家并没有拒绝资本主义公司的这些要求。共产主义政权从来都是想和西方国家贸易的，并且总是渴望获得外国投资。倒是以美国为首的西方国家向它们实施了贸易制裁、贸易禁运和贸易封锁。诚然，被允许在共产主义国家经营的资本主义企业会受到比它们想要的更多的管制，但外国公司在其他资本主义国家（比如日本）也受到了严格管制，却并未激起敌对性的反击，更不用说导致一触即发而且一发不可收拾的“冷”战了。

反共产主义背后的真正动机要比获得原料和市场深刻得多。对资本家阶级而言，真正担心的是共产主义确实是对的：资本主义不是历史的终结，有一个更光明的未来将超越于资本主义；早晚有一天，资本主义国家的工人（即占绝对多数的公民）将意识到这一点并采取适当的行动。回想一下那个流行的比喻：共产主义就像“传染病”，受感染的国家必须被隔离。不论多么健康、多么繁荣，没有一个国家可以幸免于这个致命病菌的侵害。因此，不论在国内还是国外，都必须毫不留情地与之战斗并予以消灭。“不，小小越南当然威胁不到我们的国家安全，但是**共产主义的传播**必须受到遏制——不论要死多少人。”

为了说明针对共产主义所发动的无情战争是多么的数不胜数，我们不妨想象一下，假如西方国家的外交政策是以民主而非反共理念为指导，那么20世纪的历史将会多么的不同。为了把分析的目标限定于最重要的角色，让我们假定美国一直致力于民主，那么：

· 它就不会于1918年派军队前往俄国反对那场革命。

· 它就不会那么宽容地对待墨索里尼在意大利的夺权行动，也不会那么轻易地对希特勒奉行“绥靖”政策。

· 它就不会支持20世纪30年代在中美和加勒比地区家长制独裁统治［萨尔瓦多的赫尔南德斯·马丁内斯（Hernandez Martinez）、尼加拉瓜的索摩查（Somoza）、危地马拉的乌维科（Ubico）、洪都拉斯的卡里亚斯（Carias）、多米尼加共和国的特鲁希略（Trujillo）、古巴的巴蒂斯塔（Batista）］的上台。

· 它或许就会帮助西班牙共和国镇压弗朗哥的反民主叛乱——弗朗哥得到了希特勒和墨索里尼在物质上和人员上的支持。

· 它就不会支持蒋介石在中国的腐败及残暴统治，就不会在蒋介石政府同共产党人的内战中向前者提供60亿美元的援助，而后者更得人心且最终获胜。

· 它就不会帮助法国在二战后重新夺回印度支那的控制权。

· 它就不会坚持在二战后分割朝鲜半岛，也不会支持在南方建立邪恶的右翼独裁统治。（因此也就能够避免朝鲜战争。）

· 它就不会策划推翻由民主选举产生的伊朗政府并于1953年扶植巴列维国王的统治。（因此就不会被25年后推翻巴列维国王的政府视为恶魔。）

· 它就不会精心策划在1954年破坏危地马拉的民主。

· 它就会尊重柬埔寨、老挝和越南人民选择自己未来的权利，因此就能够避免那场夺走5万条美国人生命及多达400万印度支那人民生命的战争。

·它就不会直到最后一刻还反对南非黑人的自由解放斗争。

·它就不会对1965年印度尼西亚军队夺权并屠杀100万“共产党员”睁一只眼闭一只眼（装出强烈谴责的样子）。

·它就不会在整个20世纪60年代和70年代帮助并怂恿拉美的大多数国家建立极其野蛮的军事统治。（在智利及其他地方，尼克松和基辛格故意摧毁了拉美最成熟的民主政体，从而为“另一次9·11”——1973年的皮诺切特政变——铺平了道路。）

·它就不会拥护马科斯在菲律宾从1972年上台到1986年下台的独裁统治。

·它就不会于20世纪70年代在安哥拉、莫桑比克和尼加拉瓜提供资金资助凶残的武装斗争去推翻政府，而这些政府是在推翻了人民痛恨的独裁者或殖民主义傀儡后刚刚上台执政且广受欢迎的。

·它就不会对深受美国信任的反共盟友——印度尼西亚的苏哈托将军——大开绿灯，后者入侵刚独立的东帝汶并实行恐怖统治，夺走了那儿三分之一人口生命。

·它就不会于2002年暗中支持委内瑞拉的未遂政变，试图推翻经民主选举产生、广受穷人拥护、备受两个传统政党唾弃的乌戈·查韦斯政府。也就不会自那时起一直对查韦斯政府怀有敌意。

·它就不会直至现在仍然不遗余力地试图摧毁“共产主义”古巴——这是唯一一个在拉丁美洲消除了饥饿和无家可归的国家。

这绝不是完整的清单。美国所支持的反民主政权数量，要比此处列举的多得多。[①] 而且在反共运动中，美国并非孤军作战。大多数欧洲国家支持这些政策。对死亡人数的比较让人憎恶他们，但还是应当指出，死于反共名义下的战争、政变、谋杀、恐怖主义和酷刑的人数至少和死于希特勒或斯大林

① 关于以上所列举的细节以及更完整的清单，参见 Michael Sullivan, *American Adventurism Abroad*: *30 Invasions*, *Interventions and Regime Changes since World War II*（Westport, CT: Praeger, 2004）。关于美国参与谋反查韦斯政府的详细阐述，参见 Eva Golinger, *The Chavez Code*: *Cracking US Intervention in Venezuela*（Northhampton, MA: The Olive Branch Press, 2006）。如果可能的话，另参见一部极出色的纪录片，《The Revolution Will Not Be Televised》，由大卫·鲍威尔（David Power）制片，金·巴特利（Kim Bartley）和多纳查·奥布莱恩（Donnacha O'Briain）导演。

之手的人数一样多。[①]

情况本不该如此。假如我们是民主社会而不仅仅是多头政治，那么情况就不会是这样。

（二）关于自由的注释

经济民主会比资本主义更民主，但是否会更自由呢？政治理论家很喜欢指出，身处民主和民主本身并不能保障现代社会的基础价值观。自由（包括信仰自由、宗教自由、言论自由、集会自由、人身保护权、法治等）是会被狂热的多数或独裁者剥夺的。经济民主会不会太民主了？

在历史的发展过程中，为了抑制对多数人的暴政而产生了宪法，它保障所有人基本的公民权利和政治权利。没有理由认为经济民主无法提供这种保障。致力于建立真民主而不是伪民主的群众运动，不会践踏过去时代所取得的一切真正进步的成果。

政治理论家还指出，如果个人无法实践公民权利和政治权利，那么这些权利就形同虚设。特别地，如果政府控制着社会中的所有媒体和就业机会——就像苏式社会那样，那么真正自由就是空谈，因为不同意见无法得到传播。用这一论点来反对经济民主是没有说服力的，因为经济民主的政府并不控制所有的媒体或就业。经济民主是一种市场经济社会。可以在市场部门找到许多就业机会，而且也存在多种形式的营利性媒体。因此，如果你的观点能够引起市场的巨大反响，那就一定有出版社愿意出版。假如你找不到一家出版社，你和你的朋友可以用自己的钱或者向社区银行贷款来建立自己的出版公司，而所有社区银行都在伺机向新创办的就业创造型企业提供资金。

另一个认为经济民主和自由不能兼容的所谓理由，与政府规模有关。据称由于经济民主扩展了政府的活动范围，因此必然导致庞大的官僚机构，而后者将不可避免地腐蚀我们宝贵的自由。

这一说法是基于两个错误的假定。第一，它假定经济民主大大增强了政府权力。实际情况恰恰相反，与其说经济民主增强了政府权力，倒不如说通

① 诺姆·乔姆斯基（Noam Chomsky）做了一些估算：印度支那死亡400万，印度尼西亚死亡50万到100万，1978年以来中美洲死亡20万，1975年以来东帝汶死亡20万。而且这只是其中的一部分。Noam Chomsky, *On Power and Ideology* (Boston: South End Press, 1987), p. 24.

过极大地削弱金钱的政治影响力，经济民主重新分配了公民对政府的权力。第二，这一说法假定经济民主下的官僚机构比资本主义的庞大。但实际情况并非如此。在经济民主下，某些政府职能将被削减。由于不再有必要确保资本主义投资在世界的安全，相当怪诞的全球军事预算将被大幅度削减。同样要被裁减的是一些官僚机构，它们正控制着充当资本主义“失业后备军”的一部分人口以及差不多被资本主义制度变成永久多余的一部分人口。由于需要政府做的事情很多，经济民主下的政府仍然庞大，但是没有理由认为受宪章合理约束并对选民负责的大政府，会对政治自由构成真正的威胁。

（三）关于政党的注释

资本主义下的政党从来都是代表着不同阶级的利益：奴隶主或雇佣工人的雇主、土地资本或产业资本、农民或市民、资本或劳动。当然，所有政党都必须时刻假装自己代表着全民利益，而且必须超越狭隘的阶级界限以讨好选民。但是这些政党的恒久性和稳定性（如果它们是长寿而稳定的），取决于它们能否代表不同的、持久的阶级利益。（一旦缺少这些利益，宗教或种族主义将取代政党，正如这些年来我们如此频繁、如此悲剧地目睹的那样。）

假如政党倾向于以阶级为基础，那么还不完全清楚后资本主义社会的政党——不同于暂时性的、多变的选民联盟——是否仍然保留政治的特征。这并不是说政党应该被禁止，而是说传统政党的阶级性质表明，资本主义政党所发挥的许多作用或许可以通过其他手段来更好地实现。

政党到底有什么作用？有两个作用。首先，政党为竞选筹集资金。第二点作用不那么显而易见但同样重要。政党为有志于从政的人员提供一种安全保障。资本主义下的竞选政治是有风险的。不仅因为必须在竞选（更别说筹资了）中投入大量的时间和精力，而且一旦输掉选举你就什么也得不到。这一前景尤其让那些投身政治数年的现任者感到忧心忡忡。毫不奇怪，现任者总是试图通过操纵选举来确保自己再次当选，而且在任时往往和高利润的私有企业暗中交易以便一旦输掉选举就能在这些企业中谋得职位。政党减轻了这些不安全性，因为就算一切都失败，政客们仍然可以在继存的政党组织中觅得一职。

显然，政党制度完全符合资本的利益。资本家乐于看到候选人总是需要竞选资金，乐于看到一旦选举失败候选人急于在私人企业谋得舒适的职位。

此外，这些政党本身——失利候选人的最后支持者——也受过富有捐赠者恩惠，因此，政党与资本的配合看起来天衣无缝。

如果想把优秀人才吸引到政治活动中，经济民主就必须创造性地应对职业风险问题。一种可能的解决方案是再就业保证：假如你决定竞选公职但失败了，那么只要你愿意就可以重返原来的岗位，而且拿和以前相同的工资。如果你赢得了竞选，那么你仍然可以选择随时回归，回来之后的收入和职位可以参照如果你一直待在公司没有离开的可能情况来安排。你原来的单位为了给你找一个合适的岗位可能不得不做些调整，但这一代价相比于得到一个好政府的收益来说是微不足道的。（即便在资本主义社会，政府在战时也常常为那些应征入伍的人员做这种安排。）

不用说，经济民主下的所有竞选活动都是由国家资助的。这是为高效的、真正的民主所付出的另一个微小的代价。

第六章
迈向经济民主

依照第一章所提出的准则，后继制度理论不仅必须详细阐述并论证一种替代性的经济模式，而且必须用这个模式解释当前的世界并指出一条向后资本主义新世界过渡的改革路线。前面三章描述并论证了经济民主模式。本章将这一模式应用于刚刚指出的两个方面——解释当前的世界并提出一条向后资本主义新世界过渡的改革路线。不可避免地，这里呈现的内容要比前几章更具纲要特征。由于所论及的问题太大、太复杂，因此很难在一本书的一章里进行充分阐述，但它们又如此重要以致不能不谈及。

一　发挥导向功能的经济民主

理论有效性的一个衡量标准是它的预测能力。2001 年当我撰写《超越资本主义》第一版时，我构建了一个图示，试图从后继制度理论的视角勾勒 20 世纪世界经济发展的轮廓。大多数是历史分析，但也做了一些预测。以下我先重复当时所分析的一些内容，然后再看看这些预测的结果如何。

（一）那时的世界（2001 年）

20 世纪，尤其是下半叶，见证了众多引人注目的大规模经济试验。为应对感受日深的经济矛盾，一些国家重组了整个经济，希望开创一种全新的、更加美好的生活方式。毫无例外，这些试验都出现了内在的矛盾，导致这些国家要么走向无望的死路，要么进行进一步的、更具开创性的调整。（这一过程反映了第一章讨论过的历史唯物主义基本原理：我们是务实主义的、极富创造力的物种，在物质和社会生活困难面前不会消极地屈服。我们会尝试新方法，尽管常常失败，尽管成功常伴随意外的后果，但我们会从错误中吸取教训，并勇往直前。）如果从资本主义的角度看这些经济试验，我们会发现所有的道路都通往新自由主义模式——那个光彩的或不光彩的（随便用什么形容词）“历史终结”。但假如从经济民主的角度看这些经济试验，我们看到的东西就大不相同。

图 6－1 全面地、简单地勾勒出经济民主视角下的历史。这张草图能在多大程度上帮助我们以崭新的、更富成效的方式看问题，是对经济民主概念所具有的导向能力的衡量。

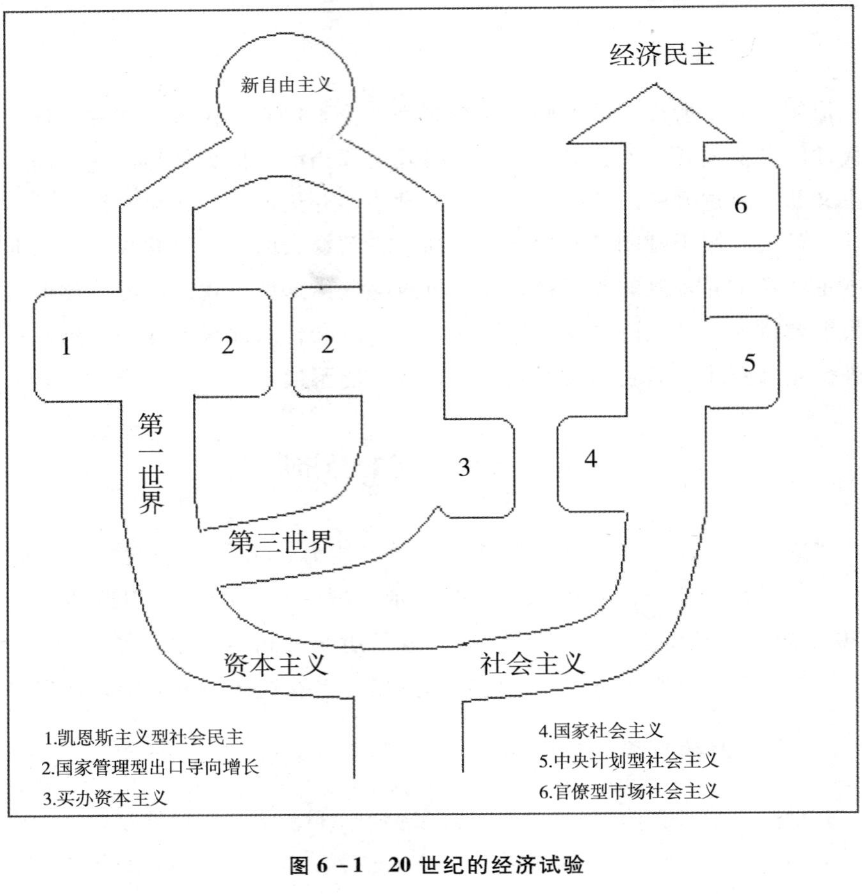

图 6－1　20 世纪的经济试验

这幅图实质上是关乎二战后的时期。不可否认，20 世纪的转折点发生在 1917 年，当时社会主义第一次从理论变为现实。自此，社会主义的“第二世界”开始挑战已使大半个地球被殖民化的资本主义的“第一世界”。

一战所造成的经济瓦解和惊人破坏性致使第一世界的资本主义国家变得极度脆弱。各地相继发生了工人和农民骚乱。作为一种反应，意大利出现法西斯，德国则出现了“国家社会主义”——这些极权资本主义试验意在防止激进的左翼掌权。作为经济试验，法西斯和纳粹均以失败告终。这些军国主义极具侵略性以至于无法避免自取灭亡的战争，但它们确实为资本主义寻找到更好的解决方案赢得了所需要的时间。法西斯主义—纳粹主义的威胁（例子）证明，政府在经济事务中应当发挥比正统自由放任主义所允许的大得多的作用，同时也证明了巨额财政赤字支出的合理性，正是它将深陷于大萧条泥潭的西方经济拉了出来。（二战不仅从法西斯的魔爪中救出了民主，而且也拯救了资本主义。）

让我们看看战后的情况，追踪图中资本主义分支的发展。紧随着战后伟大的去殖民化运动，许多新独立的“第三世界”国家摆脱了殖民统治，资本主义世界从此一分为二。如果追踪第一世界这一分支的发展，我们会看到两个不同形式的资本主义。第一个形式是“凯恩斯式自由主义”，这一称谓源自凯恩斯理论对新古典正统的激进修正。这一形式在美国、加拿大、澳大利亚、新西兰和西欧成为主流。大政府被视为确保公民享有社会保障并有效调节日益团结的劳工和日益集中的资本之间矛盾的必要条件。高额政府支出和高工资可以抵消凯恩斯主义的有效需求不足问题。

有那么数十年时间，这一模式异常的成功，高增长、高工资、低失业和经济稳定构成了资本主义“黄金时代”的特征。然而，随着时间的流逝，这一模式的内在矛盾开始激化。由于近乎处于垄断地位的企业可以将协商增加的工资转嫁给消费者，通货膨胀压力开始逐步显现。此外，当这些企业难以卖出所生产的产品时，它们变得不愿意进行大规模的投资。西方国家发现自己正深陷“滞胀”的泥潭——高企的失业和通货膨胀并存。

在玛格丽特·撒切尔（Margaret Thatcher）和罗纳德·里根的支持下，看起来已经被凯恩斯式自由主义永久埋葬的自由放任的保守主义，又东山再起。它们积极鼓吹私有化、放松管制、削减社会福利支出以及开放国内市场、迎接全球竞争。这个被称为新自由主义的新政策处方使得凯恩斯式自由主义黯然失色，并很快成为西方决策精英们的主流经济意识形态，至今没有改变。

发达资本主义在战后的另一个重大试验——对自由放任的第二种替

代——发生在日本。国家在其中发挥着比新古典正统所规定的大得多的作用，但其性质不同于凯恩斯式的自由主义。在日本，国家自主地推行出口导向型政策。为了保证较高的私人储蓄率，消费者信贷被严格管制，养老金及其他福利保障也被维持在很低的水平。政府继而选定一些产业促其全球扩张，向它们优先提供信贷支持，与此同时，采取严格的保护主义措施使那些较少受政府支持的国民经济部门能够维持生存。

这一模式也取得了巨大成功。世界目睹了“日本奇迹”——在30年内（1946～1976）GDP增长了55倍。到了20世纪80年代的末期，西方社会开始担心这个“日本有限公司”很快就会占领整个世界市场。然而，这并未发生。日本经济停顿了，这种状态延续至今。如今，日本的出口品不得不在全球范围内和亚洲其他国家的低成本商品竞争。日本银行系统所背负的不良贷款已经超过载荷。尽管政府增加了财政支出，但国内需求仍然不足以重振低迷的经济。所以日本承受着改革的压力：放松管制，向外国竞争者开放国内市场，减少政府计划。一句话，采纳新自由主义方案。

让我们把目光转向战后第三世界的资本主义，它存在两种基本模式。在去殖民化后被广为采用的第一种模式是，当地精英接管政权，并为满足跨国势力的渗透而大开国门，一个“买办资本主义”政权制度得以确立。在经济方面，当地精英垄断了国内市场，而且和跨国资本相互勾结。这些国家主要成了第一世界国家的商品输出地和原料来源地，并为第一世界消费者提供奇异的食品。

采用这一模式的少数几个国家实现了快速的经济增长，但即便是在这些国家，财富也并未“惠泽于民”。所有买办资本主义国家都普遍存在的贫困问题日益恶化。抗议者大有人在，当这些抗议者威胁要起义闹事时——这种事确实常发生——戒严令或无情的军事统治就确立起来。这些第三世界版的纳粹法西斯试验在美国的大力扶助下用尽一切的酷刑和恐怖手段，因而通常足以遏制革命运动。但正如第一世界曾经经历的，这些军事化的资本主义制度当作为一种经济模式来运行时却是失败的。所以，一旦革命的左翼威胁有所减退，它们中的大多数被推翻并为更“民主的”政府所取代。现行的这些新政权常常在国际借贷机构的建议、劝诱、甚至重压之下纷纷加入新自由主义的浪潮。

第三世界资本主义的第二个模式要比买办模式成功得多。韩国以及东南亚“小老虎”是这一模式的典型代表。它是日本模式的第三世界版。（因此，这一模式在图中的位置紧邻着日本模式。）由于这些国家充当着取代中国和朝鲜共产主义的排头兵角色，因此他们不仅获得了美国的大量金钱援助，还被允许拥有一定程度的经济独立，这在第三世界国家中是不寻常的。新掌权的韩国的政治精英利用这一独立性来推行大规模的土地改革（由此粉碎了旧精英的权力），并将资本和劳动纳入政府监管。它们强调生产的出口导向，国家对资本配置的监督，并通过设立贸易保护主义壁垒来保护国内产业。

不久之后，大量的其他第三世界国家也开始采纳出口导向型发展战略（但监管的力度不如韩国等国），接着就爆发了1997～1998年的亚洲金融危机，对韩国、印度尼西亚、泰国、马来西亚以及菲律宾造成了冲击。对此，许多人将矛头指向了地方腐败和大政府。这些国家都被告知应当削减政府开支、减少政府监管、缩减政府指导，把自己的命运完全托付于自由市场。

由此，所有的国家都走上了新自由主义的道路（至少在全球政策制定者眼中是这样的）。不论第一世界国家还是第三世界国家都采纳相同的发展策略，这在历史上还是头一次出现。所有的国家都被要求削减社会开支、放松管制、实行私有化，并尽可能地消除障碍，促进商品和资本的自由流动。

现在让我们看一下这个树状图的社会主义分枝。二战后不久，许多国家就开始了非马克思主义的“国家社会主义”试验（请不要和希特勒的“国家社会主义”相混淆）——埃及的社会主义、阿尔及利亚的社会主义、印度尼西亚的社会主义、圭亚那的社会主义，等等。各国相继将私人企业国有化，同时建立了大型国家官僚机构，执政党开始对经济发挥指导作用。

不幸的是，在这种制度之下只有极少国家的经济获得真正发展，这些试验很快就演变为或倒退为买办资本主义。（因此这二者在图中的位置很接近。）

更重要——也更成功——的模式是由苏联首创、其后在东欧实施的中央计划型社会主义。它也成为中国、古巴、朝鲜和越南的发展模式，并且激励鼓舞了第三世界国家的革命运动。这个模式一度很有吸引力。苏联在40年时间里从半封建的封闭国家一跃而成为世界超级强国。中国甚至在更短的时间内从“东亚病夫”变成了世界强国。古巴在很短的时间内根除了文盲和贫困，以至对美洲买办资本主义政权构成了“威胁”，美国更是投入（并将继续投入）大量资源对它加以遏制。

但这一模式也同样遭遇了内在矛盾。中央计划能够满足人们的基本需求，但由于激励结构扭曲，以致无法实现高效的、动态的发展。因此，改革家们开始尝试着把市场机制和生产资料的集体所有相结合，这一试验首先发生在南斯拉夫，继而扩展到其他地方。1989～1991年的事件中断了东欧和苏联的试验。（这些试验并不是因为政治动荡而自发中断，而是由于当地精英和西方顾问不遗余力地抹黑市场社会主义，否定其可行性。①）

尽管如此，在中国的试验还是结出了累累硕果。虽然并非所有的果实都是甜的（尤其这几年的发展），但不可否认的是，中国开始于1978年的市场社会主义试验显著提升了12亿人口中大多数人的生活水平，而且在20年时间里维持了一个世界上任何国家都难以望其项背的高增长率。在过去的20年里，人均实际收入增加了两倍多，居住面积翻了一番，婴儿死亡率减少了50%多，医生数量增长了50%，而且人口平均寿命从67岁增加到了70岁。1978年，中国有2.62亿人生活在贫困中。20年后，这一数字减少到了0.74亿。② 不管中国试验有怎样的不足，不可否认的是，在人类历史上从未有如此多的人在如此短的时间里脱离了贫困。

中国的试验极其复杂，未来的轨迹也远不能确定，但目前的中国体制应可视为市场社会主义的一种形式。今天的中国正经历着许多理论性和实践性挑战。一些派系致力于资本主义复辟，另一些则坚持“有中国特色的社会主义市场经济”（这是中国官方对经济结构的称谓）。人们对越来越高的失业率和日益扩大的地区不平等（前者是资本主义无法解决的问题，后者是市场决定的投资必然加剧的问题）怀有深切的忧虑。中国也对车间组织形式进行了大量试验，包括赋予工人以企业所有权的试验。中国下一步的改革有可能迈向类似经济民主的制度。

后继制度理论还不能使我们自信地预测中国改革或者古巴和越南改革的实际演进，但让我们抱有乐观的期待。它同时暗示我们，俄罗斯或东欧的其他地方有可能重新开始市场社会主义的演进轨迹，因为复辟资本主义所带来

---

① 正如大卫·埃勒曼（David Ellerman）强有力指出的，“凭证私有化”的推出是出于政治原因，实际上更具经济意义的做法应该是允许工人从国家手中租赁或购买他们的企业。向经济民主这类制度的自然演进是被人为有意阻断的。David Ellerman，“Lessons from Eastern Europe's Voucher Privatization,” *Challenge*：*The Magazine of Economic Affairs*（July - August 2001），pp. 14 - 37.

② 有关中国成就的数据，参见 Peter Nolan，*China's Rise*，*Russia's Fall*：*Politics*，*Economics*，*and Planning in the Transition from Stalinism*（New York：St. Martin's Press，1995），pp. 10 - 16 和 Peter Nolan，*China and the Global Business Revolution*（New York：Palgrave，2001），pp. 912 - 916。

的高成本和低收益已经彻底显现。在这些国家，统治阶级缺乏合法性，因为所有人都知道成功的“资本家”大多是窃夺国家财富的罪犯。后继制度理论让我们相信，那个地区潜藏着比传统观念所持有的丰富得多的可能性。

（二）现在的世界（2011 年）

在我写下以上文字的十年后，事情有所改观吗？先看一下北方世界。我当时认为日本承受着实施新自由主义改革的压力。2001 年，小泉纯一郎（Junichiro Koizumi）当选首相，开始实施新自由主义方案，但并未获得成功。经济仍然停滞不前，不平等进一步加剧，年轻人找不到稳定的工作，日本债务与 GDP 的比率接近 200%，高居发达国家之首（是美国的两倍多）。

欧洲和美国的政府正迫于压力削减健康、教育、失业保险、养老金保障等方面的公共支出，因为这些支出被视为“无法承担”。然而事实却是，由于生产力的持续提升，这些国家当下的富裕程度远超福利国家的顶峰时期。我们被告知必须习惯于高启的失业和锐减的社会服务这样的“新常态”。

在 2001 年，我说“所有道路都通往新自由主义”，而且（引用我自己的话）：

> 新自由主义肯定是一条死路。正如前两章的分析所清晰表明的，把全球经济的健康发展寄望于私人投资者的动物精神是非常愚蠢的。当不受管制的资本为寻求短期收益从一国快速地转移至另一国，并且一旦警报响起就仓皇出逃时，区域性的繁荣—衰退周期就愈发明显。长期来看，凯恩斯主义的问题必将以更加严重的形式爆发。在竞争的压力之下，所有企业一方面都要削减成本，从而减少了全球的有效需求。另一方面又要积极采用新技术，提高生产能力。供给和需求的缺口将不断扩大。世界将面临越来越严重的生产过剩危机。
>
> 没有理由认为全球化资本主义有可能摆脱自行设置的陷阱。除剧烈的变革外，我们所能期待的最好结果也许就是滞涨、加上日益严重的全球失业以及国家之间和国家内部日趋恶化的不平等，甚或整个屋顶的塌陷。不管怎样，严重且持久的全球衰退的可能性确实存在。

我相信读者会同意我的看法。上面这段话一个字也用不着改，它恰是我们目前处境的真实写照。

我十年前用树状图对社会主义分支所进行的分析如今依然有效。我说市场社会主义有力地促进了中国的发展，而中国此后十年的进步完全证明了这一点。中国经济持续飞速地发展，现在已经成为全球第二大经济体。（2001年排名第六。）2002年，以胡锦涛为核心的第四代领导集体开始采取审慎的措施抑制自由资本主义在某些部门的发展，强调经济发展的可持续性和协调性，并公开表示对日益严重的不平等、环境退化和腐败等问题的关注。

用于矫正产能过剩的政策并未导致增长减速。此外，事实证明中国的经济结构在应对过去数年的全球金融危机方面要比美国、欧洲和日本等资本主义经济体更有弹性，所以中国国内鼓吹进一步“市场自由化”的观点不再那么有影响力。（更多有关中国的论述，参见本章后面“关于中国的注释”部分。）

越南的“社会主义市场经济”也依然生机勃勃。在21世纪的前8年实现了年均7%的增长，直到金融危机影响到出口市场它才放慢脚步。根据《2010年中央情报局世界国情手册》，从2003年开始“（越南的）极度贫困人口已经显著减少了”。[①]（一个有趣的题外话：近年来越南工人积极地、竭力地提出自己的要求，他们组织了上百起罢工——仅2008年就有762起。此外，在当地设厂的中国台湾投资者因罢工而陷入困境，因为“政府本来应当出面调解，但却主要是为工人说话。政府和工人根本是同穿一条裤子”。这在资本主义国家是闻所未闻的。[②]）

最近，古巴开始扩大国民经济中的市场比重，以吸纳那些因效率提高而被政府解雇的大量前国家雇员。［劳尔·卡斯特罗（Raul Castro）主席说：“我们要彻底地根除这样的观念，古巴是世界上唯一你没有工作但也能生存的国家。”[③]］古巴特别重视粮食生产，土地被租赁给那些生产高效且在农贸市场销售产品的人。（值得一提的是，在联合国开发计划署有关健康和教育的综合指数排名中，古巴目前位列171个国家中的第17名，不仅排在所有

① Central Intelligence Agency, *The CIA Factbook* 2010（New York: Skyhorse Publishing, 2009）.

② Anita Chan, “Strikes in Vietnam and China: Contrasts in Labor Laws and Diverging Industrial Relations Patterns”，是 American Bar Association’s International Labor and Employment Law Committee meeting 会议论文（Istanbul, Turkey, May 9 - 13, 2010, pp. 3, 17）。

③ 转引自“Socialism Works in Cuba”，采访者尤努斯·卡里姆（Yunus Carrim）是 Umsebenzi（南非共产党的网络在线杂志）的编辑，采访对象是古巴国际关系部副部长奥斯卡·马丁内斯（Oscar Martinez）。登载于 *Umsebenzi Online*, Volume 9, No. 21, 3 November, 2010。关于古巴改革的更多细节，参见整篇采访。

低收入国家之前，而且领先于希腊、意大利和英国。[①])

在过去十年中最让人意外的莫过于左翼力量通过民主方式在拉美的崛起。（此事尽管未在树状图中得到体现，但与我们对图的解读并不矛盾。）在1998年的委内瑞拉，一位曾因煽动反抗在位总统而入狱的军队长官以56%的得票上台执政，完胜那些在过去四十年一直统治这个国家的两大传统党派的候选人。这在当时可谓举世震惊。但在十年前更让人想不到的是，2002年，乌戈·查韦斯逃过了由美国暗中指使的政变，2004年他在保守派发起的罢免公投中大举获胜（59：41），2006年又一次赢得选举，成立社区委员会和玻利瓦尔小组以满足穷人的基本需要，实现主要银行的国有化，并在全国鼓励创办合作企业。没有人想到他会在2005年明确支持“委内瑞拉将建立21世纪社会主义”的目标，并着手构建美洲玻利瓦尔联盟（Bolivarian Alternative for Latin America，ALBA）。该联盟的目的是对抗由华盛顿牵头的“美洲自由贸易区”，目前包括古巴、尼加拉瓜、玻利维亚、厄瓜多尔以及众多加勒比小国。

确实，又有谁能预测在21世纪的第一个十年，拉丁美洲会涌现出如此众多通过民主选举掌握政权的左翼或中左翼领导人呢？他们是：2002年智利的里卡多·拉戈斯（Ricardo Lagos）和巴西的路易斯·伊纳西奥·卢拉·达席尔瓦（Luiz Ignácio “Lulu” da Silva）、2003年阿根廷的内斯托尔·基什内尔（Néstor Kirchner）、2005年乌拉圭的塔瓦雷·巴斯克斯（Tabaré Vásquez）、2006年智利的米歇尔·巴切莱特（Michele Bachelet）、玻利维亚的埃沃·莫拉莱斯（Evo Morales）、厄瓜多尔的拉斐尔·科雷亚（Rafael Correa）和尼加拉瓜的丹尼尔·奥尔特加（Daniel Ortega）、2007年阿根廷的克里斯蒂娜·费尔南德斯（Cristina Fernández）和关塔那摩的阿尔瓦罗·科洛姆（Álvaro Colom）、2008年巴拉圭的费尔南多·卢戈（Fernando Lugo）、2009年萨尔瓦多的毛里西奥·富内斯（Fernando Lugo）。[②] 当然，这些领导人中鲜有“激进”如查韦斯者，没有人去实行生产资料的国有化、大规模的土地再分配或其他与本国经济精英发生正面冲突的事情。但是在大多数的情况下，他们都鼓励开办合作企业，而且他们的政府都试图获得对投资资金

① United Nations Development Programme, “Human Development Indicators,” http://hdr.undp.org/en/data/build/.

② 参见 Marta Harnecker, “Latin America and Twenty - First Century Socialism: Inventing to Avoid Mistakes,” *Monthly Review*, (July - August 2010), p. 6。

的配置权。[①] 这些国家的资本家阶级仍然是根深蒂固的。然而……出乎意料的事情还是发生了。至于结果如何，我们拭目以待。[②]

（三）关于中国的注释

中国已经成为世界第二大经济体，最近超越美国成为这个星球上制造二氧化碳最多的国家。在这些日子里，有关“中国崛起”的书籍、文章和新闻评论如潮水般涌来，其主要目的是激起民众的焦虑和恐慌。（“亲爱的，你昨晚是不是又做关于中国的噩梦了？”卡曼的妈妈对儿子说道。这是2008年10月28日播出的动漫《南方公园》中出现的一个场景。[③]）

尽管如此，人们经常忽视中国的崛起与其他世界强国崛起的显著差异。不同于主要欧洲国家，中国并未试图把其他更弱或更穷的地区殖民化；不同于二战前的日本，中国并未对邻国发动无情的战争以扩大本国经济的“势力范围”；不同于美国，中国并未在全球建立军事基地，推翻被认为“不友好的”政府，或者在任何“国家安全利益”看起来受到威胁的情况下就派出军队；不同于苏联，中国并未和世界上其他“超级强国”展开军备竞赛，也没有在其邻国建立傀儡政权。[④]

中国的崛起正如它自己所说的，是“和平崛起”。（有趣的是，那些预测中美将发生军事冲突的人经常提及“资源大战”。这些资源当然不是指我们本土的资源，而是指我们试图染指的他国资源。）

---

① 对这种努力的相关分析，参见 Dario Azzellini，“Venezuela's Solidarity Economy：Collective Ownership，Expropriation and Workers Self - Management，” *Working USA：The Journal of Labor and Society*，v. 12（June 2009），pp. 171 - 191。

② 委内瑞拉和古巴在开辟新的前进道路方面发挥了重要作用，对此所做的有力的、高度正面的评价，参见 For a strong，highly positive appraisal of importance of Venezuela—and Cuba—in opening up a new path forward，see D. L. Raby，*Democracy and Revolution：Cuba，Venezuela and Socialism Today*（London：Pluto Press，2006）。从更激进的左翼视角对较温和的左翼政府及其改革提案所做的批评，参见 Fernando Ignacio Leiva，*Latin American Neostructuralism：Contradictions of Post - Neoliberal Development*（Minneapolis：University of Minnesota Press，2008）。关于巴西的一个评价，参见《*NACLA Report on the Americas*》2011年3～4月号，这期杂志的主题是“Lula's Legacy in Brazil”。

③ 转引自 Jeffrey Wasserstrom，“Throwing the Book at China，” *Miller - McCune*（December 19，2010），这是一篇有关中国新书的书评。作者发现“中国恐惧症的历史由来已久”。

④ 西藏是一个相当特殊的且极富争议的例子。关于两种相左的观点，参见 Wang Lixiong，“Reflections on Tibet，” *New Left Review* 14（March/April 2002）和 Tsering Shakya，“Blood in the Snows：Reply to Wang Lixiong，” *New Left Review* 15（May/June 2002），pp. 39 - 60。

这并不是说中国的发展完全没有问题。事实上，中国存在大量问题：收入差距过大而且日益加剧；存在大量跨国公司的“血汗工厂”；腐败，尤其是基层政府的腐败，非常严重；环境退化也很严重。看一下中国环保部副部长潘岳（Pan Yue）是怎么说的：

> 我们缺乏原料，我们没有足够多的土地，而我们的人口正在不断增加。……城市正在扩张，但荒漠也在扩大。……全球污染最严重的5个城市在中国；我们有三分之一的国土正遭受酸雨的侵蚀；中国最大的7条河中有一半河水完全不能饮用，四分之一的市民缺少清洁的饮用水。①

这些事实呈现的是一幅严峻的形势，但也不乏“乐观的”报告。皮尤研究中心2005年对“哪个国家有望成为未来世界的领袖”展开调查，中国人对本国的认可度最高，是所有受调查的17个国家中最乐观的一个。不仅是个人士气高昂，在“对国家状况的满意度”的调查中中国同样位居榜首，高达72%的受访者选择“很满意”，只有19%的人选择“不满意”。相比之下，只有39%的美国人觉得“满意”，而“不满意”的比例高达57%。（而这还是在金融危机之前的情况。）同样值得一提的是，最乐观的是那些年龄为18～29岁的年轻人，有78%的年轻人期盼着“非常美好的未来”。② 较近的盖洛普调查表明被调查的中国人78%继续保持乐观态度，大大超过美国（52%）、英国（43%）和日本（23%）。（英国的数字在欧洲算高的了，法国只有33%，德国是30%，意大利是23%，而希腊只有10%。）③

首先，从后继制度理论的角度看，中国是社会主义国家：

> · 中国尽管扩大了市场在经济中的作用范围，但这一事实并不意味

---

① Andreas Lorenz, “China's Environmental Suicide: A Government Minister Speaks,” *Open Democracy* (April 5, 2005).

② Pew Global Attitudes Project, “China's Optimism: Prosperity Brings Satisfaction - and Hope,” http://pewglobal.org/reports/（发布于2005年11月16日）。波兰排名垫底，只有13%的人满意，有82%的人不满意。俄罗斯也好不到哪儿去。不到四分之一的人感到满意，近四分之三的人表示不满意。

③ 参见盖洛普网站（gallup.com），相关文章的发布日期分别是：2010年10月6日（中国）、2010年12月30日（欧洲）和2011年1月5日（美国）。

着它不是社会主义社会。正如后继制度理论明确指出的，一个可行的、理想的社会主义需要一个受到恰当管制的市场机制来配置大多数商品和服务。

·中国存在不平等，但这一事实并不意味着它不是社会主义社会。只要有市场，就一定存在和个人努力完全无关的不平等。一些企业会比另一些更幸运，一些会比另一些经营得更好。企业内部的不平等将会持续，因为企业必须利用金钱激励来吸引并留住熟练的技术及管理人员。

·中国有很多非常富有的民营企业家，但这一事实并不意味着它不是社会主义社会。正如我们所知道的，一个可行的、理想的社会主义社会需要包括民营经济（小企业部门自不用说），甚至包括大规模的企业家型投资者。特别是在发展中国家，企业家型投资者在培育创新和提供急需的就业岗位方面可以发挥有益作用。但不应该假定这样的民营经济必然会在国民经济中占据主导，假如工资和工作条件受到管制，假如这些企业成立工会，假如存在庞大的国有企业部门，那么这种情况必然不可能发生。

后继制度理论也促使我们去寻找积极信号。在中国，车间的民主情况又是怎样呢?

我们发现许多企业设有正式的民主制度，而且得到了官方的支持。“民主管理”一词在中国使用得非常广泛。中国宪法明确规定国有企业通过职工代表大会实行民主管理。职工代表大会负责审议决定职工生活福利的重大事项，甚至有权根据主管机关的部署，民主选举厂长。① 即便是非公有制企业，也都要做到发扬民主，充分听取广大职工的意见和要求，吸收广大职工参与企业民主管理。②

尽管它们尚未得到有效执行，但这些正式制度的确立却并非无足轻重。

在中国，投资社会管理的情况怎样呢? 正式来说，形势还是喜人的。中国的金融机构绝大多数是公共机构。政府对投资资金的管理方式是资本主义

① All China Federation of Trade Unions, “Chinese Trade Unions Participate in Democratic Management” (November 19, 2004), 详见 acftu. org. cn。请参见《宪法》第十六条规定、《全民所有制工业企业职工代表大会条例》第七条第三项和第五项规定。——译者注

② “Wei Jiangxing Speaks on Democratic Management of Non – Public Enterprises During Inspection in Hebei,” *Xinhua Domestic Service*, September 29, 2002.

国家的政府所没有的。银行基本上是国有的，它们控制着整个国家75%的资本，而发达国家银行体系的这一数字不到20%。中国股票和债券市场的规模位列世界同类市场末位，而且几乎完全是为国有企业服务。严格的资本管制阻止了公民投资于海外市场或证券。①

有关投资社会管理另一个需要考虑的情况是：市场这只看不见的手并不能完全左右中国的未来。中国仍然存在计划，它制定目标并投入资源来保证实现。目前中国制定的目标包括：开创小康水平的“和谐的社会主义社会”、可持续的“绿色”经济以及“新农村”。

对最后这个目标做一简要评论。中国政府非常担心城乡差距的不断扩大，及由此引发的从农村向城市的大规模移民。确实，当前的移民潮是巨大的，但和未来可能发生的移民规模比起来则相形见绌。因此，政府正制定相关计划加以预防。一些专家呼吁“一种对现代性概念的替代选择”，即通过农村的现代化而非通过城市化来实现国家的现代化。鉴于世界上有超过一半的贫困人口居住在农村地区，这一设想非同一般，它具有世界性的、历史性的意义。

我们将资本主义定义为：一种私人拥有大量生产资料并且雇佣劳动居主导地位的市场经济。但在中国，有近一半的劳动力从事农业，而且土地并未私有化。此外，国有企业的产出份额虽然在过去的数十年中已经急剧下降，但仍然是国民经济的重要组成部分——控制着约30%的第二及第三产业的资产以及一半以上的工业总资产。② 根据这一定义，中国不是资本主义国家。

同样显而易见的是，民营企业家虽然很有影响力，但还远未占据主导地位。我将提供三点理由来证明他们仍将处于非主导地位，中国不会走上资本主义道路：

· 领导层深知资本主义无法解决中国的根本问题。中国的政治家并不愚蠢，新加坡派驻联合国的长驻代表马凯硕（Kishore Mahbubani）评

① Diana Farrell and Susan Lund, “Putting China's Capital to Work,” *Far Eastern Economics Review*, May, 2006, pp. 5 – 10.

② Gao Xu, “State – Owned Enterprises in China: How Big Are They?” blogs. worldbank. org, January 19, 2010, 详见 http://blogs. worldbank. org/eastasiapacific/state – owned – enterprises – in – china – how – big – are – they)。

论指出："在经历了一百多年的无政府主义和暴政之后，中国掌权的政府首脑是在几代人中最优秀的。"[①] 对中国来说，前述问题——扩大的收入不平等、环境破坏等——没什么新鲜可言。新闻媒体不停地讨论这些问题，而且政府高层也经常就此展开辩论。中国领导人很清楚，不受约束的资本主义将加剧不平等，制造更多的失业并且对生态造成浩劫。早在全球大衰退之前，大多数人就已经深知此理了。如今，人们自然更加深信不疑。

· 来自底层人民的巨大压力。工人和农民都反对走资本主义道路。中国工人和农民绝不是消极被动的。[②] 工人和农民都很尊敬中央政府，但对地方官员深表不满，因为后者常常被认为很腐败，并且一心为自己及其心腹窃取公共土地和国家资产。

中国领导人对社会动荡的担忧是完全可以理解的。他们希望保住中国的**集体成就**——以及他们在**历史**中的地位。中国人在没有大量的外部援助或建议的情况下取得了可载入史册的巨大成就。中国领导人不希望看到这些成就毁于一旦，而如果民众不满情绪和环境问题解决不力，那么这一结局就可能发生。

中国正在应对它所面临的大量问题，其中最首要的当数环境问题。如果成功了，那么它就开创了一种全新的社会主义。不管怎样，我们为他们祝福——工人、农民，以及那些诚实的企业家、被称为"新左派"的知识分子、社会批评家以及廉洁的党员。他们正参与人类的一个重大项目，努力为世界五分之一的人口开创一个小康的、可持续的和谐社会，而仅仅在半个世纪之前这五分之一的人口还属于全球最贫困人口。这一工程事关重大。世界体系理论家乔万尼·阿里吉（Giovanni Arrighi）在对中国进行了认真而仔细的研究之后总结道：

---

① Kishore Mahbubani, *Beyond the Age of Innocence*: *Rebuilding Trust between America and the World* (New York: Public Affairs, 2005). p. 115. 他补充说："他们的成功显而易见……看世界人口第一大国经历着最快的经济增长，就像看班里最胖的男孩赢得100米跨栏比赛一样。"

② Anita Chan, "Strikes in Vietnam and China: Contrasts in Labor Laws and Diverging Industrial Relations Patterns", American Bar Association's International Labor and Employment Law Committee meeting 会议论文（Istanbul, Turkey, May 9 – 13, 2010, p. 31）。2009 年，根据新法律，约 318000 起案件起诉到法院。（Edward Wong," Global Crisis Adds to Surge of Labor Disputes in Chinese Courts," *New York Times*, September 15, 2010.）

> 如果中国的重新定位（从能源消耗型的西方道路转向一种更平衡、更具生态可持续性的发展模式）成功地复兴并巩固了中国的传统，即以自我为中心、以市场为基础的发展，无掠夺的资本积累以及通过大众参与来实现对人员（而不是非人力资源）和政府的动员……那么，中国将对一个真正尊重文化差异的文明社会的出现做出决定性的贡献。但如果重新定位失败了，那么中国将成为新的社会和政治动荡的中心，这将推动北方国家努力重建全球霸主地位，而这一地位目前正摇摇欲坠，或者……将使得人类在不断升级的暴力恐怖中毁灭，而这种暴力正是伴随冷战的世界秩序的解体而出现的。①

二　经济民主的改革日程

前面讨论的图示 6－1 运用启发式方法对现实世界进行了分析，由于过度简化，因此在某些方面可能具有误导性。例如，人们可能误以为从资本主义根本无法通往经济民主。后继制度理论并没有提供这样的结论，尽管它确实认为从原来的社会主义国家可能更容易过渡到经济民主社会。

这个图示还忽略了一个重要的问题：经济民主的元素在资本主义内部发育到了怎样的程度。马克思喜欢说，旧社会自发地孕育着新社会的因素。其中的许多因素以某种形式业已存在，并指明了通往发达资本主义社会的改革议程。这些改革，即便付诸实施，也无法实现经济民主，却是迈向经济民主的必要步骤——这正如马克思和恩格斯在其历史性巨著《共产党宣言》中所提出的改革措施也同样无法实现他们所期望的共产主义社会一样。

让我提出一个相对简练的清单（不是为了给出定论），并按照经济民主制度框架的各个标题进行分组。马克思和恩格斯列举了 10 项改革举措。我将列举出 12 项，对每一项进行简要评论，并将它们分成五组。请让我援引马克思和恩格斯在《共产党宣言》中列举改革举措时所说的这句话：“这些

① Giovanni Arrighi，*Adam Smith in Beijing*：*Lineages of the Twenty－First Century*（London：Verso，2007），p. 389.

措施在各个不同的国家里当然会是各不相同的。但是，在各个最先进的国家里几乎到处都可以采取下面的办法。”[①] 我在列举这些举措时，主要是针对美国的情况。

（一）民主化劳动

让工人自己管理企业是经济民主的一个目标，我们现在要向试图建立此种类型企业的工人们提供帮助，把工人自我管理型企业的两大基本原则——工人参与与利润分享——扩展到现有企业范围。我们认为当工人愿意购买他们的企业时，他们有权利进行购买，我们强调所有国有公司都是由工人自己管理。要实现以上想法，现提出四项举措：

·国家为收购资本主义企业的工人以及生产合作社提供资金和技术支持

推动合作企业发展的时刻已经来临。2009 年 12 月 21 日，联合国大会宣布 2012 年为“国际合作组织年”，并督促“各政府确立有利于合作组织形成、发展和稳定的政策、法律及法规”。2009 年初，国际劳工组织发布了《危机时期合作经营模式的恢复力》的报告。2009 年 10 月 27 日，北美最大的工业联合会美国钢铁工人联合会（United Steelworkers）和孟德拉贡国际有限公司（Mondragon Internacional, S. A.）联合宣布了一项框架协议，要在美国和加拿大的制造业部门建立蒙德拉贡式合作企业。[②]

·立法强制要求或至少鼓励在资本主义企业中推行利润共享和更大

① Karl Marx and Frederick Engels, *The Communist Manifesto* (London: Verso, 1998), 60，请参见《马克思恩格斯全集》第 4 卷，人民出版社，1958，第 490 页。——译者注

② 有关孟德拉贡国际有限公司与美国钢铁工人联合会签订协议的更多内容，参见 “Steelworkers Form Collaboration with MONDRAGON, the World's Largest Worker - Owned Cooperative,” 详见美国钢铁工人联合会主页 www. usw. org。有关联合国决议的更多内容，详见 http: //social. un. org/coopsyear。国际劳工组织报告的作者是庄士敦·伯查尔（Johnston Birchall）和罗·哈蒙德·克蒂森（Lou Hammond Ketilson），详见国际劳工组织主页 www. ilo. org。有关美国和其他国家工人合作组织现状的信息，请查阅 GEO（Grassroots Economic Organizing）网站 www. geo. coop。如需了解员工持股企业如何设立的相关信息，参见 Stephen Clifford, An Owner's Guide to Business Succession Planning (2nd Edition (Kent, OH: Kent Popular Press, 2008)。肯特州立大学设立了俄亥俄州员工持股研究中心，提供了有关这方面的更多实用信息，详见 http//dept. kent. edu/oeoc。

程度的工人参与管理

美国目前有关员工持股计划（Employee Stock Ownership Plan，ESOP）的立法，通过税收减免来鼓励企业向雇员提供股票，但这不能保证工人对企业的控制程度与其所有权大小相匹配。为进一步挖掘该计划的积极潜力，需要对这项立法进行改革。德国的“劳资协同经营制度”要求工人代表拥有公司董事会的席位，美国也可循着该制度作进一步推进。

·如果工人愿意购买他们的公司，立法应赋予工人这一项权利

经济学家格里高利·道（Gregory Dow）已提出此项法案，它适用于所有公开上市的有限责任公司。假如大多数工人确实希望公司民主化，那么需要举行民意投票。如果民意投票通过了民主化决定，就成立由工人民主选举产生董事的劳动信托基金，该基金利用从工人工资扣除中累积的资金在股票市场购买公司股票。在适当的时候，劳动信托基金将拥有公司的大部分股票，然后再通过杠杆收购即借钱买入余下的公司股票，实现对公司的完全控制。[①] [由于工人自我管理型企业往往比资本主义企业更有效率、更稳定，因此需要地方、州及（或）国家提供补贴，以帮助工人购买股权，并且（或者）为最终的杠杆收购提供低息贷款。]

·立法明确规定，当一家大公司破产但获得政府救助时，政府必须将其国有化并改组为工人自我管理型企业

要把一家企业重组为工人自我管理型企业，需要用民主选举产生的工人委员会取代公司董事会，并推行面向所有工人的利润共享制。当公司又可以赢利时，不能让其重新私有化。（当通用汽车于2009年破产时，本该按照上述步骤操作。政府当时事实上已将其国有化，在“旧通用”解体时，政府获得了“新通用”60%的股份。）

（二）民主化资本

用投资的社会控制取代私人控制是建立经济民主制度的一个关键原则。

① 相关细节，参见 Gregory Dow，Governing the Firm：Workers' Control in Theory and Practice，（Cambridge：Cambridge University Press，2003），pp. 260－289。

我们为此至少可以采取四项改革举措：

·民主化银行体系并加强管制，让联邦储备系统对选民承担更多的责任，让地方银行对社区承担更多的责任

美联储的运作，像几乎所有资本主义国家的中央银行一样，现在主要是为了金融界的利益——因此执迷于控制通货膨胀。为了提高民主社区的福利，美联储（最终包括所有银行）应当受到监管，这意味着就业创造应当像把通胀控制在合理范围一样成为一项严肃的目标。

·在地方、州甚或国家层面建立和私人银行相竞争的国家银行，并把其利润主要用于就业创造

相比于以股东价值最大化为目标的银行，许多人也许更喜欢以帮助当地企业创造就业为己任的银行机构。（在巴斯克地区，由于孟德拉贡的卡亚劳动银行致力于提高就业水平，因此获得了当地民众的广泛支持，而银行也因此取得经营成功。）在美国也有这样的一家银行存在，它是由社会主义者 A. C. 汤利（A. C. Townley）于 1915 年创立的北达科他州银行。它在这次经济大衰退期间的表现如此突出以至于其他几个州正在考虑建立相似的银行。[①]

·用资本资产税取代企业所得税，税收收入用于社区资本投资和增加就业

征收资本资产税是基于两个不同的理由。第一，它将纠正目前存在的、即便新古典经济学家都承认的失衡状态，有利于提高效率和增加就业。目前，公司是按所雇用的劳动力（薪资税）而非所使用的资本来纳税的。因此，相比于资本，公司所使用的劳动力相对较少。

第二，它将使公司更难避税。目前，公司是如此精于避税以至于许多赚取巨额利润的公司根本不纳税。（2009 年，不论是埃克森美孚、通用电气还是美洲银行，它们在美国都根本没有缴纳企业所得税，尽管它们的净利润分别高达 450 亿美元、100 亿美元和 44 亿美元。）政府收入

① Dale Wetzel, "Economy Prompts Fresh Look at ND's Socialist Bank," Associated Press, February 16, 2010. 更多信息，参见埃伦·布朗（Ellen Brown）发表于《Yes!》杂志上的众多相关文章，它们是："Reviving the Local Economy with Publicly Owned Banks"（October 14, 2009），"Whose Bank? Public Investment, Not Private Debt,"（February 19, 2010），以及"More States May Create Public Banks"（May 13, 2010）。

中来自企业所得税的比重，已经从20世纪50年代初期的大约三分之一减少到2008年的不到六分之一。相反，来自薪资税的比重却从20世纪50年代的十分之一上升到2008年的超过三分之一。沃伦·巴菲特（Warren Buffett）那句名言的确一针见血："美国确实存在阶级斗争，富人阶级发动了这场战争，并且正在赢得这场战争。"[①]

资本资产税将是简单和透明的。以征税年度一月一日的公司股价作为课税基础，乘以流通股的股数，再乘以该公司在美国市场的销售比重。刚开始的税率可以定得低些，然后慢慢提高，所得收入将纳入集体投资基金。

·对跨国资本流动加强管制

为抑制大量资金从一个市场到另一个市场的快速的、投机性的、扰动性的运动，我们需要进行改革，从征收"托宾税"（即对所有跨国金融市场交易征收的一款小额税种）开始。[②] 我们的终极目标是停止市场主导的跨境资本流动，而非仅仅使其放慢脚步，而重新确立管制是朝着正确方向迈出的一步。由托宾税带来的一个重要附带效益是可观的收入，可将其用于资助改革方案的其他内容。

（三）走向充分就业

让政府成为工作的最后提供者。

第四章分析了在资本主义制度下失业的威胁是管束在岗工人的惩罚大棒，因而资本主义无法实现充分就业。经济学家们避重就轻地不提失业的这种管束效应，却大肆鼓吹过低的失业率将导致通货膨胀等不良后果，而通胀一旦没有得到抑制，就将变成一匹脱缰的野马。

大多数经济学家持这样的看法，但并非全部。密苏里大学康萨斯分校充

① 参见 Christopher Helman, "What the Top Corporations Pay in Taxes," *Forbes* (April 1, 2010)；以及"The Tax Policy Briefing Book"，登载于 Tax Policy Center 网站，www. taxpolicycenter. org。巴菲特的话转引自 Ben Stein in "In Class Warfare, Guess Which Class is Winning," *New York Times* (November 26, 2006)。

② 这一税种最早由诺贝尔经济学家詹姆斯·托宾（James Tobin）基于凯恩斯的建议提出。托宾税有利于政府通过金融政策重新确立国家控制，并可获得可观的税收收入。对此所做的清晰解释，参见 Thomas Palley, "The Case for a Currency Transaction Tax," Challenge: The Magazine of Economic Affairs (May - June, 2001): 70 - 89。另参见 www. tobintax. org。

分就业与物价稳定研究中心的 L. 兰德尔·雷（L. Randall Wray）和其他研究者，以及澳大利亚充分就业与公平研究中心的研究人员，很早就主张政府作为工作的最后提供者（Employer-of-last-resort，ELR）并且就如何执行该方案提出了各种具体建议。总体来说，这些建议都要求政府按照法定最低工资或略低于这一水平的工资向所有想要工作且身体健全的人提供工作机会。就业创造的资金来自中央政府的拨款，但具体方案由地方政府执行。倡议者指出，由于工资水平较低，ELR 不会引发通货膨胀，也不会在招工方面同私人企业形成竞争，而且它的实施成本也非常低。他们还指出，大规模失业将加剧并延长经济衰退，而这一方案将防止大规模失业的出现，从而有利于稳定经济。该方案还会在衰退期间自动增加政府支出，这与凯恩斯主义经济理论所主张的完全契合。①

由于 ELR 是经济民主的关键制度之一，经济民主的倡导者应当全心全意地支持这一方案，而不论对资本主义的终极相容性持有怎样的保留意见，也不管离充分就业还有多大的差距。《21 世纪充分就业和培训法案》就是这一方案的一个实例。它由约翰·科尼尔斯（John Conyers）议员于 2010 年 5 月提出，通过金融资产交易税（financial assets trading tax，FTT，实质上就是托宾税）进行融资，授权政府在失业率过高时创造工作岗位，当然考虑到资本主义的现实，4% 的失业率就可视为“充分”就业了。

（四）走向公平贸易

毫无疑问，对于弱势者——和资本家对抗的工人、和富国贸易的穷国——来说，自由贸易是一场愚蠢的游戏。并非所有的反自由贸易政策都是进步的，但进步的反自由贸易政策不应当对反动派放弃使用贸易保护主义。构建合理的公平贸易政策能够极大地提高所有国家工人阶级的福利。为了实现这一目标，我们应当遵循以下思路来实施公平贸易政策：

·如果贸易国之间在工资水平和环境监管方面存在显著差异，那么

① 关于相关细节和论据，参见以下网站的众多工作论文：Research Center for Full Employment and Price Stability（University of Missouri – Kansas City）[cfeps. org]，以及 Centre of Full Employment and Equity（University of Newcastle）[el. newcastle. edu. au/coffee]。另参见 William Mitchell and Joan Muysken, *Full Employment Abandoned: Shifting Sands and Policy Failures*（Cheltenham，UK：Edward Elgar，2008）。

就实行基于关税的公平贸易，而非自由贸易

应当征收关税，以使得任何国家都无法由于支付工人较低工资或放松对环境的监管而获得竞争优势。因征收关税将导致贸易减少，为避免这一负担被转嫁到穷国工人身上，这项改革措施必须与下一项相结合。

·所有公平贸易的关税收入都应当返还给穷国的工人友好型组织或机构，不论是民间组织还是政府组织

自由贸易的倡导者乐于指出，征收关税是自私浅见的行为，它不仅伤害了消费者，而且也损害了穷国工人的利益。穷国的贸易代表往往同意这一说法。因此，很有必要反驳这种论调。富国消费者确实会因征税而向穷国商品支付更高买价，但高价格将帮助而非伤害穷国，并且能保护富国工人。（必须指出，这种关税政策和经济民主下真正的“社会主义的贸易保护主义政策”还有一定差距，因为它只对那些对本国产品构成竞争的进口商品征税。在经济民主之下，来自穷国的**所有**商品都被征收关税以确保穷国商品得到合理的售价，然后这些关税收入又被返还给穷国。）

（五）民主化民主

正如伟大的小说家、评论家和活动家阿兰达蒂·罗伊（Arundhti Roy）所看到的，民主已身陷危机：

> 现代民主早已存在，新自由资本主义有足够充裕的时间想出颠覆它的方法。他们已经掌握了渗入民主制度的技巧，比如“独立”的司法、“自由”的新闻和国会，并且按照他们的利益加以改造。公司全球化运动已经破译了现代民主的密码。[①]

我们能做些什么呢？可采取两种改革策略。第一种致力于减少（至少要减少到一定程度）当前存在的巨额财富集中程度，另一种则致力于减少私人财富对民主进程的影响。

第一种策略要通过征收**财产税**来实施。保守主义分子频繁地把“人性”

① Arundhati Roy, *An Ordinary Person's Guide to Empire* (Boston: South End Press, 2004), p. 3.

当作质疑社会主义能否有效运行的一个原因，却从未注意到同样的、有缺陷的“人性”，再加上财富分配的严重不均，会如何不可避免地破坏民主。因为正是可以为所欲为的有钱人的“人性”驱使他们保留并提高自身的经济地位。一个民主的政府**有可能**重新分配富人的财富，因此那些有能力动用经济资源的富人必然动用手中的资源去控制政治进程，以避免制定那些妨碍富人**愈富**的税收政策。富人有这样的想法当然不是一种乌托邦式的幻想。

尽管如此，我们必须努力去尝试。当然，相比于一开始就不让富人变富来说，从他们口袋中拿走财富要更加困难。二战后，鉴于那时的平等主义精神，大多数人觉得对超过 20 万美元（大约相当于现在的 200 万美元）的收入征收 91% 的所得税并非不合理。所以，那时的社会要比现在平等得多。但后来里根和布什疯狂减税，导致的结果是现在的最高税率只有 35%，而“资本收益”——巨富们的主要收入来源——的税率只有 15%。富人的财富急剧攀升。[保罗·克鲁格曼指出，如果亿万富翁是指那些财富是普通工人财富 2 万倍（20 世纪 90 年代中期是 10 亿美元）以上的人，那么 1957 年时有 16 个亿万富翁，1968 年时有 13 个，现在则有 160 个。①]

只要稍作计算，我们就知道，除了没收之外，把这些财富巨人降为更接近平民身高的唯一办法就是征收**财产税**。高税率的**收入所得税**是不管用的。举一个例子：抛开可能的工作收入，假如一名亿万富翁的财产回报率是 6%，那么每年单从此项“投资”中他就获取 6000 万美元的收入。假如这一收入的 90% 被收入所得税征走了，那他还剩下 600 万美元生活费。假设他能量入为出——个人消费开支少于 600 万美元，再加上工资之和——那么他 10 亿美元的财富将被原封不动地保留下来。实际上，如果花销小于 600 万美元加工资，那么他的财富还将有所增加。

与此对照，10% 的**财产税**将拿走他 1 亿美元的财富，他就只剩下 9 亿美元了。他的财富将会（慢慢地）从顶峰往下滑落。总之，如果要通过税收手段来削弱积累的财富，那么这种税收不可能是收入所得税，而必须是财产税。②

---

① Paul Krugman, *The Conscience of a Liberal* (New York: Norton, 2007), p. 18，请参见保罗·克鲁格曼：《美国怎么了：一个自由主义者的良知》，中信出版社，2008，第 13 页。——译者注（根据 2010 年 9 月 16 日的《福布斯》杂志，现在共有 400 个亿万富翁。）

② 为了减少财富差距，对巨富征收的所得税税率必须总体上要超过 100%——民主社会的大多数人会认为这一税率是不公平的。

必须指出，征收财产税有两点不同的理由：（1）获得额外收入以支付所需的社会和环境项目的开支。这时，我们是在要求那些从目前制度中受益巨大的人们向社会返还一部分收益。（2）缩小存在于普通人和真正有钱人之间的、有害于民主的财富差距。第一个理由要求对某种类型的财产税进行征收；第二个理由要求所征收的财产税税率高到足以真正减少富豪们所聚敛的财富。也许明智的做法是，开始时征收一种税率较低的财产税以满足第一点要求。之后，如果进步运动变得足够壮大，就可以通过提高税率来满足第二点要求。（由于美国的财富过于集中，即便是适量的财产税也能产生大量的税收收入。财富金字塔顶端的1%人口拥有超过三分之一的家庭净财富，也即拥有20万亿美元。只要以2%的税率对这1%的人口征收财产税，就可以带来4000亿美元的收入——大体相当于美国医疗保险的全部费用。①）

第二个策略是**竞选筹资改革**，这是进步性改革议程的主要议题。不用说，改革要取得实质性进展是很困难的，因为制定改革立法的政客大多是现有制度的受益者。这方面的改革以前曾实施过有限的几次，较著名的是1974年的立法（作为对水门事件的反应）和2002年的《麦凯恩－法因戈尔德法》（McCain – Feingold，正式名称为《两党竞选改革法案》——译者注）。但是最高法院对联合公民诉联邦选举委员会案做出了臭名昭著的裁决，已经基本上抵消了这些法案所具有的（很小的）影响。不过，竞选筹资改革必须是一个角斗场，因为之前提到的**任何**一项改革在很大程度上都依赖于抑制财富对立法程序控制的力量。

耶鲁大学法学院教授布鲁斯·阿克曼（Bruce Ackerman）和伊恩·艾尔斯（Ian Ayres）提出了一个包含两部分内容的、既有创意又完备的方案，用于防止竞选融资过程中很普遍的违宪行为：②

> ·第一部分：政府向所有选民发放价值50美元的信用卡（称为“爱国卡”），它（只）可以用于向候选人或政党做竞选捐赠。这50美元可以按选民意愿在多个候选人之间分割。

① 关于提倡2%财产税的细节，参见 Bruce Ackeman and Anne Alstott, *The Stakeholder Society* (New Haven, CT: Yale University Press, 1999)，第6章“Taxing Wealth.”。

② Bruce Ackerman and Ian Ayres *Voting with Dollars: A New Paradigm for Campaign Finance* (New Haven, CT: Yale University Press, 2004). 他们对方案作了翔实的、令人信服的论证，我这里仅仅是作一个简要的概述。

· 第二部分：所有来自爱国卡和其他私人捐赠的赠款，都必须**以匿名方式**交付给由联邦选举委员会控制的保密信托，由后者把钱存入候选人的账户。这一条款阻止了臭名昭著的权钱交易，阻断其对政治进程的严重腐蚀。候选人知道自己获得了多少捐赠，但不知道捐助者是谁。

实施这一项目的成本并不很高。如果**所有**具有选举权的2亿左右选民将他们的爱国卡捐赠给所选择的候选人，那么总花费也只有100亿美元，不到2010年联邦预算的0.3%。但这100亿美元——甚或这个数字的一半——足以抵消所有公司和巨富的竞选花费。在2010年后者的花费占到了当年所有竞选花费（42亿美元）的大部分。[42亿美元是中期选举的新纪录，但正如保守的《华盛顿邮报》专栏作家乔治·威尔（George Will）所正确指出的："它大致相当于美国人全年花在酸奶上的钱，但少于两次万圣节中用于买糖果的钱，而且……大大少于每年花在薯片上的71亿美元。"①] 如果要达到前述的由政府资助给普通选民的100亿美元捐赠数额，富人们的竞选花费必须比目前的翻一番，然而，根据上述改革方案的第二部分，获得捐助的候选人根本无从知悉是谁给了他们钱。

这项改革不仅极大削弱了富人对政治领域的主宰（在对捐赠数额没有任何限制的情况下，必定是富人主宰政治），而且必定提高公民对选举活动的参与度。如果分发给选民们50美元，他们可捐赠给自己选择的任何政党（包括其他第三方政党②）、任何候选人，那么选民们就有强烈的动力去关注政治、跟踪新闻、彻查候选人——这正是真正的民主社会所希望看到的。

三　从改革到革命

前面罗列的改革日程即便得到全面实施，也并不是经济民主。这些改革可以带来一个更加仁慈的、更加温和的资本主义，但它还是资本主义，

① 转引自罗伯特·赖克（Robert Reich）的博客（2010年10月28日），"Only 4.2 Billion to Buy This Election"，（www.readersupportednews.org/opinion2/277-75/3755-only-42-billion-to-buy-this-election）。威尔表示我们无须关心竞选花费——这和我们的观点不同。

② 对可以在联邦选举委员会开立账户的政党或者候选人数量，不加任何限制。如果你能说服他人为你的竞选捐款，那你就能收到他们（匿名）的捐款。

而且是不稳定的资本主义。随着工人越来越高效地管理企业，投资资金越来越多地由国家提供，资本家的作用就会受到越来越多的质疑。工人将变得越来越自信，而资本家将变得越来越紧张。随着工人参与管理和利润分享制的广泛传播，随着资本资产税的设立，随着资本的投资自由受到越来越多的限制，一场决定性的战役将重磅登场。但是在我们的想象中，这一战役将如何通往一个美好的结局？在我们的想象中，“革命”是什么样子的呢？

我将讲述三个故事。第一个被称为“快速激进型”——一种虚构的、突然的从当代资本主义向经济民主的过渡。第二个故事对第一个进行了修正，更加复杂。它尤其考虑到以下的情况，即至少在美国，金融机构与数百万普通公民有着千丝万缕的联系，在“快速激进型”过渡中金融机构将被废除，而这不会发生在第二个故事中。第三个故事的进程更为缓慢，并不以金融危机的出现为前提条件。所有三个故事的结果都是经济民主这一资本主义后继制度的建立，而后两个故事我假设发生在美国。

如果要相对和平地实现从资本主义到经济民主的过渡，前提“条件”是一个有着激进议程的左翼政党掌握政权。在以下论述中，我预先假设这一条件已经得到满足。

（一）快速激进型

让我们作一个假设，由于一次严重的经济危机摧毁了统治阶级的信誉，一个左翼政党在选举中获得压倒性胜利开始掌权，从而可以实施它认为必要的任何改革。让我们暂不考虑宪法对财产权利的保护。超越资本主义从而实现某种更好的制度，即我们期望的“经济民主”，是我们的一项压倒性任务。为此，我们将做些什么呢？

让我事先声明，我不把它当作实际情形。至少在美国，“革命”不会按这种方式发生。尽管如此，想象一种突发过渡可以使模式简化，稍后再进行修正以使它更为可信。

实际上，明确说明基本的制度性改革措施并不困难，也不难想象这些举措的和平实施。我们不必论及夺取富人财产，不必谈及用专任干部取代资本家，也不必谈论创立一大堆的新制度。我们并不面临着列宁那样的困难，用不着绞尽脑汁想着到底该如何开创一个新社会。经济民主的实现只需要四项简单的改革：

· 第一，发布法令，废除所有企业向私人或私人机构支付利息或股息的义务。

这一法令无须政府去强制执行，因为当企业不再有法定义务去支付时，他就不会坚持这样的支付。

· 第二，宣布工人拥有所在企业——企业雇用的全职工人人数超过N个（N是一个相对小的数字）——的合法管理权，实行一人一票制。

工人可以留下现在的管理层，也可以进行替换。管理权现在属于工人，由工人决定生产什么、怎么生产、以多少价格出售、怎样在他们之间分配利润，如此等等。政府将就如何组建工人委员会发布指导手册（针对的是还未设立工人委员会的企业），对工人施加的唯一限制就是工人必须履行维持企业资本资产价值的义务。这些资产现在被视为是国家的集体财产，决不能被劫掠或挥霍。

· 第三，宣布向企业的资本资产征收单一税率的税收，税收收入将纳入国家投资基金。

企业可能会反对这项新税收，但需要指出的是，企业不再向其股东支付股息，或为其所借贷款支付利息。这一税收是企业为使用资产而支付的租金，这些资产现在被视为国家的社会财产而非企业拥有的私有财产。（假如作为改革进程的一部分，资本资产税在资本主义社会已经实施，那么计算并征收这种税收的机制也已经建立，那么需要做的就仅仅是提高税率。）

· 第四，将银行国有化。这些国有银行按照赢利性和就业创造的双重标准，审核新投资贷款的申请，并把通过资本资产税筹集到的投资资金进行分配。

将银行国有化并不像人们想象的是一场“革命”。挪威和瑞典在20世纪90年代初的经济危机期间就曾将银行（短暂地）国有化。为解决日本的银行业危机，明显非左翼的《远东经济评论》就曾提出过国有化方案。[①] 当金融体系在2007年开始崩溃时，美国的许多经济学家和政策制定者也开始讨论国有化问题。在我们的方案里，由于贷款不再能产生利息收入，商业银行无论如何不可能作为私人企业而生存，因此政

① Peter Landers, “State Solution: Nationalizing Banks May Be Japan’s Only Option,” *Far Eastern Economic Review* v. 161, n. 40 (October 1, 1998), pp. 80 - 81.

府不得不接管它们。这些机构现在监控着投资资金的分配，在经济民主之下仍将扮演关键角色，但已经不再是营利性的机构了。

以上就是四项简单的改革。在革命之后，几乎所有企业都和以前一样照常经营，因此商品和服务的生产及分配并未中断。工人仍然工作，管理者仍然管理，企业仍然相互竞争。企业开始建立新的治理结构；美国国内税务署（Internal Revenue Service，IRS）发布新的税收代码；银行开始重组进程。美联储或许不得不向这些银行提供流动性以帮助它们渡过难关，但由于拥有发行货币的权力（即便是现在），因此做到这一点是轻而易举的。

当然，金融市场将会崩溃——如果它还没有崩溃的话。资本家将尝试把股票和债券变现，但由于没有买家，它们一文不值。巨额的账面财富蒸发了，但国家生产性的基础设施将保持完整。这真是再美妙不过了：生产者继续生产，消费者继续消费，生活仍将继续，但已超越了资本主义。

（二）慢速激进型（考虑股东利益）

以上故事太简单了吗？是的。它并非现实的情况。首先，它没有考虑到一个事实，即数百万普通人（不仅仅只有资本家）把资源投在了金融市场上。那些拥有储蓄账户或持有股票及债券的人还要依靠股息和利息生活。（近一半美国家庭直接或间接地投资于股票市场，大多数家庭是通过养老金计划持有股票的。）消除所有股息和利息收入的改革——这是快速激进型过渡方案所要求的——并不受这些人欢迎。让我们重新讲一遍故事，这次要考虑人们合法的担忧，当然故事也复杂化了。

与之前快速激进型的改革相比，我在这儿要更充分地说明改革的前提条件。假设一股真正反对资本主义的力量已经发展起来并且逐渐壮大。它选出了一个左翼政府，该政府提出了前面所列的大部分改革举措，并且确保其中的部分获得通过。假设投资者认为自己已经赚够了，于是开始将所持有的股票变现，以便取出资金投资于其他地方。股票市场随之崩溃了。为应对这一状况，认为自己也已经赚够的公民们决定赋予左翼政府更大的任务，去承担起拯救陷入危机的经济的重大使命——这次不再是为银行纾困（他们现在知道这治标不治本），而是对经济进行激进的重组。

我们的新政府宣布银行集体放假，等待重组。（正如罗斯福于1932年当选之后所做的。）宣布所有公开上市的公司转变为工人控制型企业。这种工人控制仅仅适用于公司，而不包括小企业，甚至也不包括资本家的私人企业。政府认为在那些所有权与经营权已经分离的企业，只要重新界定产权就已经足够。

像在快速激进型过渡方案中一样，所有银行都被国有化。个人储蓄账户被保留下来，消费贷款包括住房按揭贷款（只要发放这些贷款的机构是诚实的、没有欺骗借款人）也予以保留。它们被留在或转移至现在被称为储蓄和贷款协会的银行。这些机构将继续接受储蓄、继续发放消费贷款，向前者支付利息，向后者收取利息。而其他银行被指定为商业银行，为短期商业交易提供便利，并承担着分配社会投资基金的职能。

商业银行的资金现在来自资本资产税。如果之前的改革已经建立起这一税收制度，那现在只需将税率提到足够高的水平，来弥补以往来自私人储蓄的投资资金差额。假如这一税收制度还未建立，那么政府可以把经济危机前某指定日期的公司股票总价值计作企业资本资产的价值，然后根据需要的资金数额来设定税率水平。

到此为止，经济民主的基本结构已经建立。除了工人自我管理只适用于公司，而不包括其他的私人企业，快速激进型改革的所有内容都已实施。还有一个主要问题需要解决，即那些完全依靠股票和债券收入维持或补充现有收入的人们该怎么办，尤其是那些依靠私人养老金投资收益生活的退休人员。

实际上，这时大多数人很绝望，都在期盼着政府的帮助，因为股票市场刚刚崩溃了，他们的股票投资组合也因此一文不值。解决方案是直截了当的。政府将用长期政府养老金替换所有未出售的股票和公司债券，以确保每个投资者在其剩余的生命时间里都能获得稳定的收入。个人的资产组合价值将根据股票市场崩溃前的某一天他所持有的股票和债券的市场价值来确定。养老金收入等于资产组合价值的某一固定百分比，但同时有一个上限，比如不能超过公务员的最高工资（目前是 40 万美元）。实际上，我们是用补偿——慷慨的补偿——的方式对企业部门进行国有化，因为股票市场的崩溃已经导致大多数股票和公司债券变得一文不值。实际上，社会主义政府最大限度地（相当大方的）保存了金融市场所有投资者的投资收益，包括资本家。

对于以前的资本家继续过着大大优于常人的生活，有人感到厌恶，这可以理解。但要强调的是，资本家本身并非天生就不道德从而应该受到惩罚。

诚然，许多甚至大多数资本家会动用他们的资源以阻止真正民主社会的形成，但大多数人的财富是按游戏规则获得的。当然，这些规则的大部分是由资本家阶级（通过他们赞助的政客）制定的，但并非这一阶级的**所有**个体都参与了制定。经济民主社会已做好了对他们慷慨大度的准备。

也应当记住的是，这种养老金补贴并非无限期的。（正如在资本主义下财富产生的收入流也不可能永远持续下去。）它随着接受者的死亡而终止，不能被后代继承。

有关“资本家阶级消亡”的建议是否过于牵强呢？实际上，约翰·梅纳德·凯恩斯曾预测随着资本变得越来越丰裕，“食利者阶级的消亡”将不可避免。[①] 而在四十年后，约翰·肯尼斯·加尔布雷斯也提出了“股东的消亡”。加尔布雷斯的建议同我们的非常相似：

> 把那些完全成熟的公司完全转变为……国有化公司。考虑到无偿剥夺其所有权不合人情，因此，政府可以使用固定利息的有价证券，来购买这些公司的股份。这固然会使不平衡现象继续存在，但它不会随红利和资本收益的增长而变得更加显著。随着时间的推移，继承权、遗产税、慈善事业、挥霍行为、赡养费以及通货膨胀等诸多因素，将会使这种不平衡性逐渐消失。[②]

加尔布雷斯提出的把上市公司国有化的理由和我们的完全一样：

> 我们可以把成熟的企业看成是导致不平等现象长期存在的一个重要工具。我们已经看到，股东在这方面是不起任何作用的。他们对于资本或管理并无贡献可言，他们只是红利和资本收益被动的领受者。随着红利和资本收益逐年增加，他们的收入和财富，也会毫不费力地逐年增长。

---

① John Maynard Keynes, *The General Theory of Employment, Interest and Money* (New York: Harcourt, Brace and Company, 1936), p. 376. 请参见约翰·梅纳德·凯恩斯：《就业、利息和货币通论》，商务印书馆，1997，第 324 页。——译者注

② John Kenneth Galbraith, *Economics and the Public Purpose* (Boston: Houghton Mifflin, 1973), pp. 271－272，请参见约翰·肯尼斯·加尔布雷斯：《经济学和公共目标》，华夏出版社，2010，第 306 页。——译者注

（三）慢速平稳型（没有金融危机）

前两种情况都预先假设了股票市场的崩盘，这使得剧烈的大变革在经济上变得可行、在政治上变得可能。但也可以设想一种不以突发的金融大崩盘为条件的、更加平稳的变革。

1976 年，瑞典最大工会联合会（Swedish Confederation of Trade Unions，LO）的首席经济学家鲁道夫·迈德纳（Rudolf Meidner）——与约斯塔·雷恩（Gosta Rehn）合著有《瑞典的福利国家》一书——向劳工联合会提出了让工人阶级逐步接管瑞典经济的计划。劳工联合会以起立鼓掌和高唱《国际歌》的方式对这一计划予以采纳、报以支持。迈德纳计划相当简单。要求所有雇员人数超过 50 人的公司每年新发行相当于其 20% 利润的股票。由于新股发行并不花费公司一分钱，因此它不会增加经营成本，也不会干扰投资计划。（公司拿出利润的一部分，以股息形式派发给股东。新股发行所增加的不过是这部分利润的索取人数，也就是说，它减少了每位消极被动型股东所获得的收入。）

这些股票被存放于“劳动者信托基金”，后者为全体工人集体所有。股票不会被出售。在适当的时间——迈德纳估计约 30 年后——大多数公司的股票已为信托基金所有了，也即为瑞典工人集体所有。正如所预料的，瑞典资本家阶级害怕了。他们发起了反击，导致自大萧条以来一直执政并且和 LO 关系密切的瑞典社会民主党在选举中被击败。[①]

致力于建立经济民主的左翼政府可以采纳这一计划的某些内容，条件是政府的力量强大到足以保证所需的法律获得通过，并且要不断巩固力量，以使法律一直存续到它们的使命完成。随着时间的推移，一旦私人企业的多数股票已为工人所有（通过劳动信托基金为工人阶级集体所有，而非为该企业的工人所有），政府将买下私人手中的其余股票，然后将这些企业移交给工人来民主地经营。（这期间支付给劳动信托基金的股息可以用来作为最终的收购资金。）收购之后，企业将不再支付股息，而是改为支付资本资产税——工人因使用企业的资产（现在是国有资产）而支付的租赁费用。向

① 参见 Robin Blackburn，“Rudolf Meidner，1914 - 2005：Visionary Pragmatist，” *Counterpunch*（December 22，2005）。另参见 Jonus Pontusson，*The Limits to Social Democracy：Investment Politics in Sweden*（Ithaca，NY：Cornell University Press，1992）。

车间的民主过渡需要花费数十年，经济民主的其他机构——配置投资基金的国有银行系统、私有的或合作型的储蓄和贷款协会以及作为工作的最后提供者的政府——也将在此期间建立起来。

和先前的迈德纳计划一样，资本家阶级肯定会大力反对这项提议，但是，如果我们能够成功地迈向真正的经济民主……谁知道结局会怎样呢？坏人并不总是会赢的。

四 新共产主义？

如果条件成熟的话，前述众多具有革命意义的结构性改革项目就能得到贯彻实施。这里的“条件”之一就是一个左翼政党上台执政，并实施真正的激进措施。但是，鉴于资本家阶级的强大实力，如何实现这一条件呢？

显然，必须首先奠定坚实的基础。一次突发的经济危机还不够。除非反对方案已经发展得相当成熟，否则政府仍将再次出手救助资本家，从而进一步压榨普罗大众——这将孕育人们对更简单更粗暴解决方法的诉求，而它显然不能解决问题。幸运的是，种族主义、法西斯主义和军国主义试验的失败都是众所周知的，这些历史记忆——我们必须牢记——是对反动趋势的一个重要制衡。但如果缺少充分发展的反对方案，这一制衡力量可能仍不足以发挥作用。尽管一次温和的经济危机让我们有可能实施有意义的改革举措，但如果一次严重的危机是在反对方案还未成为人们自觉意识的时候就早早来临，那么它带给我们的将会是法西斯主义，而不是社会主义。

正如第一章所提到的，为了实现循序渐进的社会变革，反对方案至少要以一种集体精神将目前常处于孤立状态的各种斗争运动联合起来，包括为性别和种族平等、为生态健康与和平而斗争的运动，反对贫困、同性恋歧视、军国主义以及反对以监禁和死刑来解决社会问题的斗争。

很明显，劳工运动必须在其中扮演中心角色，因为车间性质与结构的改变是反对方案经济部分的基础。如果没有劳工运动的蓬勃发展，并施以强大的压力，那么很难想象改革日程上所列举的经济改革举措会自动地付诸实施。

当然，劳工运动的职责不仅仅是解决经济问题，它也要考虑在劳动范围之外的种族、性别、生态、和平或监禁问题。实际上，这些问题是相互关联的，不可能单独获得解决，尽管不同的运动肯定具有各自不同的侧重点。

如何在多元中实现统一、辩证的统一，即在各个运动中建立起真正的共同利益（而不是战术性联盟），避免简单地使一个运动从属于另一个运动？让我们稍稍放飞一下梦想，让我们回到150年前两位年轻人应同志之邀为小规模而短暂的“共产主义者同盟”起草的那份宣言，它至今读来还是那么令人兴奋、那么富有启发性，从中我们可以想象出一种新共产主义。

> 共产党人不是同其他工人政党相对立的特殊政党。他们没有任何同整个无产阶级的利益不同的利益。他们不提出任何特殊的原则，用以塑造无产阶级的运动。①

我们发现，这样的说法和在左翼阵营占主流的列宁模式存在很大不同。这儿没有谈及民主集中制，也没有谈及政党的严密组织和严明纪律，以及政党对其理论的正确性所抱有的不可动摇的信念。“新共产主义”不仅关注“无产阶级的运动”，而且也关注整个反对方案。

马克思和恩格斯指出，共产主义者必须既是国际主义者，又是民族主义者。

> 在无产者不同的民族的斗争中，共产党人强调和坚持整个无产阶级共同的不分民族的利益。……无产阶级首先必须取得政治统治，上升为民族的阶级，把自身组织成为民族。……工人革命的第一步就是……争得民主。②

尽管共产主义被看成一种国际运动，但马克思和恩格斯并未号召取消民族国家，也没有用慷慨激昂的言语抨击民族斗争的无用。相反，他们坚持认为这些必要的斗争必须发生在民族国家的领土上，而且只有在真正的民主最终确立时，这些斗争才可能获胜。

---

① Karl Marx and Frederick Engels, *The Communist Manifesto* (London: Verso, 1998), p. 50，请参见《马克思恩格斯选集》第1卷，人民出版社，1995，第285页。——译者注

② Karl Marx and Frederick Engels, *The Communist Manifesto* (London: Verso, 1998), pp. 51, 58, 60，请参见《马克思恩格斯选集》第1卷，人民出版社，1995，第285、291、293页。——译者注

《共产党宣言》清楚地表明，马克思和恩格斯都是“改革派”。他们不仅支持改革计划，而且把这些改革看作实现根本性转变的必不可少的手段。同时，他们又清醒地意识到“仅有”这些改革的不足之处。

> 无产阶级将利用自己的政治统治，一步一步地夺取资产阶级的全部资本。……要做到这一点，当然首先必须……采取这样一些措施，这些措施在经济上似乎是不够充分的和没有力量的，但是在运动进程中它们会越出本身，而且作为变革全部生产方式的手段是必不可少的。①

总之，《共产党宣言》对革命运动的构想不同于20世纪出现的那种革命运动。马克思和恩格斯所倡导的是忠实积极分子的国际联合，这些积极分子拥有全球视野，代表所有进步组织和政党中的最先进分子。他们主要在自己的民族国家范围内工作，但时刻关注着国际层面的斗争。他们认为在全球资本主义让位于社会主义建设之前，推行改革是可能也是可取的。

这种革命运动的构想是否会再次生根发芽呢？假如能从历史中充分汲取教训，我们就会警惕过度的教条主义、机械主义和宗派主义。我们也将从本世纪各种非常重要的运动中吸取教训和经验，这些运动包括女权主义、反种族主义、环保主义、和平主义、人权运动，以及发生在世界各地的反对有辱人格的、反对剥削的斗争。或许这种新的革命运动不会把自己标榜为“新共产主义”，或许它回避使用“革命”一词。这里重要的不是术语，而是人们重获了在人类历史上常常出现的那种认识，即我们面临着一个只有依靠各行各业人民的共同努力才能完成的集体任务，而一旦成功，它将改变整个世界。

五　新世界

> 我们需要再一次革命，这对那些并非故意视而不见的人来说是不言自明的。我担心它不太可能成真。但是毫无疑问，可能性还是有的。

---

① Karl Marx and Frederick Engels, *The Communist Manifesto* (London: Verso, 1998), p. 60, 请参见《马克思恩格斯选集》第1卷，人民出版社，1995，第293页。——译者注

这是哥伦比亚大学政治哲学专业莱亚伯教授、伦敦经济学院政治科学教授布莱恩·巴里（Brian Barry）为他那本文笔优美、感情愤怒的书《为什么社会正义是重要的》——这也是他的绝著（巴里于2009年去世）——所写的结语。这些内容早已预示在他书的序言中。

> 可以确定地说，目前的状况在生态上是不可持续的。但是，这一事实的后果存在着不确定性。未来可能的情况是，国家内部的富豪统治进一步减少，而美国在"意愿联盟"（美伊战争中美国游说30多个国家组成的"非正式联盟"——译者注）的支持和教唆下将更加昭然若揭地把成本转嫁到穷国身上。不论成与败，结果都将是灾难性的。但我要说的是，希望之光依然存在，比如与往常一样，富国内部对政治的日益不满。①

（一）美好的愿景

我们需要一场革命。但正如第一章指出的，暴力革命不可能取得成功，我们需要的是一场民主运动，它将改变我们经济的基本结构。但是如果要让革命运动在发达资本主义社会生根发芽并获得广泛支持，那就不能仅仅停留在对现有秩序的批判上。它还必须提出能带领我们超越资本主义的、在经济上可行的结构性改革方案——正如本书所做的那样。它必须揭露"资本主义无可替代"的谎言。

但这两个因素——批判并展示一种结构性替代物——仍然是不够的。我们还需要一个梦想，一个关于新的生活方式的愿景。这种新的生活方式不能仅仅以它所否定的东西来界定，还要辅之以一些改革提议。是的，我们需要一个没有战争、种族主义、性别歧视和同性恋歧视的世界，一个基本经济制度为民主所控制的世界——但我们想要的更多。为了激发想象、树立希望、促成行动，我们需要进行更清楚的描述、更具体的阐释。（在此使用"我们"一词，因为我假定读到此处的读者已经相信"另一个世界"不仅必要而且可能，并且关心着如何将可能转变为现实。）

---

① Brian Barry, *Why Social Justice Matters* (Cambridge: Polity Press, 2005), pp. 272, viii.

当然，并不存在一个整体的、包罗万象的愿景。我们需要的是一个展现多样性但不相互矛盾的愿景，一个展示特色性且各自美丽绽放的愿景。请允许我列举若干令人信服的愿景，当然远未包括全部。革命运动的文化，应当既保留过去的梦想，又不断开创崭新的梦想。

从“自然资本家”那儿可以看到这样的愿景：

> 让我们来想象一下，由于这样一些原因，那里的城市已变成安宁和平静的世界：小汽车和公共汽车悄悄地行驶，交通工具排放出来的只是水蒸气；公园和林荫道已取代了不必要的城市高速公路；石油输出国组织（OPEC）因石油价格已降低到每桶 5 美元而停止起作用（虽然还有少数买主需要它，因为一旦人们需要石油供应时，现在的这种获得服务的方式仍然是较便宜和较好的）。所有的人，尤其是贫苦人和发展中国家的人民的生活水平已大大改善；非自愿的失业现象已不复存在，而且所得税已大部分免除；住房，甚至是低收入者的住宅区都能通过他们生产的能源来支付他们部分的抵押成本。①

这样的愿景在资本主义下是不可能发生的（正如我以前所论证过的），但它提供了一个有价值且富有启发性的视角，把关注点集中于“平静祥和”的城市。另一个与此不矛盾的愿景强调的是其他的要素，可以在马克思的著作中找到，尤其在他早期的作品以及《资本论》中。让我们对这些要素进行分析：

非异化的劳动。在马克思著作中劳动是一个核心概念，他表达了对资本主义劳动异化和剥削的愤怒，以及他所理解的当人作为完整的人进行生产时世界可能的模样。在一个真正的人的世界，“劳动是对生活的自由展示，因此也是一种生活乐趣”：

> 我在我的生产中物化了我的个性和我的个性……由于认识到我的个性是物质的、可以直观地感知的因而是毫无疑问的权力而感受到个人的

① Paul Hawken, Amory Lovins and L. Hunter Lovins, *Natural Capitalism: Creating the Next Industrial Revolution* (Boston: Little, Brown, 1999), p. 1，请参见霍肯、洛文斯和洛文斯：《自然资本论》，上海科学普及出版社，2002，第 1 页。——译者注

乐趣。……在你享受或使用我的产品时，我直接享受到的是……意识到我的劳动满足了人的需要……你自己意识到和感觉到我是你自己本质的补充，是你自己不可分割的一部分，从而我认识到我自己被你的思想和你的爱所证实。……因而在我个人的活动中，我直接证实和实现了我的真正的本质，即我的人的本质，我的社会的本质。①

在工作中和在受教育过程中，打破脑力和体力劳动之间的分工。为了自身的全面发展，一个人必须同时开发自己的脑力和体力技能。实际上，教育本身不应该局限于“上层阶级和中层阶级的孩子们的片面的、不生产的和漫长的学习日……未来教育……就是生产劳动同智育和体育相结合……是造就全面发展的人的惟一方法”。②

建立在永久的、终生的专业化生产基础上的劳动分工必须废止。不仅要使工作更加人性化、更有意义，而且也不能把人限制在单一的工作或职业上。因为我们都有能力从事多种职业，每一种职业都有助于开发我们的能力、扩展我们的视界。“在共产主义社会里，任何人都没有特殊的活动范围，……我……上午打猎，下午捕鱼，傍晚从事畜牧，晚饭后从事批判，这样就不会使我老是一个猎人、渔夫、牧人或批判者。”③

消灭城乡之间的对立。这种分隔不仅使得“一部分人变为受局限的城市动物，把另一部分人变为受局限的乡村动物，并且每天都重新产生二者利益之间的对立”，④ 而且它还会破坏生态。当人口都集中在大城市时，它“破坏着人和土地之间的物质变换，也就是使人……消费掉的土地的组成部分不能回归土地，从而破坏土地持久肥力的永恒的自然条件”。因此，需要把制度“在一种同人的充分发展相适合的形式上系统地建立起来”。⑤

---

① Karl Marx, "Free Human Production," in *Karl Marx: Selected Writings*, ed. Lawrence Simon (Indianapolis: Hackett, 1994), p. 52，请参见《马克思恩格斯全集》第 42 卷，人民出版社，1979，第 37 页。——译者注

② Karl Marx, *Capital*, v. 1 (New York: International Publishers, 2003), p. 454，请参见《资本论》第 1 卷，人民出版社，2004，第 556 ~ 557 页。——译者注

③ Karl Marx, *German Ideology*, in Simon (ed.) *Karl Marx*, p. 119，请参见《马克思恩格斯选集》第 1 卷，人民出版社，1995，第 85 页。——译者注

④ Karl Marx, *German Ideology*, in Simon (ed.) *Karl Marx*, p. 134，请参见《马克思恩格斯选集》第 1 卷，人民出版社，1995，第 104 页。——译者注

⑤ Karl Marx, *Capital*, v. 1 (New York: International Publishers, 2003), p. 474.《资本论》第 1 卷，人民出版社，2004，第 579 页。——译者注

感观的解放。在一个人类得到全面发展的社会，我们培养并提升自己的各种感观。我们品尝微妙的韵味、聆听音乐的故事、观察艺术作品的色彩、形状和质地。为了做到这些，我们需要其他人的帮助——他们教授我们怎样去品尝、聆听和观察，讲解蕴含于所感知东西中的文化和历史细节，从而使我们有更全面的体验。此外，我们的感觉所指“不仅五官感觉，而且所谓精神感觉……（意志、爱等等）”。我们将以人的方式适应人类和非人类世界。①

“需求丰富”的人类要意识到对他人的依赖。马克思指出，在人类全面发展的社会，财富和贫困的意思同今天的大不相同。“富有的人同时就是需要有完整的人的生命表现的人”。也就是说，他需要的不仅是充足的食物、衣服和居所，还包括艺术、音乐、友谊、爱情、玩乐、与自然的联系，如果没能拥有这些东西，将被视为一种缺憾。他还意识到自己的贫困，自己对他人的极端依赖，但他认为这种“被动的纽带”、这种“贫困”迫使人感觉到“需要最大的财富即另一种人”。②

获得充足的自由的时间去发展工作无法开发的能力，去享受人类需要得到满足时的快乐。光有劳动不被异化是不够的。劳动不可过度，但工作总是必要的，但是“作为目的本身的人类能力的发展，真正的自由王国，就开始了……工作日的缩短是根本条件”。③

总之，在马克思勾勒出的新世界愿景中，我所从事的工作——我们大家所从事的工作——既富有挑战，又令人满意。通过工作，我开发了技能和才干，体会到了为他人幸福做出贡献的快乐。我的工作需要我投入体力和精神、身体的灵巧和脑力的聪慧，这些都是经过教育培养出来的能力。在我的生命历程中，我从事多种不同的工作。我经常接触自然，与自然和谐相处。我有一份好工作，也有充裕的空闲时间来培养对美食、艺术、音乐、舞蹈等的鉴赏能力。我也可以发展我在其中一些领域的创造力。我有时间去追求真正而持久的友谊、爱情和亲情。但这并不是天堂，仍然会有失落、心伤、妒忌，更不用说痛苦、疾病和死亡了。毕竟，我们都是有局限的、不完美的个

① Karl Marx, “Private Property and Communism,” in Simon (ed.) *Karl Marx*, p. 74，请参见《马克思恩格斯全集》第 42 卷，人民出版社，1979，第 126 页——译者注。

② Karl Marx, “Private Property and Communism,” in Simon (ed.) *Karl Marx*, p. 77，请参见《马克思恩格斯全集》第 42 卷，人民出版社，1979，第 129 页——译者注。

③ Karl Marx, *Capital*, v. 3，请参见《资本论》第 3 卷，人民出版社，2004，第 929 页。

体。但所有人都应享有一个丰富的、完满的、人性化的生活，因为“每个人的自由发展是一切人自由发展的条件”。

马克思的愿景和另一位梦想家 E. F. 舒马赫（E. F. Schumacher）的愿景惊人地相似，后者的著作《小即是美：一本把人当回事的经济学著作》对 20 世纪 70 年代的反主流文化有着极大的影响，尤其是对我们这些严肃考虑“回归自然”的人们。（舒马赫是一位出生于德国的经济学家，任英国煤炭局首席经济学家长达 20 年之久。在此期间，他毫不留情地批判了当代经济学和当代西方社会，并且提出了一个强大的替代性的愿景。1995 年，《伦敦时报文学副刊》将《小即是美》评为二战后出版的最具影响力的 100 本书之一。）

像马克思一样，舒马赫非常强调劳动。我们不仅要为充分就业而未雨绸缪，即确保“所有需要一份‘外在’工作的人都能工作”，而且它必须是好工作。

> 要是一份工作让工人觉得没有意义、无趣、不体面，或精神折磨，则该工作和犯罪差不了多少；该工作重视物品而轻忽人类，恶性的缺乏同情心，太执着于尘世间最原始的一面，到了丧失灵性的程度。①

与马克思相比，舒马赫更加强调开发合适技术的重要性，目的是实现充分就业和获得好的工作。“节约劳动”不应当成为技术发展的首要目标，因为劳动不应该被看成一种需要被最小化的“生产成本”。技术应当提升劳动，而非消灭它，技术应该尽可能地适用于小规模的分散化生产。我们真正想从科学家和技术专家那里得到什么东西呢？我的回答是：我们需要方法和设备，它们：

> · 够便宜，每人都能确实掌握；
> · 适合于小规模的运用；

① E. F. Schumacher, *Small is Beautiful: Economics as if People Matter* (Point Roberts, WA: Hartley and Marks Publishers, 1999), pp. 40, 38, 请参见舒马赫：《小的是美好的：一本把人当回事的经济学著作》，译林出版社，2007，第 36 页。——译者注。这是本书的 25 周年纪念版，其中有一篇保罗·霍肯写的导言，还包含了许多书评。该书最早于 1973 年出版。

· 能与人类对创意的需求相吻合。[①]

像马克思一样，舒马赫也关心对**土地**的经营。他坚持认为，土地不仅仅是一种生产性资源。对土地的经营“必须以达成下列目的为主：健康、美丽，以及持久。而第四个目的——唯一被专家所接受的目的——生产力，就自然会随之而来”。[②]

此外，我们必须中止、然后逆转从乡村到城市的大规模的、全球性的人口迁移，因为它已导致“农村经济体崩溃、乡镇失业趋势上升、城市中身心均得不到培育的最底层阶级人数扩大”。我们应当寻找政策以“重建乡村文明；开放土地让更多的人获得有收益的职业，不论是全职的，还是兼职的，并将我们对土地的所有行动都以达到健康、美丽、持久三项目的为目标”。[迈克·戴维斯（Mike Davis）《贫民窟星球》一书对处于汹涌中的城市移民潮展开了令人不安的描述。尼克·雷丁（Nick Reding）《毒品的天堂：美国小镇的死亡和生活》一书阐述了农业合作化对美国农村的影响，让我们这些“回归自然”运动的参与者无比心碎。][③]

当然，正如书的副标题所指出的，舒马赫督促我们从人类的角度思考问题。企业不应当“太大”，城市不应当“太大”。实际上，国家也不应当“太大”。“如果我们列出世界上所有最繁荣的国家，会发现他们大多数非常小，而世界上所有最大的国家中大部分也都穷得可以。”

> 试想俾斯麦在1864年吞并丹麦的全部而不是其一小部分领土，之后什么事也没发生是何种情景。丹麦人在德国会是一个少数民族，或许会以争取双语来保存自己的语言，官方语言当然是德语，他们唯有完全

① E. F. Schumacher, *Small is Beautiful: Economics as if People Matter* (Point Roberts, WA: Hartley and Marks Publishers, 1999), p. 20，请参见舒马赫：《小的是美好的》，译林出版社，2007，第20页。——译者注

② E. F. Schumacher, *Small is Beautiful: Economics as if People Matter* (Point Roberts, WA: Hartley and Marks Publishers, 1999), p. 89，请参见舒马赫：《小的是美好的》，译林出版社，2007，第87页。——译者注

③ E. F. Schumacher, *Small is Beautiful: Economics as if People Matter* (Point Roberts, WA: Hartley and Marks Publishers, 1999), pp. 45, 91，请参见舒马赫：《小的是美好的》，译林出版社，2007，第42、88页。——译者注。Mike Davis, *Planet of Slums* (London: Verso, 2007). Nick Reding, *Methland: The Death and Life of an American Small Town* (New York" Bloomsbury, 2010).

德国化才能免于沦为二等公民。大多数雄心勃勃及具进取心的丹麦人势必会通过本身的德国化，形成不可抗拒的漂流涌入南方的本土，然而哥本哈根的地位会是如何？大概是偏远的省级城市。①

（舒马赫不会支持欧盟计划——正如当前的危机所清楚表明的，它存在严重缺陷。舒马赫会因苏联解体、捷克斯洛伐克一分为二以及最近苏丹全民公投的结果而欢呼雀跃。）

舒马赫还解决了马克思没有考虑到的一个问题，当时还没有出现大规模广告和大众消费。他说，不能用年消费金额来衡量“生活水准”，并假定消费较多者比消费较少者“境况优越”。相反，“目标应是以**最少**的消费赢取**最大**的福祉”。如果打破对持续增长的依赖，选择生活在相对自给自足的、生态可持续的环境中，那么我们大家都能够获得足够多的生存资料。他引用甘地的话说：“地球提供给我们的物质财富足以满足每个人的需求，但不足以满足每个人的贪婪。”②

因此舒马赫设想的愿景是：世界上的所有人都有一份好工作，它使人的创造性得到发挥，并保证人们获得足够的物质产品过上幸福生活。很多人以种地为业，所有人都在人性化的企业工作、在人性化的可持续的社区生活。（在舒马赫的世界中也会有城市，但没有特大城市。他建议：“某一城市可取的规模上限大概是控制在 50 万居民的范围以内。超过这个规模，很明显对城市不会带来什么好处。”③）

这难道不是不可实现的幻想吗？舒马赫的回答是：

有人或许会说这可是个浪漫的乌托邦幻想。没错，今天我们在现代工业社会里拥有的一切一点也谈不上浪漫，跟乌托邦更是八竿子打不

① E. F. Schumacher, *Small is Beautiful*: *Economics as if People Matter* (Point Roberts, WA: Hartley and Marks Publishers, 1999), pp. 47, 53, 请参见舒马赫：《小的是美好的》，译林出版社，2007，第 43～44、49 页。——译者注

② E. F. Schumacher, *Small is Beautiful*: *Economics as if People Matter* (Point Roberts, WA: Hartley and Marks Publishers, 1999), p. 20, 请参见舒马赫：《小的是美好的》，译林出版社，2007，扉页。——译者注

③ E. F. Schumacher, *Small is Beautiful*: *Economics as if People Matter* (Point Roberts, WA: Hartley and Marks Publishers, 1999), p. 49, 请参见舒马赫：《小的是美好的》，译林出版社，2007，第 46 页。——译者注

着，这就是我们此时此地的情况。但是这个状况出了很大的问题，而且看不出任何持续下去的可能。我们如果还想活下去，而且也给我们孩子一个活下去的机会，就非得有敢做梦的勇气不可。[①]

约翰·梅纳德·凯恩斯也有一个梦想。（很有趣的是，二战爆发时舒马赫曾被当作德国的“敌侨”关押在大不列颠的一个拘留中心，经由凯恩斯斡旋才得以被释放。凯恩斯曾为青年舒马赫寄给他的一篇技术论文所深深地打动。）在《通论》的最后一章他指出：“我们生存其中的经济社会，其显著特点，乃在不能提供充分就业，以及财富与所得之分配有欠公平合理。”但他不认为这一不健康状况会持续下去，因为他相信随着资本变得丰裕，利率将很快趋于零，这“表明坐收利息这个阶级的确会慢慢自然死亡，资本家也逐渐不能再利用资本之稀少性扩大其压迫力量”。[②]（这些话出自凯恩斯之口，而不是马克思。因此也就不难理解新古典经济学家为何这么不遗余力地诋毁凯恩斯了。）

最重要的是，凯恩斯提出用不断增加的**闲暇**来逐渐地替代日益增加的消费，以及这样的改变所能带来的有益影响。在大萧条爆发后不久，凯恩斯写作了一篇著名的文章，他对未来作了这样的展望：

对于到那时仍然必须完成的一些工作，我们将尽可能广泛地进行分配。3 小时一轮班或每周 15 小时的工作……我们原先的道德准则会发生重大变化……我们将重新拾起宗教和传统美德中最为确凿可靠的那些原则——以为贪婪是一种恶癖，高利盘剥是一种罪行，爱好金钱是令人憎恶的，而那些真正走上德行美好、心智健全的正道的人，他们对未来的顾虑是最少的……我们将尊崇这样一些人，他们能够教导我们如何分分秒秒都过得充实而美好，这些心情愉快的人能够从事物中获得直接的乐趣。[③]

---

① E. F. Schumacher, *Small is Beautiful: Economics as if People Matter* (Point Roberts, WA: Hartley and Marks Publishers, 1999), p. 125，请参见舒马赫：《小的是美好的》，译林出版社，2007，第 122 页。——译者注

② John Maynard Keynes, *The General Theory of Employment, Interest and Money* (New York: Harcourt, Brace and Company, 1936), pp. 372, 376，请参见约翰·梅纳德·凯恩斯：《就业、利息和货币通论》，商务印书馆，1997，第 321、324 页。——译者注

③ John Maynard Keynes, "Economic Possibilities for Our Grandchildren," in *Essays in Persuasion* (New York: Norton, 1963), pp. 368 – 372，请参见约翰·梅纳德·凯恩斯：《预言与劝说》，江苏人民出版社，1998，第 359、360、362 页。——译者注

凯恩斯是在1930年写下这些文字的，那时“普遍性的世界性大萧条、在一个充满贫困的世界里产生的异常巨大规模的失业、我们曾犯下的灾难性错误，所有这些都使我们失去了洞察力，对于在表面现象下正在发生的一切视而不见”。[①] 这是他对“百年之后”，即不远的将来——2030年的预言。他所期望的不会在资本主义制度下发生，但这是可能发生的事。

以上的愿景主要关注劳动、闲暇和自然，但是还有一个元素需要阐明。哲学家汉娜·阿伦特（Hannah Arendt）把vita activa解释为人的三种最基本的活动：劳动、工作和行动。前两个活动是指人在和自然的互动中进行生产，不仅生产生存所必需的物品，而且也生产那些赋予“乏味尘世生活”以永恒、持久和美丽的东西。然而，第三个却是不需要借助任何中介所进行的人的活动，并且“和人类诞生——**新的开始**——的条件紧密相关”。[②]

行动的可能性对于愿景的实现至关重要，也是我们对民主承诺的核心问题。当一个人有了新想法，想到做事情的更好方法，或者当一个人发现问题而且认为应当改变进程，那么就有可能**采取行动**——告知他人、一致参与、发起改变、实现目标。

（二）我们该做些什么？

行动的可能性不仅构成我们所向往世界的一大特色，而且对于目标的达成也是至关重要的。在书的最后部分，舒马赫写道：

> 人们到处询问：“我实际能做些什么？”答案很简单也很让人尴尬：我们每个人，可以将自己内心深处理顺。要进行这项工作所需的指南不能求之于科学或技术，因为他们的价值完全以其服务的目的为准；但仍可求诸人类传统的智慧。

传统智慧并不能提供许多指导，但要多于凯恩斯所能提供的，因为凯恩斯（看起来）相信资本家阶级——那些“食利者”——将随着利率降为零而静默地消亡。马克思没有深藏这种幻想，但他也像凯恩斯一样认为历史站

① John Maynard Keynes, “Economic Possibilities for Our Grandchildren,” in *Essays in Persuasion* (New York: Norton, 1963), pp. 359，请参见约翰·梅纳德·凯恩斯：《预言与劝说》，江苏人民出版社，1998，第352页。——译者注

② Hannah Arendt, *The Human Condition* (Chicago: University of Chicago Press, 1958) p. 9.

在我们这些最广大的人民大众这边，而且或迟或早“剥夺者将被剥夺”。

我们今天不能这么乐观了。人类已经制造出核毁灭的手段，并创造了如果不加以扼制将很快导致大规模生态毁灭的条件。巴里悲观的看法让人难以辩驳：

> 到2100年人类很可能已经灭绝了，也可能由于核浩劫或者使几乎所有生命灭绝的全球变暖带来了毁灭性影响，人类的活动范围将局限于少数几个区域。①

那么，该做些什么呢？让我以自己的一些简单想法结束本书（思考并不难，难的是行动）。我将推荐三个步骤。

第一步：正如舒马赫所说的，“让自己的房屋变得井然有序”。我的意思是说，为了过上我们所期盼的生活，一个人必须至少在某些方面改变他的生活。这意味着生活要更加节俭、要努力减少碳足迹、从多肉饮食转为少肉饮食甚或根本不吃肉（这恰好是更健康、更具生态可持续的生活方式）。这意味着思考并培育“人类传统智慧”所认可的那种人与自然的关系。

这一生活方式的改变会使世界发生变化吗？不会，当然不会。正如前述分析所清楚表明的，假如所有人都开始减少消费，我们将陷入经济危机——除非做出结构性的改变。但**一个人**并不是**所有人**。**你的**消费减少在目前状况下不会破坏经济，它反而可能让你变得更加优秀，并且在这个过程中实实在在地帮助你形成并认可新世界所需要的态度和价值观。而你的例子使得其他人更容易去改变自己的生活方式。②

第二步：花费一定的时间，同其他人一起为减轻具体的社会问题而努力。这意味着参加一个组织或自己成立一个。因为问题永无止境，所以未来的可能性是无限的。这些问题包括：本地和全球贫困、种族主义、性别歧视、同性恋歧视、生态毁灭、战争、国内暴力、监禁、死刑、失业、非理性

① Brian Barry, *Why Social Justice Matters* (Cambridge: Polity Press, 2005), p. 251.

② 我要感谢托德·威尔逊（Todd Wilson）在与我的通信中指出后面这一点。他说：“越是有更多人改变自己，当时机来临时，越是容易推动全球性的改变。人们更容易接受提议，更有可能推动这些提议的‘遍地开花’，而且当获得机会时更有可能支持它们。而当周围的人表现出共同的行为时，人们一定会给予关注。所以，通过改变自己来改变世界确实具有实际意义。”

的食物供给、绝望等。面对如此多的问题，没有任何一个组织有可能带来所期望的革命。虽然我们并不知道历史是站在我们这边，所期望的革命或许永远也不会发生，但是，我们十分确定的是——根据我的长期经历——融入一个好项目将让你接触到好人，他们通常是在这方面或那方面比你更聪明、更勇敢、更老练的人，这反过来将使你变成一个更优秀的、真正更快乐的人。正如弗兰西斯·穆尔·拉佩（Frances Moore Lappé）所指出的：

> 我们选择把什么样的人带入我们的生活，这在很大程度上塑造了我们自己。所以我们会选择与那些比我们更勇敢的人交往。通过观察他们，我们感受到了勇气，也许就会变得更加勇气十足。这确实很神奇。①

第三步：正如上一节所指出的，我们也需要一场大规模的、连贯的政治运动。资本家阶级不会如凯恩斯所希望的那样自行消亡。假如希望深层的结构性改革以和平的方式发生，我们就需要一个致力于这种改革的政党，或者政党联盟。这一政党应该是什么样的呢？让我举个例子，从中或许可以了解到更多。

所有人知道 1989 年是东欧的“革命之年”。但没有多少人记得（如果他们意识到的话）在 1989 年一位拥护社会主义的钢铁工人几乎当选为巴西总统，这着实匪夷所思。巴西当时是世界第九大经济体、世界第四大粮食生产国，并且资源富饶，拥有南半球最大的工业中心，但同时也是一个被惊人的债务、严重的不平等，以及经济和环境危机蹂躏的穷国。路易斯·伊纳西奥·卢拉·达席尔瓦（Luís Inácio Lula da Silva）是成立于十年前的巴西劳工党（*Partido dos Trabalhadores*，PT）推举的候选人。

那年卢拉（人们通常这么称呼）输了，但他和劳工党都没有放弃。该党不断壮大，赢得了许多地方选举，2002 年卢拉当选巴西总统，并于 2006 年再次当选。2010 年劳工党候选人又一次赢得竞选，迪尔玛·罗塞夫（Dilma Rousseff）成为领导巴西政府的首位女性。而且劳工党国家联盟第一次同时在参众两院获得多数席位，这是卢拉执政期间所未曾发生的。（迪尔

① Frances Moore Lappé, *EcoMind: Reframing Six Disempowering Ideas That Keep Us From Aligning With Nature—Even Our Own* (New York: Nation Books, 2010), p. 135.

玛·罗塞夫是一个左翼分子，曾因反对当权军政府而被逮捕，遭受了长达22天的电击折磨，并被监禁近三年之久。)

巴西劳工党从成立之初就表现出与众不同，它把马克思主义、女权主义和天主教解放神学等诸多元素综合起来。(1980年在圣母锡永学院召开了该党的成立大会，这是一所位于圣保罗的天主教女子学校。) 巴西劳工党拒绝纪律严格的列宁模式，并明确反对武装斗争。[①] 它承诺要坚持民主，“民主，应被视为公民政治参与权利与政治代表权利的广泛集合，而不应当被看成是资本主义的价值观…… (因为) 一旦为工人阶级所掌控，民主就成了一种普世性的理想”。[②] 这个政党同时希望参与建设一个强大的“市民社会”，并通过与不断涌现的众多基层运动之间保持有机联系来对自身加以自觉地建构。该党1979年成立时的政治宣言宣告：

> 巴西劳工党的思想产生于基层运动——这一新的、基础广泛的社会运动——的发展和壮大。现在，这一社会运动已经从工厂扩展到社区，从工会扩展到基层的基督教团体，从“生活成本运动”扩展到“居民协会”，从学生运动扩展到专业协会，从黑人运动扩展到妇女运动，还有其他许多运动，如为土著人争取权利的斗争。[③]

基于这一宣言，巴西劳工党的所有正式党员在开始时都必须隶属于一个独立的基层组织，这个想法很有创意，在我看来，很值得当下好好考虑。

的确，在2002年当选之后卢拉就迅速地转向中间立场，向右翼反对派做出了许多妥协和让步，并且和进步的财富精英们结成联盟。这引致党内的许多批评声，一些人脱离劳工党，加入那些更为激进的左翼党派。但是(也可能正因为这样)，巴西经济开始快速增长，在安然度过2008年的全球

---

① Emir Sader and Ken Silverstein, *Without Fear of Being Happy: Lula, The Workers Party and Brazil* (London: Verson, 1991), p. 106.

② Emir Sader and Ken Silverstein, *Without Fear of Being Happy: Lula, The Workers Party and Brazil* (London: Verson, 1991), p. 107，引自巴西劳工党的一份文件。

③ Maria Helena Moreira Alves, "The Workers Party of Brazil: Building Struggle from the Grassroots," in William Tabb, ed. *The Future of Socialism* (New York: Monthly Review Press, 1990), p. 234. 本书关于巴西劳工党的论述部分来自上述这篇文章，部分源自 Sader and Silverstein, from Gianpaolo Baiocchi (ed.), *Radicals in Power: The Workers' Party (PT) and Experiments in Urban Democracy in Brazil* (London: Zed Books, 2003)，以及 Sue Branford and Bernardo Kucinski, *Lulu and the Workers Party in Brazil* (New York: The New Press, 2005)。

衰退之后，又重新走上增长之路。此外，劳工党还实施了一些重要的社会项目，进行了土地改革和“零饥饿运动”（即现在的“家庭救助金计划”），极大地帮助了穷人。正如《新闻周刊》的莫伊斯·纳伊姆（Moisés Naím）所指出的：

在一位劳工联盟领袖的带领下，巴西经历了惊人的社会和经济发展。在所有其他地区的不平等都在加深时，巴西却是少数几个成功地减少了不平等的国家之一。连续的几届巴西政府已经成功地改善了数百万贫困人口的教育、健康和生活质量，使他们正步入日益壮大的中产阶级队伍……1995 年，有 15% 的巴西学龄儿童失学。2005 年，这一数字减少到 3%。而今天的巴西几乎实现了全民基础教育。[①]

当然，我们不知道这一有着重要历史意义的试验会以什么样的结局收场，但不可否认的事实是，巴西现在拥有一个人数庞大的、富有经验的政党，在适当的环境下，该党完全可以致力于实现比改革更为重大的目标。（尽管许多左翼人士认为，曾经由于乌戈·查韦斯的多次当选而让世界和美国震惊不已的委内瑞拉要比巴西更鼓舞人心，但委内瑞拉缺乏一个类似于巴西劳工党的成熟政党，因而比巴西更依赖于有魅力的领袖。此外，巴西经济也显著地比委内瑞拉经济更发达、更多元，因此也更接近于我们的经济民主制度。）

在巴西——或委内瑞拉——有可能实现的，在世界其他地方也同样有可能实现。回想一下布莱恩·巴里说过的话：

我们需要再一次革命，这对那些并非故意视而不见的人来说是不言自明的。我担心它不太可能成真。但是毫无疑问，可能性还是有的。

再回想一下马克思《关于费尔巴哈的提纲》的第 11 条：

哲学家们只是用不同的方式**解释**世界，而问题在于**改变**世界。[②]

---

① Moisés Naím, "The Havana Obession," *Newsweek*, June 22, 2009.

② Karl Marx, "Theses on Feuerbach," in Simon (ed.) *Karl Marx: Selected Writings*, p. 101，请参见《马克思恩格斯选集》第 1 卷，人民出版社，1995，第 57 页。——译者注

参考书目

Ackerman, Bruce, and Anne Alstott. *The Stakeholder Society*. New haven, CT: Yale University Press, 1999.

Ackerman, Bruce, and Ian Ayres. *Voting with Dollars: A New Paradigm for Campaign Finance*. New haven, CT: Yale University Press, 2004.

Akerlof, George, and Robert Shiller. *Animal Spirit: How Human Psychology Drives the Economy, and Why It Matters for Global Capitalism*. Princeton, NJ: Princeton University Press, 2010.

Albert, Michael. *Parecon: Life After Capitalism*. London: Verso, 2003.

Alves, Maria Helena Moreira. "The Workers Party of Brazil: Building Struggle from the Grassroots." In *The Future of Socialism*, edited by William Tabb. New York: Monthly Review Press, 1990.

Andreas, Joel. "A Shanghai Model? On Capitalism with Chinese Characteristics." *New Left Review* 65 (September/October 2010): 63 – 85.

Arendt, Hannah. *The Human Condition*. Chicago: University of Chicago Press, 1958.

Arrighi, Giovanni. *Adam Smith in Beijing: Lineages of the Twenty Century*. London: Verso, 2007.

Azevedo, Alessandra, and Leda Gitady. "The Cooperative Movement, Self-Management and Competitiveness: The Case of Mondragon Corporation Cooperative." *Working USA: The Journal of Labor and Society* 13, no. 1 (March 2010): 5 – 29.

Azzellini, Dario. "Venezuela's Solidarity Economy: Collective Ownership, Expropriation and Workers Self - Management." *Working USA: The Journal of Labor and Society* 12, no. 2 (June 2009): 171 - 191.

Baiocchi, Gianpaolo, ed. *Radicals in Power: The Workers' Party (PT) and Experiments in Urban Democracy in Brazil.* London: Zed Books, 2003.

Baran, Paul, and Paul Sweezy. *Monopoly Capital.* New York: Monthly Review Press, 1966.

Barber, Benjamin. "Beyond Jihad vs. McWorld." *The Nation* 274, no. 2 (2002).

Barry, Brian. *Why Social Justice Matters.* Cambridge: Polity Press, 2005.

Bartlett, Will, John Cable, Saul Estrin, and Derek Jones. "Labor - Managed Cooperatives and Private Firms in North Central Italy: An Empirical Comparison." *Industrial and Labor Relations Review* 6, no. 1 (October 1992): 103 - 118.

Benjamin, Walter. *Illuminations.* New York: Schocken Books, 1969.

Berlin, Isaiah. *Russian Thinkers.* New York: Penguin Books, 1978.

Berman, Katrina. "A Cooperative Model for Worker Management." In *The Performance of Labour - Managed Firms*, edited by Frank Stephens. New York: St. Martin's Press, 1982.

Birchall, Johnston, and Lou Hammond Ketilson. "Resilience of the Cooperative Business Model in Times of Crisis." Geneva: International Labour Organization, Sustainable Enterprise Programme, 2009.

Blackburn, Robin. "Rudolf Meidner, 1914 - 2005: Visionary Pragmatist." *Counterpunch*, December 22, 2005.

Blalock, Garrick, David Just, and Daniel Simon. "Hitting the Jackpot or Hitting the Skids: Entertainment, Poverty and the Demand for State Lotteries." *American Journal of Economics and Sociology* 66, no. 3 (July 2007): 545 - 570.

Blinder, Alan. *Hard Heads, Soft Hearts: Tough - Minded Economics for a Just Society.* Reading, MA: Addison - Wesley, 1987.

——, ed. *Paying for Productivity: A Look at the Evidence.* Washington, DC: Brookings, 1990.

Bourdieu, Pierre. "A Reasoned Utopia and Economic Fatalism." *New Left*

Review 227 (January - February 1998): 125 - 130.

Bradley, Keith, and Alan Gelb. *Cooperation at Work: The Mondragon Experience*. London: Heinemann Educational Books, 1983.

Branford, Sue, and Bernardo Kucinski. *Lula and the Workers Party in Brazil*. New York: The New Press, 2005.

Brown, Ellen. "More States May Create Public Banks." *Yes!*, May 13, 2010.

——. "Reviving the Local Economy with Publicly Owned Banks." *Yes!*, October 14, 2009.

——. "WhoseBank? Public Investment, Not Private Debt." *Yes!*, February 19, 2010.

Brown, Lester R. *Plan B 4.0: Mobilizing to Save Civilization*. New York: Norton, 2009.

Brown, Lester R, Christopher Flavin, and Hilary French. *State of World* 2001. New York: Norton, 2001.

Carrim, Yunus, and Oscar Martinez. "Socialism Works in Cuba." *Umsebenzi Online* 9, no. 21 (November 3, 2010).

Cassidy, John. "What Good Is Wall Street?" *New Yorker*, November 29, 2010.

Chan, Anita. "Strikes in Vietnam and China: Contrast in Labor Laws and Diverging Industrial Relations Patterns." American Bar Association International Labor and Employment Law Committee Presentation, Istanbul, Turkey, May 9 - 13, 2010.

Cheney, George. *Values at Work: Employee Participation Meets Market Pressure at Mondragon*. Ithaca, NY: ILR/Cornell University Press, 1999.

Chomsky, Noam. *On Power and Ideology: The Managua Lectures*. Boston: South End Press, 1987.

Clark, John Bates. *The Distribution of Wealth*. New York: Kelly and Millman, 1956.

Clifford, Stephen. *An Owner's Guide to Business Succession Planning*, 2nd ed. Kent, OH: Kent Popular Press, 2008.

Cockburn, Alexander, and Jeffrey St. Clair. *Five Days That Shock the*

World. London: Verso, 2000.

Cohen, Stephen. *Failed Crusade: America and the Tragedy of Post – Communist Russia*. New York: Norton, 2000.

Cushman, John H., Jr. "Industrial Group Plans to Battle Climate Change Treaty." *New York Times*, April 26, 1998.

Cynamon, Barry Z., and Steven M. Fazzari. "Household Debt in the Consumer Age – Source of Growth, Risk of Collapse." *Capitalism and Society* 3, no. 2 (2008).

Dahl, Robert. *Democracy and Its Critics*. New Haven, CT: Yale University Press, 1989.

Dahl, Robert, and Charles Lindblom. *Politics, Economics, and Welfare*. New York: Harper, 1953.

Daly, Herman. *Beyond Growth*. Boston, MA: Beacon Press, 1996.

Dasgupta, Partha. *An Inquire into Well – Being and Destitution*. Oxford: Clarendon Press, 1993.

Davis, Mike. *Planet of Slums*. London: Verso, 2007.

Dow, Gregory. *Governing the Firm: Workers' Control in Theory and Practice*. Cambridge: Cambridge University Press, 2003.

Dunn, Seth. "Decarbonizing the Energy Economy." *In State of the World* 2001, edited by Lester R. Brown, Christopher Flavin, and Hilary French. New York: Norton, 2001.

Ellerman, David. *Helping People Help Themselves: From the World Bank to an Alternative Philosophy of Development Assistance*. Ann Arbor: University of Michigan Press, 2006.

——. "Lessons from Eastern Europe's Voucher Privatization." Ch*allenge: The Magazine of Economic Affairs* 44, no. 4 (July – August 2001): 14 – 37.

Farrell, Diana, and Susan Lund. "Putting China's Capital to Work." *Far Eastern Economic Review* 169 (May 2006): 5 – 10.

Fleck, Susan. "International Comparisons of Hours Worked: An Assessment of the Statistics." *Monthly Labor Review* 132, no. 5 (May 2009): 3 – 31.

Foley, Barbara, and Bernard Moss, eds. "China: Socialism, Capitalism, and Market: What Now? Where Next?" *Science and Society* 73, no. 2 (April

2009).

Ford, Martin. *The Lights in the Tunnel: Automation, Accelerating Technology and the Economy of the Future*. N. P.: Acculant Publishing, 2009.

Frank, Andre Gunder. *Dependent Accumulation and Underdevelopment*. New York: Monthly Review Press, 1979.

Frank, Robert. *Richistan: A Journey through the American Wealth Boom and the Lives of the New Rich*. New York: Crown Publishers, 2007.

Franke, Richard, and Barbara Chasin. *Kerala: Radical Reform as Development in an Indian State*. San Francisco: Institute for Food and Development, 1989.

Friedman, Milton. *Capitalism and Freedom*. Chicago: University of Chicago Press, 1962.

Friedman, Robert. "And Darkness Covered the Land: A Report from Israel and Palestine." *The Nation* 273, no. 21 (December 24, 2001).

Fukuyama, F rancis. *The End of History and the Last Man*. New York: Free Press, 1992.

Galbraith, John Kenneth. *Economics and the Public Purpose*. Boston: Houghton Mifflin, 1973.

——. *The New Industrial State*. Boston: Houghton Mifflin, 1967.

Gillgan, Carol. *In a Different Voice*. Cambridge, MA: Harvard University Press, 1982.

Golden, Lonnie, and Deborah Figart. "Doing Something about Long Hours." *Challenge: The Magazine of Economic Affairs* 43, no. 6 (November/December 2000).

Golinger, Eva. *The Chavez Code: Cracking U. S. Intervention in Venezuela*. Northhampton, MA: Olive Branch Press, 2006.

Gowan, Peter. "Western Economic Diplomacy and the New Eastern Europe." *New Left Review* 182 (July - August 1990): 63 - 82.

Hacker, Andrew. *Money: Who Has How Much and Why*. New York: Simon and Schuster, 1997.

Ha - Joon Chang. *Kicking Away the Ladder: Development Strategy in Historical Perspective*. London: Anthem Press, 2002.

Hanson, Alvin. *Full Recovery or Stagnation?* New York: Norton, 1938.

Harcourt, G. C. "The Cambridge Controversies: Old Ways and New Horizons – or Dead End?" *Oxford Economic Paper* 28 (1976).

——. "The Capital Controversies." In *Capitalism, Socialism and Post – Keynesianism: Selected Essays*, edited by G. C. Harcourt. Aldershot, UK: Edward Elgar, 1995.

Harnecker, Marta. "Latin America and the Twenty – first Century Socialism: Inventing to Avoid Mistakes." *Monthly Review* 62, no. 3 (July – August 2010).

Hawken, Paul. *Blessed Unrest: How the Largest Movement in the World Came into Being and Why No One Saw it Coming*. New York: Viking, 2008.

Hawkins, Paul, Amory Lovins, and L. Hunter Lovins. *Natural Capitalism: Creating the Next Industrial Revolution*. Boston: Little, Brown, 1999.

Held, Virginia. *The Ethic of Care: Personal, Political, and Global*. Oxford: Oxford University Press, 2006.

Helman, Christopher. "What the Top Corporations Pay in Taxes." *Forbes*, April 1, 2010.

Hendrik, Thomas. "The Performance of the Mondragon Cooperatives in Spain." In *Participation and Self – Managed Firms*, edited by Derek Jones and Jan Svejnar. Lexington, MA: Lexington Books, 1982.

Hertz, Noreena. *The Debt Threat: How Debt Is Destroying the Developing World... and Threatening Us All*. New York: HarperCollins, 2004.

Hochschild, Arlie. *Time Bind: When Work Becomes Home and Home Becomes Work*. New York: Metropolitan Books, 1997.

Holmstrom, Nancy, and Richard Smith. "The Necessity of Gangster Capitalism: Primitive Accumulation in Russia and China." *Monthly Review* 51, no. 9 (February 2000).

Huang Yasheng. *Capitalism with Chinese Characteristics: Entrepreneurship and the State*. Cambridge: Cambridge University Press, 2008.

——. "The Politics of China'sPath: A Reply to Joel Andreas." *New Left Review* 65 (September – October 2010).

Intergovernmental Panel on Climate Change. *IPCC/TEAP Special Report on Safeguarding the Ozone Layer and the Global Climate System*. Cambridge: Cambridge

University Press, 2005.

International LabourOrganization. *Global Employment Trends.* Geneva: ILO, 2010.

Issac, Jeffrey. "Marxism and Intellectuals." *New Left Review* 2 (March - April 2000).

Johnson, Chalmers. MITI *and the Japanese Miracle: The Growth of Industrial Policy*, 1925 - 1975. Stanford, CA: Stanford University Press, 1982.

Johnson, David Cay. *Free Lunch: How the Wealthiest Americans Enrich Themselves at Government Expense (and Stick You with the Bill)*. New York: Portfolio, 2007.

Johnson, Elizabeth. "John Maynard Keynes: Scientist or Politician?" In *After Keynes, edited by Joan Robinson.* New York: Barnes and Noble, 1973.

Johnson, Lyndon B. "Special Address to Congress, March 16, 1964." In *Public papers of U. S. Presidents, Lyndon B. Johnson*, 1963 - 1964. Washington, D. C: Government Printing Office, 1965.

Jones, Derek, and Jan Svejnar, eds. Participation *and Self - Managed Firms: Evaluating Economic Performance. Lexington*, MA: Lexington Books, 1982.

Jones, Van. *The Green Collar Economy: How One Solution Can Fix Our Two Biggest problems.* New York: HarperCollins, 2008.

Kasmir, Sharryn. *The Myth of Mondragon: Cooperatives, Politics, and Working-Class Life in a Basque Town.* Albany: SUNY Press, 1996.

Kerry, Georgia, and Shaula Massena. "Mondragon Coops: Workers - Operatives Decide How to Ride Out a Downturn." *Yes!* May 7, 2009.

Keynes, John Maynard. *Essays in Persuasion.* New York: Norton, 1963.

——. *The General Theory of Employment, Interest, and Money.* New York: Harcourt, Brace and Company, 1936.

Krugman, Paul. *The Age of Diminished Expectations: U. S. Economic Policy in the* 1990*s*. Cambridge, MA: MIT Press, 1990.

——. "Back What Obama Must Do." *Rolling Stone*, January 14, 2009.

——. *The Conscience of a Liberal.* New York: Norton, 2007.

——. "Defining Prosperity Down." *New York Times*, August 1, 2010.

——. "Innovating Our Way to Financial Crisis." *New York Times*,

December 3, 2007.

——. "Money Can't Buy Happiness. Er, Can It?" *New York Times*, June 1, 1999.

——. *The Return of Depression Economics and the Crisis of* 2008. New York: Norton, 2009.

Landers, Peter. "State Solution: Nationalizing Banks May Be Japan's Only Option." *Far Eastern Economic Review* 161, no. 40 (October 1, 1998).

Lappe, Francis Moore. *EcoMind: Reframing Six Disempowering Ideas That Keep Us from Aligning with Nature - Even Our Own*. New York: Nation Books, 2010.

Lawler, James. "Marx's Theory of Socialisms: Nihilistic and Dialectical." In *Debating Marx*, edited by Louis Pastouras. Lewiston, NY: Edward Mellon Press, 1994.

Leisner, Thelma. Economic *Statistics* 1900 - 1983. New York: Facts on File Publications, 1985.

Leiva, Fernando Ignacio. *Latin American Neostructuralism: Contradictions of Post-Neoliberal Development*. Minneapolis: University of Minnesota Press, 2008.

Lenin, V. I. *State and Revolution*. New York: International Publishers, 1932.

Levin, Henry. "Employment and productivity of Producer Cooperatives." In *Worker Cooperatives in America*, edited by Robert Jackall and Henry Levin. Berkeley: University of California Press, 1984.

Litchtblau, Eric. "Scalia and Thomas' Retreat with Koch." *New York Times*, January 21, 2011.

Lorenz, Andreas. "China's Environmental Suicide: A Government Minister Speaks." *Open Democracy*, April 5, 2005.

Lowenstein, Roger. *When Genius Failed: The Rise and fall of Long - Term Capital Management*. New York: Random House, 2000.

Lucas, Robert. "Macroeconomics Priorities." *The American Economic Review* 93, no. 1 (March 2003).

Lydall, Harrod. *Yugoslavia in Crisis*. Oxford: Clarendon Press, 1989.

Lynn, Barry. *Cornered: The New Monopoly Capitalism and the Economics of Destruction*. Hoboken, NJ: John Wiley and Sons, 2010.

MacLeod, Greg. *From Mondragon to America: Experiments in Community Economic Development.* Sidney, Nova Scotia: University College of Cape Breton Press, 1997.

Mahbubani, Kishore. *Beyond the Age of Innocence: Rebuilding Trust between America and the World.* New York: Public Affairs, 2005.

Mann, Michael. "Globalization and September 11." *New Left Review* 12 (November – December 2001).

Martin, Hans – Peter, and Harald Schumann. *The Global Trap.* New York: Zed Books, 1997.

Marx, Karl. *Capital. Vol.* 1. New York: International Publishers, 2003.

——. *Capital. Vol.* 3. New York: International Publishers, 1967.

——. *Karl Marx: Selected Writings.* Edited by Lawrence Simon. Indianapolis: Hackett, 1994.

Marx, Karl, and Frederick Engels. *The Communist Manifesto.* London: Verso, 1998.

Mayer, Jane. "Covert Operations: The Billionaire Brothers Who Are Waging War against Obama." *New Yorker*, August 30, 2010.

McChesney, Robert W. *The Political Economy of Media: Enduring Issues, Emerging Dilemmas.* New York: Monthly Review Press, 2008.

——. *Rich Media, Poor Democracy.* Champaign: University of Illinois Press, 1999.

McChesney, Robert W., John Bellamy Foster, Inger L. Stole, and Hannah Holtman. "The Sales Effort and Monopoly Capital." *Monthly Review* 60, no. 11 (April 2009).

McKibben, Bill. *Deep Economy.* New York: Henry Holt, 2007.

——. "Happiness Is..." *Ecologist* 2 (January 2007).

——. *Hope, Human and Wild.* St. Paul, MN: Hungry Mind Press, 1995.

Mikkelson, Gregory, Andrew Gonzales, and Garry Peterson. "Economic Inequality Predicts Biodiversity Loss." *PloS One* 2, no. 5 (May 2007).

Mill, John Stuart. *Considerations of Representative Government.* Indianapolis: BobbsMerrill, 1958.

Mitchell, William, and Joan Muysken. *Full Employment Abandoned: Shifting*

Sands and Policy Failures. Cheltenham, UK: Edward Elgar, 2008.

Moore, Steven A. *Alternative Routes to the Sustainable City: Austin, Curitiba, and Frankfurt*. Lanham, MD: Lexington Books, 2007.

Morrison, Roy. *We Build the Road as We Travel*. Philadelphia: New Society Publishers, 1991.

Naim, Moises. "The Havana Obsession." *Newsweek*, June 22, 2009.

Nolan, Peter. *China and the Global Business Revolution*. New York: Palgrave, 2001.

——. *China's Rise, Russia's fall: Politics, Economics, and Planning in the Transition from Stalinism*. New York: St. Martin's Press, 1995.

Nozick, Robert. *Anarchy, State and Utopia*. New York: Basic Books, 1974.

Ollman, Bertell, ed. *Market Socialism: The Debate among Socialists*. New York: Routledge, 1998.

Olsen, Mancur, and Hans Landsberg, eds. *The No – Growth Society*. New York: Norton, 1974.

Palley, Thomas. "Destabilizing Speculation and the Case for an International Currency Transactions Tax." *Challenge: The Magazine of Economic Affairs* 44, no. 3 (May – June 2001).

——. *Plenty of Nothing: The Downsizing of American Dream and the Case for Structural Keynesianism*. Princeton, NJ: Princeton University Press, 1998.

Peck, Don. "How a New Jobless Era Will Transform America." *Atlantic*, March 2010.

Pen, Jan. *Income Distribution: Facts, Theories, Policies. New* York: Praeger, 1971.

Perkins, John. *Confessions of an Economic Hit Man*. San Francisco: Berrett-Koehler, 2004.

Plumer, Bradford. "Fossil – Fuel Subsidies Still Dominate." *New Republic*, August 3, 2010.

Pogge, Thomas. "Real World Justice." *Journal of Ethics* 9, nos. 1 – 2 (2005).

Pontusson, Jonus. *The Limits to Social Democracy: Investment Politics in*

Sweden . Ithaca, NY: Cornell University Press, 1992.

Raby, D. I. Democracy *and Revolution*: *Cuba*, *Venezuela and Socialism Today*. London: Pluto Press, 2006.

Rahman, K. Ravi, ed. *Development*, *Democracy and the State*: *Critiquing the Kerala Model of Development*. New York: Routledge, 2010.

Rawls, John. *A Theory of Justice*. Cambridge, MA: Harvard University Press, 1971.

Reding, Nick. Methland: The *Death and Life of an American Small Town*. New York: Bloomsbury, 2010.

Reich, Robert. "Only 4. 2 Billion to Pay This Election?" *Robert Reich's Blog*, October 28, 2010.

Reinhart, Carmen, and Kenneth Rogoff. *This Time Is Different*: *Eight Centuries of Financial Folly*. Princeton, NJ: Princeton University Press, 2009.

Rifkin, Jeremy. *The End of Work*: *The Decline of the Global Labor Force and the Dawn of the Post – Market Era*. New York: G. P. Putnam's Sons, 1995.

Rorty, Richard. "For a More Banal Politics. " *Harper's*, May 1992.

Roy, Arundhati. *An Ordinary Person's Guide to Empire*. Boston: South End Press, 2004.

Sader, Emir, and Ken Silverstein. *Without Fear of Being Happy*: *Lula*, *the Workers Party and Brazil*. London: Verso, 1991.

Samuelson, Paul, *Economics*. 11th Ed. New York: McGraw Hill, 1980.

Schor, Juliet. *Born to Buy*. New York: Scribner, 2004.

——. *The Overworked American*: *The Unexpected Decline of leisure*. New York: Basic Books, 1992.

——. *Plentitude*: *The New Economics of True Wealth*. New York: Penguin Press, 2010.

Schumacher, E. F. *Small Is Beautiful*: *Economics As If People Matter*. Point Roberts, WA: Hartley and Marks Publishers, 1999.

Schwartz, Nelson, and Louise Story. " Pay of Hedge Fund Managers Roared Back Last Year. " *New York Times*, March 31, 2010.

Schweickart, David. *Against Capitalism*. Cambridge: Cambridge University Press, 1993.

——. "Does Historical Materialism Imply Socialism?" In *Reason and Emancipation: Essays on the Philosophy of Kai Nielsen*, edited by Michel Seymour and Matthias Fitsch. Amherst, MA: Humanity Books, 2006.

——. "Should Rawls Be a Socialist?" *Social Theory and Practice* 5, no. 1 (Fall 1978).

Sen, Amartya. "Capitalism beyond the Crisis." *New York Review of Books*, March 26, 2009.

——. *Development as Freedom*. New York: Knopf, 1999.

——. *Resources, Values, and Development*. Cambridge, MA: Harvard University Press, 1984.

Shakya, Tsering. "Blood in the Snows: Reply to Wang Lixiong." *New Left Review* 15 (May – June 2002).

Singer, Peter. *One World: The Ethics of Globalization*. New Haven, CT: Yale University Press, 2008.

Speth, James Gustave. *The Bridge at the Edge of the World: Capitalism, the Environment, and Crossing from Crisis to Sustainability*. New Haven, CT: Yale University Press, 2008.

Stehle, Vince. "Righting Philanthropy." *The Nation* 264, no. 25 (June 30, 1997).

Stein, Ben. "In Class Warfare, Guess Which Class Is Winning?" *New York Times*, November 26, 2006.

Stiglitz, Joseph. "America's Socialism for the Rich." *Berkeley Electronic Press*, June 2009.

——. "*Quis Custodiet Ipsos Custodes?*" *Challenge: The Magazine of Economic Affairs* 42, no. 6 (November/December 1999).

Sullivan, Michael. *American Adventurism Abroad: 30 Invasion, Interventions and Regime Changes since World War* Ⅱ. Westport, CT: Praeger, 2004.

Sum, Andrew, and Joseph McGlaughlin. "The Massive Shedding of Jobs in America." *Challenge: The Magazine of Economic Affairs* 53, no. 6 (November-December 2010).

Sweig, Julia. *Cuba: What Everyone Needs to Know*. Oxford: Oxford University Press, 2009.

Taibbi, Matt. "Tea and Crackers." *Rolling Stone*, October 1, 2010.

Taiwo, Olufemi. *How Colonialism Preempted Modernity in Africa*. Bloomington: Indiana University Press, 2010.

Thomas, Henk, and Chris Logan. *Mondragon: An Economic Analysis*. London: George Allen and Unwin, 1982.

Thurow, Roger, and Scott Kilman. *Enough: Why the World's Poorest Starve in an Age of Plenty*. New York: Public Affairs, 2009.

UNEP - UNCTAD Capacity Building Task Force onTrade, Environment and Nations. "Organic Agriculture and Food Security in Africa." New York: United Nation, 2008.

United Nations Development Programme. *Human Development Report* 1998. Oxford: Oxford University Press, 1998.

United State Bureau of Labor Statistics and Bureau of the Census. *CPS Annual Demographic Survey: March* 1999 *Supplement*. Washington, DC: Government Printing Office, 1999.

United States Census Bureau. *Income, Poverty and Health Insurance Coverage in the United States*, 2009. *Washington, DC: U. S. Census* Bureau, 2010.

United States Central IntelligenceAgency. *The CIA Factbook* 2010. New York: Skyhorse Publishing, 2009.

United States Department ofCommerce. *Statistical Abstract of the United States*, 1999. Washington, DC: Government Printing Office, 2000.

United States Department of Health, Education, and Welfare. *Work in America*. Cambridge, MA: MIT Press, 1973.

Wade, Robert. *Governing the Market: Economic Theory and the Role of Government in East Asia Industrialization*. Princeton, NJ: Princeton University Press, 1990.

Wang Lixiong. "Reflections on Tibet." *New Left Review* 14 (March - April 2002).

Wasserstrom, Jeffrey. "Throwing the Book at China." *Miller - McCune*, December 19, 2010.

Wei Jiangxing. "Wei Jiangxing Speaks on Democratic Management of Non-Public Enterprises during Inspection in Hebei." *Xinhua Domestic Service*,

September 29, 2002.

Weisman, Alan. Gaviotas: A *Village to Reinvent the World.* White River Junction, VT: Chelsea Green, 2008.

Wetzel, Dale. "Economy Prompts Fresh look at ND's Socialist Bank." *Associated Press*, February 16, 2010.

Whyte, William Foote, and Kathleen King White. *Making Mondragon: The Growth and Dynamics of the Worker Cooperative Complex.* Ithaca, NY: Cornell University Press, 1988.

Wilkinson, Richard, and Kate Pickett. *The Spirit Level: Why Greater Equality Makes Societies Stronger.* New York: Bloomsbury Press, 2009.

Wilson, William Julius. *When Work Disappears: The World of the New Urban Poor*. New York: Vintage, 1997.

Wong, Edward. "Global Crisis Adds to Surge of Labor Disputes in Chinese Court." *New York Times*, September 15, 2010.

WorldBank. *World Development Report* 2010: *Development and Climate Change.* Washington, DC: World Bank, 2010.

World Health Organization. 2010 *Malaria Report.*

Yeagle, Patrick. "Record Breaking Year for Campaign Spending." *Illinois Times* (Springfield), November 4, 2010.

Young, Iris Marion. *Inclusion and Democracy.* Oxford: Oxford University Press, 2002.

Zizek, Slavoj. *The Fragile Absolute: Or, Why Is the Christian Legacy Worth Fighting For?* 2nd ed. London: Verso, 2009.

图书在版编目(CIP)数据

超越资本主义：第2版/（美）施韦卡特著；黄瑾译.
—北京：社会科学文献出版社，2015.11
（马克思主义理论与现实研究文库）
ISBN 978-7-5097-8325-2

Ⅰ.①超… Ⅱ.①施… ②黄… Ⅲ.①资本主义-研究
Ⅳ.①D091.5

中国版本图书馆CIP数据核字（2015）第261654号

·马克思主义理论与现实研究文库·
超越资本主义（第二版）

著　　者／［美］大卫·施韦卡特（David Schweickart）
译　　者／黄　瑾

出 版 人／谢寿光
项目统筹／王　绯　李　晌
责任编辑／张建中

出　　版／社会科学文献出版社·社会政法分社（010）59367156
地址：北京市北三环中路甲29号院华龙大厦　邮编：100029
网址：www.ssap.com.cn
发　　行／市场营销中心（010）59367081　59367090
读者服务中心（010）59367028
印　　装／三河市尚艺印装有限公司

规　　格／开　本：787mm×1092mm　1/16
印　张：17.25　字　数：297千字
版　　次／2015年11月第1版　2015年11月第1次印刷
书　　号／ISBN 978-7-5097-8325-2
著作权合同登记号／图字01-2015-3939号
定　　价／69.00元